广东省职教高考复习指导用书

数　　学

（复习指导）

丛书主编：何文生

主　　编：仇治国　崔浩华

副 主 编：朱正兵　吴敏灵　翁婉琦

电子工業出版社·

Publishing House of Electronics Industry

北京 · BEIJING

内 容 简 介

　　本书是《广东省职教高考复习指导用书》之一，适合参加广东省高职高考的考生复习时使用。本书分为 9 章，考点覆盖全面，内容编排科学，集教材、教法、训练于一身，帮助考生在复习阶段迅速抓住要点，高效把握复习方向。

图书在版编目（CIP）数据

数学：复习指导 / 仇治国，崔浩华主编. —北京：电子工业出版社，2024.4
广东省职教高考复习指导用书

ISBN 978-7-121-37354-1

Ⅰ. ①数… Ⅱ. ①仇… ②崔… Ⅲ. ①数学课—中等专业学校—升学参考资料 Ⅳ. ①G634.603

中国版本图书馆 CIP 数据核字（2019）第 192371 号

责任编辑：游　陆
印　　刷：三河市龙林印务有限公司
装　　订：三河市龙林印务有限公司
出版发行：电子工业出版社
　　　　　北京市海淀区万寿路 173 信箱　邮编　100036
开　　本：787×1 092　1/16　印张：13.75　字数：352 千字
版　　次：2024 年 4 月第 1 版
印　　次：2024 年 4 月第 1 次印刷
定　　价：42.00 元

　　凡所购买电子工业出版社图书有缺损问题，请向购买书店调换。若书店售缺，请与本社发行部联系，联系及邮购电话：(010) 88254888，88258888。

　　质量投诉请发邮件至 zlts@phei.com.cn，盗版侵权举报请发邮件至 dbqq@phei.com.cn。

　　本书咨询联系方式：(010) 88254489，youl@phei.com.cn。

前 言

PREFACE

广东省"3+技能课程证书"考试是广东省高职院校招收中等职业学校毕业生的考试，简称广东省高职高考，2019 年起安排部分专业进行"中职升本科"招生改革试点。"3+技能课程证书"考试是广东省对"职教高考制度"的尝试和探索，为广大中等职业学校学生提供了升学的阳光大道，进一步完善了高层次应用型人才培养体系。

"广东省职教高考复习指导用书"是电子工业出版社针对广东省高职高考的复习进程，邀请常年工作在教学一线、辅导高考毕业班的专家和骨干教师编写而成的。丛书紧扣考试说明，依据教育部课程大纲，对教材中的内容进行合理筛选与提炼，帮助考生在复习阶段迅速抓住要点，高效把握复习方向。

《数学（复习指导）》是本套丛书中的一种，根据最新的《广东省普通高等学校招收中等职业学校毕业生（数学）考试说明》对知识点进行梳理，在保证知识体系完整的前提下，突出考点，剔除与考点无关的内容，针对性极强，适合参加广东省春季高考的考生备考数学时使用。

本书的编写特色如下。

第一，科学编排，考点全覆盖。

本书每章内容都包含考试内容、考试要求、近四年分值占比、近四年考点对比、思维导图、参考课时，每节内容都包含复习要求、知识要点、例题解析、同步练习题，内容覆盖全部考点，习题由易到难、循序渐进，方便教师教学和学生对知识点的掌控，提高学生的解题能力，可供第一轮和二轮复习使用。

第二，重点突出，针对性强。

本书依据最新的考试大纲，结合近十年的高职高考趋势，精选知识点，提高复习效率；例题、同步练习题围绕考点进行编写，每章的复习题以近十年的高职高考真题作为练习，方便考生有针对性地开展复习训练，提高复习效率。

第三，提升考试能力。

本书所选例题、习题都有解答过程和评析，方便学生自学，掌握解题思路，丰富解题技巧。

本书由仇治国、崔浩华担任主编，朱正兵、吴敏灵、翁婉琦担任副主编，参与编写的还有邢春梅、陈键行、陈嫚虹、蔡海明、李锾梁、吴春红、罗永定、杨伟娟、陈少华、许佩芳、王刚、黄旭旭。

　　由于编写时间仓促，书中难免存在疏漏和不足之处，恳请广大师生在使用过程中提出宝贵的意见，以便我们不断改进。

编　者

目录
CONTENT

集合与逻辑用语

考试内容

1. 集合及其运算.
2. 简单逻辑用语.

考试要求

1. 理解集合、元素及其关系，理解空集的概念.
2. 掌握集合的表示法及子集、真子集、相等之间的关系.
3. 理解交集、并集和补集等运算.
4. 了解充要条件的含义.

近四年分值占比

年份/年	2021	2022	2023	2024
分值/分	10	10	10	10
分值占比	6.7%	6.7%	6.7%	6.7%

近四年考点对比

年份/年	2021	2022	2023	2024
考点对比	并集、充分必要条件（与绝对值不等式有关）	交集、充分必要条件（与绝对值不等式有关）	并集、充分必要条件（与一元二次方程有关）	并集、充分必要条件（与不等式有关）

思维导图

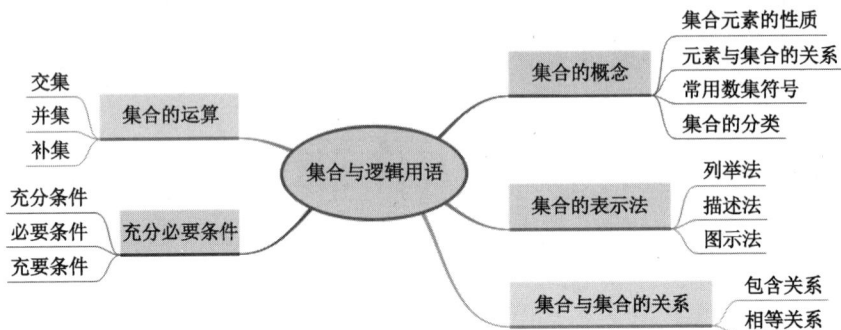

参考课时

8 课时

§1.1 集合的相关概念

复习要求

1. 理解、掌握集合的概念；理解集合中元素的性质.
2. 会判定元素与集合之间的关系.
3. 熟练掌握集合的表示方法；掌握常用数集的表示符号.
4. 理解子集、真子集、集合相等的概念.
5. 掌握集合之间基本关系的符号表示.

知识要点

1. 集合与元素

（1）集合：把具有某种属性的一些确定的对象看成一个整体，从而构成一个**集合**，简称为**集**，一般用大写的英文字母 A，B，C，D，$\cdots$ 表示.

（2）元素：构成集合的每个对象叫作集合的元素，一般用小写英文字母 a，b，c，d，$\cdots$ 表示.

（3）元素与集合之间的关系：属于或不属于的关系（$a \in A$，$a \notin A$）.

（4）集合中元素的特征：确定性、互异性和无序性.

（5）集合的分类.

有限集：含有有限个元素的集合. **无限集**：含有无限个元素的集合. **空集**：不含任何元素的集合，用符号 $\varnothing$ 表示.

（6）常用数集及其记法.

自然数集：$\mathbf{N}$；正整数集：$\mathbf{N}^+$ 或 $\mathbf{N}^*$；整数集：$\mathbf{Z}$；有理数集：$\mathbf{Q}$；实数集：$\mathbf{R}$.

2．集合的表示方法

（1）列举法：把集合的元素一一列举出来，用逗号分隔，写在花括号内，这种表示集合的方法叫作**列举法**．用列举法表示集合，列出的元素要求不遗漏、不重复，但与元素的列出顺序无关，如 $\{a,\ b,\ c,\ d\}$.

（2）描述法：利用元素特征来表示集合的方法叫作**描述法**．一般形式：$A=\left\{x\in U\big|P(x)\right\}$，竖线左边的 x 代表集合的任一元素，右边 $P(x)$ 表示集合中元素所具有的性质．如小于 3 的实数组成的集合可以表示成 $\{x|x<3\}$，小于 3 的整数组成的集合可以表示成 $\{x\in\mathbf{Z}|x<3\}$，所有的正方形组成的集合可以表示成 $\{x|x是正方形\}$，可以简写成 $\{正方形\}$.

（3）图示法：画一条封闭的曲线，用它的内部来表示一个集合，这些图形常称为**韦恩图**（常用于讨论集合与集合之间的关系、运算等）．

3．集合之间的关系

（1）子集：如果集合 A 中任一个元素都是集合 B 的元素，那么把集合 A 叫作集合 B 的**子集**．记作 $A\subseteq B$ 或 $B\supseteq A$，读作 " A 包含于 B "（或" B 包含 A "）.

【说明】当集合 A 不包含于 B 或集合 B 不包含 A 时，则记作 $A\nsubseteq B$ 或 $B\nsupseteq A$.

（2）子集性质.

① 任何一个集合是它本身的子集，如 $A\subseteq A$.

② 空集是任何一个集合的子集，如 $\varnothing\subseteq A$.

③ 传递性：若 $A\subseteq B$，$B\subseteq C$，则 $A\subseteq C$.

④ 子集个数：集合 A 的子集个数为 2^n，其中 n 是指集合 A 中的元素个数．如集合 $A=\{1,\ 2,\ 3\}$ 子集的个数为 $2^3=8$.

（3）真子集：若 $A\subseteq B$ 且 B 中至少有一个元素不属于 A，那么把集合 A 叫作集合 B 的真子集，记作 $A\subsetneqq B$ 或 $B\supsetneqq A$，读作" A 真包含于 B "（或" B 真包含 A "）.如集合 $A=\{1,\ 2,\ 3\}$ 真子集的个数为 $2^3-1=7$.

（4）真子集的性质.

① 空集是任何一个非空集合的真子集，如 $\varnothing\subsetneqq A\ (A\neq\varnothing)$.

② 真子集个数：集合 A 的真子集个数为 2^n-1，其中 n 是指集合 A 中的元素个数.

例题解析

【例 1】用列举法表示下列集合：

（1）小于 5 的自然数构成的集合.

（2）方程 $x^2=16$ 的所有实数解构成的集合.

（3）绝对值等于 3 的实数构成的集合.

（4）方程 $x^2-3x-18=0$ 的实数解构成的集合.

（5）满足方程：$x + y = 4$，$x \in \mathbf{N}$，$y \in \mathbf{N}$ 的所有点构成的集合．

参考答案：（1）$\{0, 1, 2, 3, 4\}$．（2）$\{-4, 4\}$．（3）$\{-3, 3\}$．（4）$\{-3, 6\}$．（5）$\{(0, 4),$ $(1, 3), (2, 2), (3, 1), (4, 0)\}$．

评析：关键是要求出（确定）集合中的元素．

【例2】用描述法表示下列集合：

（1）绝对值小于 4 的全体实数构成的集合．

（2）不小于 -5 的实数组成的集合．

（3）在直角坐标系中，由第三象限所有的点组成的集合．

参考答案：（1）$\left\{ x \mid |x| < 4 \right\}$．（2）$\left\{ x \mid x \geqslant -5 \right\}$．（3）$\left\{ (x,\ y) \mid x < 0,\ y < 0 \right\}$．

评析：描述法表示集合，首先要明白其格式；其次要理解、表述集合中各元素具有什么特征或满足什么条件．

【例3】用适当的符号（$\in$, $\notin$, $\subsetneqq$, $\supsetneqq$, $=$）填空：

（1）1_____$\{1, 2, 3\}$．　　（2）$\{b\}$_____$\{a, b, c\}$．　　（3）$\{1, 3, 5\}$_____$\{1, 3\}$．

（4）$\varnothing$_____$\{0\}$．　　　（5）$\varnothing$_____$\left\{ x \mid x^2 + 1 = 0 \right\}$．　（6）$\{矩形\}$_____$\{正方形\}$．

（7）$\{1, 2\}$_____$\left\{ x \mid x^2 - 3x + 2 = 0 \right\}$．

参考答案：（1）$\in$．（2）$\subsetneqq$．（3）$\supsetneqq$．（4）$\subsetneqq$，（5）$=$．（6）$\supsetneqq$．（7）$=$．

评析：正确理解 $\in$，$\notin$，$\subsetneqq$，$\supsetneqq$ 的含义，要分清是元素与集合的关系，还是集合与集合的关系．若是元素和集合的属于关系，在"属于"（"$\in$"）和"不属于"（"$\notin$"）中选择，若是集合与集合的包含关系，在"真包含"（"$\subsetneqq$，$\supsetneqq$"）和相等（"$=$"）中选择．

同步练习题

一、选择题

1. 若 $2 \in \{a + 2, 0, -1\}$，则实数 a 的值为（　　）．

　　A. 3　　　　　　B. 1　　　　　　C. 0　　　　　　D. -5

2. 下列各组对象不能组成集合的是（　　）．

　　A. 所有的正方形　　　　　　　　B. 所有小于 8 的自然数

　　C. 高个子的男生　　　　　　　　D. 数学课本中所有习题

3. 下列关系：$3 \in \mathbf{R}$，$3 \subseteq \mathbf{R}$，$\{3\} \in \mathbf{R}$，$\{3\} \subseteq \mathbf{R}$，正确的有（　　）．

　　A. 1 个　　　　　　B. 2 个　　　　　　C. 3 个　　　　　　D. 4 个

4. 已知 $-4 \in \{0, -1, x^2 - 5x\}$，则实数 x 的值为（　　）．

　　A. 4　　　　　　B. 1　　　　　　C. 1 或 4　　　　　　D. -1

5. 如果 $A = \left\{ x \mid x > -2 \right\}$，则有（　　）．

　　A. $1 \subseteq A$　　　　B. $\{1\} \in A$　　　　C. $\varnothing \in A$　　　　D. $\{1\} \subseteq A$

6. 如果 $M = \left\{ x \mid x < 5 \right\}$，$a = 2\sqrt{6}$，则有（　　）．

　　A. $a \in M$　　　　B. $a \notin M$　　　　C. $\{a\} \in M$　　　　D. $a \subseteq M$

7. 若集合 $A = \{x \in \mathbf{N} \mid -2 < x < 2\}$，则集合 A 中的元素有（　　）.

　A. 1 个　　　　　B. 2 个　　　　　C. 3 个　　　　　D. 4 个

8. 若集合 $A = \{(x, y) \mid x + y = 3, x \in \mathbf{N}, y \in \mathbf{N}\}$，则集合 A 中的元素有（　　）.

　A. 1 个　　　　　B. 2 个　　　　　C. 3 个　　　　　D. 4 个

9. 集合 $A = \{1, 2, 3, 4\}$ 的子集的个数为（　　）.

　A. 4　　　　　　B. 8　　　　　　C. 16　　　　　　D. 32

10. 集合 $A = \{1, 5\}$ 的真子集的个数为（　　）.

　A. 3　　　　　　B. 7　　　　　　C. 15　　　　　　D. 31

11. 满足 $\{1, 2\} \subsetneqq M \subseteq \{1, 2, 3, 4\}$ 的集合 M 的个数是（　　）.

　A. 1 个　　　　　B. 2 个　　　　　C. 3 个　　　　　D. 4 个

12. 若集合 $A = \{x \mid ax^2 + 2x + 1 = 0\}$ 中只有一个元素，则 a 的值为（　　）.

　A. 0　　　　　　B. 1　　　　　　C. 0 或 1　　　　　D. 不能确定

二、填空题

13. 方程 $x^2 - 4 = 0$ 的解的集合用描述法表示为_____.

14. 在直角坐标系中，由第四象限所有的点组成的集合用描述法表示为_____.

15. 绝对值不大于 4 的实数的全体构成的集合用描述法表示为_____.

16. 集合 $\{x \mid |x| - 1 = 0\}$ 用列举法表示为_____.

17. 集合 $\{x \in \mathbf{Z} \mid |x| < 3\}$ 用列举法表示为_____.

18. 集合 $\{x \mid x^2 - 3x + 2 = 0\}$ 用列举法表示为_____.

19. 方程组 $\begin{cases} y = x \\ y = x^2 \end{cases}$ 的解集用列举法表示为_____.

20. 已知集合 $A = \{x \mid -2 \leqslant x \leqslant 2\}$，$B = \{x \mid x \geqslant a\}$，若 $A \subseteq B$，则 a 的取值范围是_____.

三、解答题

21. 设 $A = \{a - 2, 2a^2 + 5a, 12\}$，已知 $-3 \in A$，求 a.

§1.2 集合的运算

复习要求

1. 理解交集与并集的概念和性质.
2. 掌握交集和并集的表示方法，会求两个集合的交集和并集.
3. 了解全集的意义，理解补集的概念和性质.
4. 掌握补集的表示方法，会求一个集合在全集中的补集.

知识要点

1. 交集

（1）交集：给定两个集合 A，B，由既属于 A 又属于 B 的所有公共元素所构成的集合，叫作 A 与 B 的**交集**，记作 $A \cap B$，读作" A 交 B "，即 $A \cap B = \{x \mid x \in A$ 且 $x \in B\}$.

（2）交集的性质：① $A \cap A = A$；② $A \cap \varnothing = \varnothing$；③ $A \cap B = B \cap A$；④ $(A \cap B) \cap C = A \cap (B \cap C)$；⑤若 $A \subseteq B$，则 $A \cap B = A$.

2. 并集

（1）并集：给定两个集合 A，B，把它们所有的元素合并在一起构成的集合，叫作 A 与 B 的**并集**，记作 $A \cup B$，读作" A 并 B "，即 $A \cup B = \{x \mid x \in A$ 或 $x \in B\}$.

（2）并集的性质：① $A \cup A = A$；② $A \cup \varnothing = A$；③ $A \cup B = B \cup A$；④ $(A \cup B) \cup C = A \cup (B \cup C)$；⑤ 若 $A \subseteq B$，则 $A \cup B = B$.

3. 补集

（1）全集：在研究集合与集合之间的关系时，如果一些集合都是某一给定集合的子集，那么称这个给定的集合为这些集合的**全集**，通常用 U 来表示.

【说明】在研究数集时，常常把实数集 **R** 作为全集.

（2）补集：如果 A 是全集 U 的一个子集，由 U 中的所有不属于 A 的元素构成的集合，叫作 A 在 U 中的**补集**，记作 $\complement_U A$，读作" A 在 U 中的补集"，$\complement_U A = \{x \mid x \in U$ 且 $x \notin A\}$.

（3）补集的性质：① $A \cup \complement_U A = U$；② $A \cap \complement_U A = \varnothing$；③ $\complement_U(\complement_U A) = A$.

【说明】集合运算中常用的公式：$\complement_U A \cup \complement_U B = \complement_U(A \cap B)$，$\complement_U A \cap \complement_U B = \complement_U(A \cup B)$.

例题解析

【例1】已知全集 $U=\{1,\ 2,\ 3,\ 4,\ 5,\ 6\}$，集合 $A=\{1,\ 3,\ 5\}$，$B=\{3,\ 4,\ 5\}$，求 $A\cap B$，$A\cup B$，$\complement_U A$，$A\cap\complement_U B$，$\complement_U A\cup\complement_U B$．

解：$A\cap B=\{3,\ 5\}$，$A\cup B=\{1,\ 3,\ 4,\ 5\}$，$\complement_U A=\{2,\ 4,\ 6\}$，$\complement_U B=\{1,\ 2,\ 6\}$，$A\cap\complement_U B=\{1\}$，$\complement_U A\cup\complement_U B=\{1,\ 2,\ 4,\ 6\}$．

评析：求数集的交集的方法是取两个集合的公共元素组成的集合；求数集的并集的方法是求两个集合的所有元素组成的集合，重复元素只写一次；求数集的补集的方法是在全集中将这个集合的所有元素去掉后，剩余的元素构成了补集．

【例2】已知全集 $U=\mathbf{R}$，集合 $A=\{x|x>1\}$，$B=\{x|x\leqslant 3\}$，$C=\{x|x>0\}$，求 $A\cap B$，$A\cup B$，$A\cup C$，$\complement_U(A\cap B)$，$\complement_U A\cup B$．

解：$A\cap B=\{x|x>1\}\cap\{x|x\leqslant 3\}=\{x|1<x\leqslant 3\}$，如图 1-2-1 所示．

$A\cup B=\{x|x>1\}\cup\{x|x\leqslant 3\}=\mathbf{R}$．

$A\cup C=\{x|x>1\}\cup\{x|x>0\}=\{x|x>0\}$，如图 1-2-2 所示．

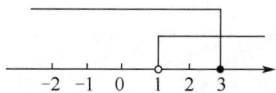

图 1-2-1

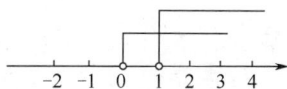

图 1-2-2

$\complement_U(A\cap B)=\complement_U\{x|1<x\leqslant 3\}=\{x|x\leqslant 1$ 或 $x>3\}$．

$\complement_U A=\complement_U\{x|x>1\}=\{x|x\leqslant 1\}$，$\complement_U A\cup B=\{x|x\leqslant 1\}\cup\{x|x\leqslant 3\}=\{x|x\leqslant 3\}$．

评析：以描述法表示的数集，通常要借助数轴来求集合的交集、并集、补集．集合的交集是数轴上表示两个集合的两条线重叠的区间；集合的并集是数轴上表示两个集合的所有直线覆盖的区间；集合的补集就是把集合去掉以后剩下的那部分，特别要注意端点的取舍．

【例3】已知集合 $A=\{x|x-2=0\}$，$B=\{x|x^2-4=0\}$，求 $A\cap B$，$A\cup B$．

参考答案：解方程 $x-2=0$ 得 $x=2$，即 $A=\{2\}$，解方程 $x^2-4=0$ 得 $x=\pm 2$，即 $B=\{-2,\ 2\}$，所以 $A\cap B=\{2\}$，$A\cup B=\{2,\ -2\}$．

评析：先通过解方程求出各集合中的元素，用列举法表示集合，再求集合的交集、并集．

【例4】若集合 $A=\{1,\ 2,\ a+1\}$，集合 $B=\{1,\ 3\}$，且 $A\cap B=\{3\}$，则 $a=$ _____．

解：由 $A\cap B=\{3\}$ 可知集合 A 一定有元素 3，所以 $a+1=3$，解得 $a=2$．

【例5】已知集合 $A=\{(x,\ y)|2x-y=3\}$，集合 $B=\{(x,\ y)|x+2y=4\}$，求 $A\cap B$．

参考答案：$A\cap B=\{(2,\ 1)\}$．

评析：集合 A、B 的元素是由有序数对 $(x,\ y)$ 组成的，$(x,\ y)$ 可以看作点的坐标，也可以看作二元一次方程组的解．求 A、B 的交集，即求方程组 $\begin{cases}2x-y=3\\x+2y=4\end{cases}$ 的解集．

同步练习题

一、选择题

1. 设集合 $A = \{1, 2, 3\}$，$B = \{2, 4\}$，则 $A \cup B = ($ $)$.

    A. $\{2\}$ B. $\{2, 3, 4\}$ C. $\{1, 2, 4\}$ D. $\{1, 2, 3, 4\}$

2. 若集合 $M = \{a, b, c, d\}$，$N = \{c, d, e, f\}$，则 $M \cap N = ($ $)$.

    A. $\{c, d\}$ B. $\{b, c, d\}$

    C. $\{a, b, e, f\}$ D. $\{a, b, c, d, e, f\}$

3. 已知集合 $A = \{1, 3\}$，$B = \{x | x - 4 \leqslant 0\}$，则 $A \cap B = ($ $)$.

    A. $\{x | x \leqslant 4\}$ B. $\{1, 3\}$ C. $\{1, 4\}$ D. $\{1, 3, 4\}$

4. 已知全集 $U = \{a, b, c, d, e\}$，$M = \{a, c, d\}$，则集合的 $\complement_U M = ($ $)$.

    A. $\{a, c, d\}$ B. $\{a, b, c\}$ C. $\{b, e\}$ D. $\{c, d, e\}$

5. 若集合 $M = \{x | x > -1\}$，$N = \{x | x \leqslant 2\}$，则 $M \cap N = ($ $)$.

    A. $\varnothing$ B. $\{x | x > -1\}$ C. $\mathbf{R}$ D. $\{x | -1 < x \leqslant 2\}$

6. 设集合 $M = \{1, 2, 3, 4\}$，$N = \{1, 3\}$，则下列结论正确的是（   ）.

    A. $M \subseteq N$ B. $N \subseteq M$ C. $M \cap N = \{3\}$ D. $M \cup N = \{1, 2, 4\}$

7. 若全集 $U = \{x | -2 \leqslant x \leqslant 2, x \in \mathbf{Z}\}$，集合 $A = \{1, 2\}$，则 $\complement_U A = ($ $)$.

    A. $\{1, 2\}$ B. $\{-2, -1, 0\}$ C. $\{-1, 0\}$ D. $\{0, 1, 2\}$

8. 若集合 $A = \{x | -2 \leqslant x < 1\}$，$B = \{x | 0 < x < 3\}$，则 $A \cup B = ($ $)$.

    A. $\{x | -2 \leqslant x < 3\}$ B. $\{x | 0 < x < 1\}$ C. $\varnothing$ D. $\{x | 1 < x < 3\}$

9. 若集合 $A = \{x | -4 < x < 4\}$，$B = \{x | x \leqslant 2\}$，则 $A \cap B = ($ $)$.

    A. $\{x | x < 4\}$ B. $\{x | 2 \leqslant x < 4\}$ C. $\{x | -4 < x \leqslant 2\}$ D. $\{x | -4 < x < 2\}$

10. 设全集 $U = \mathbf{R}$，集合 $A = \{x | x > 3\}$，$B = \{x | x \leqslant 5\}$，则 $\complement_U A \cap B = ($ $)$.

    A. $\{x | x \leqslant 5\}$ B. $\{x | 3 < x \leqslant 5\}$ C. $\{x | x < 3\}$ D. $\{x | x \leqslant 3\}$

11. 若全集 $U = \mathbf{R}$，集合 $A = \{x | x < 1\}$，$B = \{x | -1 < x < 2\}$，则集合 $\{x | 1 \leqslant x < 2\}$ 为（   ）.

    A. $A \cup B$ B. $A \cap B$ C. $\complement_U A \cup B$ D. $\complement_U A \cap B$

12. 已知全集 $U = \mathbf{R}^+$，$\complement_U A = \{x | x \geqslant 2\}$，$B = \{x | 1 \leqslant x \leqslant 3\}$，则 $A \cap B = ($ $)$.

    A. $\{x | 0 < x < 3\}$ B. $\{x | 1 \leqslant x < 2\}$ C. $\{x | 0 < x < 2\}$ D. $\{x | 1 \leqslant x \leqslant 3\}$

13. 设集合 $A = \{1, 2, 3, 4\}$，$B = \{-1, 0, 2, 3\}$，$C = \{x | -1 \leqslant x < 2\}$，则 $(A \cup B) \cap C = ($ $)$.

    A. $\{-1, 1\}$ B. $\{0, 1\}$ C. $\{-1, 0, 1\}$ D. $\{2, 3, 4\}$

14. 设集合 $P = \{1, 2, 4\}$，$Q = \{x | x^2 - 6x + m = 0\}$，若 $P \cap Q = \{1\}$，则 $Q = ($ $)$.

    A. $\{1, -5\}$ B. $\{1, 0\}$ C. $\{1, 3\}$ D. $\{1, 5\}$

15. 已知集合 $A = \left\{ (x, y) \big| x^2 + y^2 = 1 \right\}$，$B = \left\{ (x, y) \big| y = x \right\}$，则 $A \cap B$ 中元素的个数为（　　）.

    A. 3　　　　　　B. 2　　　　　　C. 1　　　　　　D. 0

二、填空题

16. 设集合 $M = \{a, b, c, d\}$，$N = \{c, b, e, f\}$，则 $M \cup N = $ _____，$M \cap N = $ _____，$M \cup (N \cap M) = $ _____.

17. 设集合 $A = \{2, 4\}$，$B = \{2, 3, 4, 5\}$，$U = \{x \in \mathbf{N} | x \leqslant 6\}$，则 $\complement_U A = $ _____，$\complement_U B = $ _____，$\complement_U A \cap \complement_U B = $ _____.

18. 设集合 $A = \{$等腰三角形$\}$，$B = \{$直角三角形$\}$，则 $A \cap B = $ _____.

19. 已知集合 $A = \{x | x < 3\}$，$B = \{x | x \geqslant 1\}$，则 $A \cap B = $ _____，$A \cup B = $ _____.

20. 设集合 $A = \left\{ (x, y) \big| y = x - 3 \right\}$，$B = \left\{ (x, y) \big| y = -2x \right\}$，则 $A \cap B = $ _____.

21. 已知全集 $U = \mathbf{R}$，$A = \{x | -2 \leqslant x < 2\}$，$B = \{x | x \geqslant 1\}$，则 $A \cap B = $ _____，$A \cup B = $ _____，$\complement_U A = $ _____，$\complement_U B = $ _____，$\complement_U A \cap \complement_U B = $ _____.

22. 已知集合 $A = \{3, 5, a, 7\}$，$B = \{3, 4, 6, b\}$，且 $A \cap B = \{3, 6, 7\}$，则 $a = $ ____，$b = $ ____.

23. 已知全集 $U = \{1, 3, 5\}$，$A = \{|a - 2|, 3\}$，$\complement_U A = \{5\}$，则 $a = $ _____.

24. 已知集合 $A = \{1, 2, 3, 4\}$，$B = \{x | x = 3n - 2, n \in A\}$，则 $A \cap B = $ _____.

25. 已知集合 $A = \left\{ x | x^2 - 5x + 6 = 0 \right\}$，$B = \{0, 1, 2, 4\}$，则 $A \cup B = $ _____.

三、解答题

26. 若实数 $a \in \left\{ 1, 2, a^2 \right\}$，试求 a 的值.

27. 已知集合 $A = \{1, 2\}$，$B = \left\{ a, a^2 - 3 \right\}$，若 $A \cap B = \{1\}$，试求 a 的值.

§1.3 充要条件

复习要求

1. 理解充分条件、必要条件和充要条件三个概念.
2. 正确判断命题 P 是 q 的充分条件、必要条件、充要条件.

知识要点

1. 命题的条件和结论

一个数学命题都有条件和结论两部分，如果把条件和结论分别用 P、q 表示，那么命题可写成"如果 P 成立，那么 q 成立"或"若 P，则 q".

2. 充分条件与必要条件

（1）充分条件：如果 P 成立能推出 q 成立，就说 P 是 q 的**充分条件**，记作 $p \Rightarrow q$，读作"P 推出 q".

（2）必要条件：如果 q 成立能推出 P 成立，就说 P 是 q 的**必要条件**，记作 $p \Leftarrow q$，读作"q 推出 P".

3. 充要条件

如果 $P \Rightarrow q$ 且 $p \Leftarrow q$，则称 P 是 q 的**充分且必要条件**，简称**充要条件**，记作 $p \Leftrightarrow q$.

【说明】

（1）如果 P 是 q 的充分条件，也可以说 q 是 P 的必要条件.

（2）①若 P，则 q；（真）②$p \Rightarrow q$；③P 是 q 的充分条件；④q 是 P 的必要条件. 这四句话表达的都是同一意义.

（3）若 $p \Leftrightarrow q$，$q \Leftrightarrow r$，则 $p \Leftrightarrow r$.

例题解析

【例1】用充分非必要、必要非充分、充要填空.

（1）"$|x|=1$"是"$x=1$"的_____条件.

（2）"$x=-2$"是"$x^2=4$"的_____条件.

（3）"$x^2-9=0$"是"$x=\pm 3$"的_____条件.

（4）"$x>2$"是"$x>3$"的_____条件.

（5）"$a \in \mathbf{N}$"是"$a \in \mathbf{R}$"的_____条件.

（6）"$A \subseteq B$"是"$A \bigcap B = A$"的_____条件.

（7）两个三角形全等是两个三角形面积相等的_____条件.

解：（1）因为 $|x|=1 \Leftrightarrow x=\pm 1$，所以 $|x|=1 \Leftarrow x=1$，填必要非充分.

（2）因为 $x^2=4 \Leftrightarrow x=\pm 2$，所以 $x=-2 \Rightarrow x^2=4$，填充分非必要.

（3）因为 $x^2-9=0 \Leftrightarrow x=\pm 3$，所以填充要.

（4）因为 $x>2 \Leftarrow x>3$，所以填必要非充分.

（5）因为 $a \in \mathbf{N} \Rightarrow a \in \mathbf{R}$，所以填充分非必要.

（6）因为 $A \subseteq B \Leftrightarrow A \bigcap B=A$，所以填充要.

（7）因为两个三角形全等 $\Rightarrow$ 两个三角形面积相等，所以填充分非必要.

评析：判断命题 P 是 q 的什么条件，要根据充分条件、必要条件、充要条件的概念来断定，即若 $p \Rightarrow q$，则 P 是 q 的充分条件；若 $p \Leftarrow q$，则 P 是 q 的必要条件；若 $p \Rightarrow q$ 且 $p \Leftarrow q$，则 P 是 q 的充要条件.

同步练习题

一、选择题

1. " $x=3$ " 是 " $x^2-2x-3=0$ " 的（   ）.
   - A. 充分非必要条件
   - B. 必要非充分条件
   - C. 充分且必要条件
   - D. 既非充分又非必要条件

2. " $x^2-4=0$ " 是 " $x+2=0$ " 的（   ）.
   - A. 充分非必要条件
   - B. 必要非充分条件
   - C. 充分且必要条件
   - D. 既非充分又非必要条件

3. " $a=0$ " 是 " $ab=0$ " 的（   ）.
   - A. 充分非必要条件
   - B. 必要非充分条件
   - C. 充分且必要条件
   - D. 既非充分又非必要条件

4. " $a^2-b^2=0$ " 是 " $a-b=0$ " 的（   ）.
   - A. 充分非必要条件
   - B. 必要非充分条件
   - C. 充分且必要条件
   - D. 既非充分又非必要条件

5. " $x>3$ " 是 " $x>0$ " 的（   ）.
   - A. 充分非必要条件
   - B. 必要非充分条件
   - C. 充分且必要条件
   - D. 既非充分又非必要条件

6. 设 a、b 均为实数，则 " $a>b$ " 是 " $a^2>b^2$ " 的（   ）.
   - A. 充分非必要条件
   - B. 必要非充分条件
   - C. 充分且必要条件
   - D. 既非充分又非必要条件

7. " $x>2$ " 是 " $|x|>2$ " 的（   ）.
   - A. 充分非必要条件
   - B. 必要非充分条件
   - C. 充分且必要条件
   - D. 既非充分又非必要条件

8. " $x^2-x-6>0$ " 是 " $x>3$ " 的（   ）.
   - A. 充分非必要条件
   - B. 必要非充分条件
   - C. 充分且必要条件
   - D. 既非充分又非必要条件

9. " $x > 4$ " 是 " $(x-1)(x-4) > 0$ " 的（　　）.

    A．充分非必要条件　　　　　　　　B．必要非充分条件

    C．充分且必要条件　　　　　　　　D．既非充分又非必要条件

10. " $x^2 - x - 12 = 0$ " 是 " $x = 4$ 或 $x = -3$ " 的（　　）.

    A．充分非必要条件　　　　　　　　B．必要非充分条件

    C．充分且必要条件　　　　　　　　D．既非充分又非必要条件

11. " $a + b$ 是自然数" 是 " a 和 b 都是自然数" 的（　　）.

    A．充分非必要条件　　　　　　　　B．必要非充分条件

    C．充分且必要条件　　　　　　　　D．既非充分又非必要条件

12. 方程 " $ax^2 + bx + c = 0 (a \neq 0)$ " 有实数解是 " $b^2 - 4ac > 0$ " 的（　　）.

    A．充分非必要条件　　　　　　　　B．必要非充分条件

    C．充分且必要条件　　　　　　　　D．既非充分又非必要条件

13. 设 a、b、c 均为实数，则 " $a > b$ " 是 " $ac > bc$ " 的（　　）.

    A．充分非必要条件　　　　　　　　B．必要非充分条件

    C．充分且必要条件　　　　　　　　D．既非充分又非必要条件

14. 设 a、b 为实数，则 " $a(b-1) = 0$ " 是 " $b = 1$ " 的（　　）.

    A．充分非必要条件　　　　　　　　B．必要非充分条件

    C．充分且必要条件　　　　　　　　D．既非充分又非必要条件

15. " $A \subseteq B$ " 是 " $A \subsetneqq B$ " 的（　　）.

    A．充分非必要条件　　　　　　　　B．必要非充分条件

    C．充分且必要条件　　　　　　　　D．既非充分又非必要条件

16. 设 A、B 是两个非空集合，那么 " $A \bigcup B = B$ " 是 " $A \subsetneqq B$ " 的（　　）.

    A．充分非必要条件　　　　　　　　B．必要非充分条件

    C．充分且必要条件　　　　　　　　D．既非充分又非必要条件

17. " x 是 3 的倍数" 是 " x 是 6 的倍数" 的（　　）.

    A．充分非必要条件　　　　　　　　B．必要非充分条件

    C．充分且必要条件　　　　　　　　D．既非充分又非必要条件

18. " $x^2 > 4$ " 是 " $x > 2$ " 的（　　）.

    A．充分非必要条件　　　　　　　　B．必要非充分条件

    C．充分且必要条件　　　　　　　　D．既非充分又非必要条件

19. " $\dfrac{x+1}{x-2} > 0$ " 是 " $(x+1)(x-2) > 0$ " 的（　　）.

    A．充分非必要条件　　　　　　　　B．必要非充分条件

    C．充分且必要条件　　　　　　　　D．既非充分又非必要条件

20. " $\dfrac{x+2}{x-3} \geqslant 0$ " 是 " $(x+2)(x-3) \geqslant 0$ " 的（　　）.

    A．充分非必要条件　　　　　　　　B．必要非充分条件

    C．充分且必要条件　　　　　　　　D．既非充分又非必要条件

二、填空题（填充分条件、必要条件、充要条件）

21. "$a+b>5$" 是 "$a>2$ 且 $b>3$" 的_____.

22. "A 是非空集合" 是 "$\varnothing \subsetneqq A$" 的_____.

23. "$x=1$" 是 "$x^2+2x-3=0$" 的_____.

24. "$\sin\alpha=\dfrac{1}{2}$" 是 "$\alpha=\dfrac{\pi}{6}$" 的_____.

第一章 集合与逻辑用语近十年高考真题练习

一、选择题

1. （2014 年）设集合 $M=\{-2,\,0,\,1\}$，$N=\{-1,\,0,\,2\}$，则 $M\cap N=$（　　）.
   A. $\{0\}$ 　　　 B. $\{1\}$ 　　　 C. $\{0,\,1,\,2\}$ 　　　 D. $\{-1,\,0,\,1,\,2\}$

2. （2015 年）设集合 $M=\{1,\,4\}$，$N=\{1,\,3,\,5\}$，则 $M\cup N=$（　　）.
   A. $\{1\}$ 　　　 B. $\{4,\,5\}$ 　　　 C. $\{1,\,4,\,5\}$ 　　　 D. $\{1,\,3,\,4,\,5\}$

3. （2016 年）若集合 $A=\{2,\,3,\,a\}$，$B=\{1,\,4\}$，且 $A\cap B=\{4\}$，则 $a=$（　　）.
   A. 1 　　　 B. 2 　　　 C. 3 　　　 D. 4

4. （2017 年）设集合 $M=\{0,\,1,\,2,\,3,\,4\}$，$N=\{3,\,4,\,5\}$，则下列结论正确的是（　　）.
   A. $M\subseteq N$ 　　　　　　　　 B. $N\subseteq M$
   C. $M\cap N=\{3,\,4\}$ 　　　　　 D. $M\cup N=\{0,\,1,\,2,\,5\}$

5. （2018 年）已知集合 $M=\{0,\,1,\,2,\,3\}$，$N=\{0,\,2,\,4,\,5\}$，则 $M\cap N=$（　　）.
   A. $\{0,\,1,\,2,\,3,\,4,\,5\}$ 　　　　　 B. $\{3,\,4,\,5\}$
   C. $\{0,\,2\}$ 　　　　　　　　　　　 D. $\{1\}$

6. （2019 年）已知集合 $A=\{-1,\,0,\,1,\,2\}$，$B=\{x\mid x<0\}$，则 $A\cap B=$（　　）.
   A. $\{1,\,2\}$ 　 B. $\{-1\}$ 　 C. $\{-1,\,1\}$ 　 D. $\{0,\,1,\,2\}$

7. （2020 年）已知集合 $M=\{x\mid 1<x<5\}$，$N=\{x\mid -2<x<2\}$，则 $M\cap N=$（　　）.
   A. $\{x\mid -2<x<5\}$ 　B. $\{x\mid 1<x<2\}$ 　 C. $\{x\mid 1<x<5\}$ 　 D. $\{x\mid -2<x<2\}$

8. （2021 年）已知集合 $A=\{-1,\,0,\,1\}$，$B=\{0,\,2,\,4\}$，则 $A\cup B=$（　　）.
   A. $\{-1,\,1\}$ 　　 B. $\{-1,\,0,\,1,\,2,\,4\}$ 　C. $\{0\}$ 　　 D. $\{-1,\,1,\,2,\,4\}$

9. （2022 年）已知集合 $A=\{1,\,3,\,4\}$，$B=\{0,\,1,\,2\}$，则 $A\cap B=$（　　）.
   A. $\{0,\,1,\,2,\,3,\,4\}$ 　B. $\{1,\,2,\,3\}$ 　　　 C. $\{0,\,1\}$ 　　　 D. $\{1\}$

10. （2023 年）已知集合 $A=\{1,\,2\}$，$B=\{1,\,3,\,4\}$，则 $A\cup B=$（　　）.
    A. $\{1,\,2,\,3,\,4\}$ 　　 B. $\{1,\,2,\,4\}$ 　　　 C. $\{2,\,3,\,4\}$ 　　　 D. $\{3,\,4\}$

11. （2024 年）已知集合 $M=\{-1,\,1\}$，$N=\{0,\,1\}$，则 $M\cup N=$（　　）.

    A. $\{1\}$ B. $\{0,1\}$ C. $\{-1,1\}$ D. $\{-1,0,1\}$

12.（2011 年）" $x=7$ "是" $x \leqslant 7$ "的（　　）.

    A. 充分非必要条件   B. 必要非充分条件

    C. 充分必要条件   D. 非充分非必要条件

13.（2012 年）" $x^2=1$ "是" $x=1$ "的（　　）.

    A. 充分非必要条件   B. 必要非充分条件

    C. 充分必要条件   D. 非充分非必要条件

14.（2013 年）在 $\triangle ABC$ 中，" $\angle A=30°$ "是" $\sin A>\dfrac{1}{2}$ "的（　　）.

    A. 充分非必要条件   B. 必要非充分条件

    C. 充分必要条件   D. 非充分非必要条件

15.（2014 年）" $(x-1)(x+2)>0$ "是" $\dfrac{x-1}{x+2}>0$ "的（　　）.

    A. 充分非必要条件   B. 必要非充分条件

    C. 充分必要条件   D. 非充分非必要条件

16.（2015 年）" $0<a<1$ "是" $\log_a 2>\log_a 3$ "的（　　）.

    A. 必要非充分条件   B. 充分非必要条件

    C. 充分必要条件   D. 非充分非必要条件

17.（2016 年）设 a、b 为实数，则" $b=3$ "是" $a(b-3)=0$ "的（　　）.

    A. 充分非必要条件   B. 必要非充分条件

    C. 充分必要条件   D. 非充分非必要条件

18.（2017 年）" $x>4$ "是" $(x-1)(x-4)>0$ "的（　　）.

    A. 充分非必要条件   B. 必要非充分条件

    C. 充分必要条件   D. 非充分非必要条件

19.（2018 年）" $x<-3$ "是" $x^2>9$ "的（　　）.

    A. 充分非必要条件   B. 必要非充分条件

    C. 充分必要条件   D. 非充分非必要条件

20.（2019 年）" $a>1$ "是" $a>-1$ "的（　　）.

    A. 充分非必要条件   B. 必要非充分条件

    C. 充分必要条件   D. 非充分非必要条件

21.（2020 年）" $-2<x<1$ "是" $2^x<2$ "的（　　）.

    A. 充分非必要条件   B. 必要非充分条件

    C. 充分必要条件   D. 非充分非必要条件

22.（2021 年）" $x<-1$ "是" $|x|>1$ "的（　　）.

    A. 充分非必要条件   B. 必要非充分条件

    C. 充分必要条件   D. 非充分非必要条件

第二章

不 等 式

考试内容

1. 不等式的性质与证明.
2. 不等式的解法.
3. 不等式的应用.

考试要求

1. 理解不等式的性质，会证明简单的不等式.
2. 理解不等式解集的概念. 掌握一元一次不等式（组）、一元二次不等式的解法.
3. 了解含有绝对值的不等式 $|ax+b|<c$（或 $>c$）的解法.
4. 会解简单的不等式应用题.

近四年分值占比

年份/年	2021	2022	2023	2024
分值/分	10	5	5	5
分值占比	6.7%	3.3%	3.3%	3.3%

近四年考点对比

年份/年	2021	2022	2023	2024
考点对比	解一元二次不等式、含绝对值不等式结合充分必要条件	含绝对值不等式结合充分必要条件	解一元二次不等式	一元二次不等式结合充分必要条件

思维导图

参考课时

8 课时

§2.1 不等式的性质与证明

复习要求

1. 掌握不等式的基本原理.
2. 熟悉不等式的基本性质.
3. 会采用代入验证法解题.
4. 能利用不等式的性质，运用作差法来解题.

知识要点

1．不等式的定义

用不等号"$>$，$\geqslant$，$<$，$\leqslant$，$\neq$"将两个数学表达式连接起来所得到的式子叫作不等式.

2．不等式的基本原理

$$a-b>0 \Leftrightarrow a>b \qquad a-b=0 \Leftrightarrow a=b \qquad a-b<0 \Leftrightarrow a<b$$

3．不等式的性质

（1）对称性：$a>b \Leftrightarrow b<a$．

（2）传递性：$a>b$，$b>c \Rightarrow a>c$．

（3）（同加）：$a>b \Rightarrow a+m>b+m$．

（4）（同乘）：$a>b$，$c>0 \Rightarrow ac>bc$ $\quad a>b$，$c=0 \Rightarrow ac=bc$ $\quad a>b$，$c<0 \Rightarrow ac<bc$．

（5）（同向加）：$a>b$，$c>d \Rightarrow a+c>b+d$．

（6）（正向同乘）：$a>b>0$，$c>d>0 \Rightarrow ac>bd$．

4．不等式的证明作差法

（1）依据：$a-b>0 \Leftrightarrow a>b$ $a-b=0 \Leftrightarrow a=b$ $a-b<0 \Leftrightarrow a<b$．

（2）证明步骤：作差→变形（常用方法有因式分解、配方等）→判号→结论．

例题解析

【例1】若 $a>b>c$，则下列各式中一定成立的是（   ）．

    A．$a+c<b+c$　　　　　　　　B．$b-a<c-a$

    C．$a-b>a-c$　　　　　　　　D．$a+b>b+c$

分析：已知 $a>b \Rightarrow a+c>b+c$，所以选项 A 不成立．

由 $b>c \Rightarrow b-a>c-a$，所以选项 B 不成立．

由 $b>c \Rightarrow -b<-c \Rightarrow a-b<a-c$，所以选项 C 不成立．

由 $a>c \Rightarrow a+b>c+b$，所以选项 D 成立. 故本题选 D．

注：本题也可以采用代入验证法，用 $a=3$，$b=2$，$c=1$（满足条件 $a>b>c$）验证可知只有选项 D 成立. 代入验证法是解决实数大小比较或有关不等式的性质问题中非常有效的一种方法，要注意灵活运用．

【例2】若 $x<y<0$，则下列不等式不成立的是（   ）．

    A．$xy>y^2$　　　　　　　　　　B．$\dfrac{x}{y}>1$

    C．$\dfrac{1}{x}>\dfrac{1}{y}$　　　　　　　　　D．$\dfrac{x}{y}<\dfrac{y}{x}$

分析：本题采用代入验证法，用 $x=-2$，$y=-1$（满足条件 $x<y<0$）验证可知只有选项 D 不成立．

【例3】比较两个代数式的大小：x^2+y^2+9 _____ $4x+4y$．

解：$\because \left(x^2+y^2+9\right)-\left(4x+4y\right)=\left(x^2-4x+4\right)+\left(y^2-4y+4\right)+1$

$$=\left(x-2\right)^2+\left(y-2\right)^2+1>0，$$

$\therefore x^2+y^2+9>4x+4y$．

注：本题也可采用特殊值法．

【例4】比较大小：$\dfrac{1}{\sqrt{3}-\sqrt{2}}$ _____ $\sqrt{10}$．

解：$\because \dfrac{1}{\sqrt{3}-\sqrt{2}}=\sqrt{3}+\sqrt{2}$，$\therefore \left(\sqrt{3}+\sqrt{2}\right)^2-\left(\sqrt{10}\right)^2=2\sqrt{6}-5=\sqrt{24}-\sqrt{25}<0$，

$\therefore \dfrac{1}{\sqrt{3}-\sqrt{2}}<\sqrt{10}$．

注：含根式的式子比较大小，一般先平方后再用作差法比较大小．

同步练习题

一、选择题

1. 如果 $a > b$，那么（　　）.

　　A. $a - 2 < b - 2$　　B. $2a < 2b$　　C. $-2a < -2b$　　D. $\dfrac{a}{2} < \dfrac{b}{2}$

2. 如果 $a > 0 > b$，那么（　　）.

　　A. $a^2 > ab$　　B. $ab > b^2$　　C. $a + b > 0$　　D. $\dfrac{1}{a} < \dfrac{1}{b}$

3. 如果 $0 < a < 1$，那么（　　）.

　　A. $\dfrac{1}{a} < a < a^2$　　B. $a < \dfrac{1}{a} < a^2$　　C. $a^2 < a < \dfrac{1}{a}$　　D. $a^2 < \dfrac{1}{a} < a$

4. 若 $a < b < 0$，则下列不等式中不成立的是（　　）.

　　A. $\dfrac{1}{a} > \dfrac{1}{b}$　　B. $\dfrac{1}{a-b} > \dfrac{1}{a}$　　C. $|a| > |b|$　　D. $a^2 > b^2$

5. 若 a、b、c 是实数，且 $a > b$，则下列不等式成立的是（　　）.

　　A. $ac > bc$　　B. $ac < bc$　　C. $ac^2 > bc^2$　　D. $ac^2 \geqslant bc^2$

6. 如果 $a > b$，$c > d$，则下列不等式中一定成立的是（　　）.

　　A. $ac > bc$　　B. $a + c > b + d$　　C. $a - c > b - d$　　D. $\dfrac{a}{c} > \dfrac{b}{d}$

7. 若 $|a| > |b|$，则下列不等式中成立的是（　　）.

　　A. $a > b$　　B. $ab > b^2$　　C. $ab > a^2$　　D. $a^2 > b^2$

8. 若 $a < b < 0$，$c < d < 0$，则下列不等式中成立的是（　　）.

　　A. $a - c < b - d$　　B. $ac < bd$　　C. $ac > bd$　　D. $\dfrac{a}{c} > \dfrac{b}{d}$

9. 设实数 a、b，满足 $0 < a < b$，且 $a + b = 1$，则下列四个数中最大的是（　　）.

　　A. $\dfrac{1}{2}$　　B. $a^2 + b^2$　　C. $2ab$　　D. a

10. 已知 a、b、c，满足 $c < b < a$，且 $ac < 0$，那么下列不等式中一定成立的是（　　）.

　　A. $ab > ac$　　B. $c(b - a) < 0$　　C. $cb^2 < ab^2$　　D. $ac(a - c) > 0$

二、填空题

11. 比较大小：$3\sqrt{5}$ _____ $2\sqrt{11}$.

12. 比较大小：$(x + 5)(x + 7)$ _____ $(x + 6)^2$.

13. 比较大小：如果 $x > y > z > 0$，那么 $(x - y)z$ _____ $x(z - y)$.

14. 比较大小：如果 $a > 5$，$b < -4$，那么 $(5 - a)(b + 4)$ _____ 0.

15. 比较大小：若 $-\dfrac{1}{2} < a < 0$，则 a^2 _____ $(1 + a)^2$.

三、解答题

16. 比较 $(a+3)(a-6)$ 与 $(a+2)(a-5)$ 的大小.

17. 比较 a^2+b^2 与 $2a-4b-5$ 的大小.

18. 已知 $x>y>0$，比较 $x+y$ 与 $\dfrac{4xy}{x+y}$ 的大小.

§2.2　不等式的解法

复习要求

1. 掌握一元一次不等式（组）、一元二次不等式、含有绝对值的不等式的解法.
2. 会在数轴上表示不等式或不等式组的解集.
3. 培养学生的数学思维和运算能力.

知识要点

1. 一元一次不等式（组）的解法

（1）一元一次不等式 $ax > b(a \neq 0)$ 的解集情况：

① 当 $a > 0$ 时，解集为 $\left\{ x \middle| x > \dfrac{b}{a} \right\}$；

② 当 $a < 0$ 时，解集为 $\left\{ x \middle| x < \dfrac{b}{a} \right\}$.

（2）两个一元一次不等式所组成的一元一次不等式组的解集情况，可以归结为下列四种基本类型：

类型（设 $a < b$）	解　集	数　轴　表　示
$\begin{cases} x > a \\ x > b \end{cases}$	$(b, +\infty)$	
$\begin{cases} x < a \\ x < b \end{cases}$	$(-\infty, a)$	
$\begin{cases} x > a \\ x < b \end{cases}$	(a, b)	
$\begin{cases} x < a \\ x > b \end{cases}$	$\varnothing$	

2. 一元二次不等式的解法

一般的一元二次不等式可利用一元二次方程 $ax^2 + bx + c = 0(a \neq 0)$ 与二次函数 $y = ax^2 + bx + c$ 的有关性质求解，具体见下表：

$a>0$, $\Delta=b^2-4ac$	$\Delta>0$	$\Delta=0$	$\Delta<0$
二次函数 $y = ax^2 + bx + c$ 的图像			
一元二次方程 $ax^2 + bx + c = 0$ 的根	有两实根 $x = x_1$或$x = x_2$	有两个相等的实根 $x_1 = x_2 = x_0 = -\dfrac{b}{2a}$	无实根

续表

$a>0$，$\Delta=b^2-4ac$		$\Delta>0$	$\Delta=0$	$\Delta<0$
一元二次不等式的解法	不等式 $ax^2+bx+c>0$ 的解集	$\{x\|x<x_1\text{或}x>x_2\}$	$\{x\|x\neq x_0\}$	**R**
	不等式 $ax^2+bx+c\geqslant0$ 的解集	$\{x\|x\leqslant x_1\text{或}x\geqslant x_2\}$	**R**	$\varnothing$
	不等式 $ax^2+bx+c<0$ 的解集	$\{x\|x_1<x<x_2\}$	$\varnothing$	$\varnothing$
	不等式 $ax^2+bx+c\leqslant0$ 的解集	$\{x\|x_1\leqslant x\leqslant x_2\}$	$\{x\|x=x_0\}$	$\varnothing$

由此得到解一元二次不等式的基本步骤：

（1）把二次项的系数 a 变为正数（如果 $a<0$，那么在不等式两边都乘以 -1，把系数变为正数）．

（2）解对应的一元二次方程（先看能否因式分解，若不能，再看 Δ，然后求根）．

（3）求解一元二次不等式（根据一元二次方程的根及不等号的方向）．

注：当 $a>0$ 且 $\Delta>0$ 时，一元二次不等式的解集的口诀："小于号取中间，大于号取两边."

3．含有绝对值的不等式的解法

（1）绝对值的概念．

$$|a|=\begin{cases}a & a>0\\0 & a=0\\-a & a<0\end{cases}$$

（2）含有绝对值不等式的解．

① $|x|<a(a>0)\Leftrightarrow-a<x<a$

② $|x|>a(a>0)\Leftrightarrow x<-a\text{ 或 }x>a$

③ $|f(x)|\leqslant a(a>0)\Leftrightarrow-a\leqslant f(x)\leqslant a\Leftrightarrow\begin{cases}f(x)\leqslant a\\f(x)\geqslant-a\end{cases}$

④ $|f(x)|\geqslant a(a>0)\Leftrightarrow f(x)\leqslant-a\text{ 或 }f(x)\geqslant a$

注：当 $a\leqslant0$ 时，$|x|<a$ 无解，$|x|\geqslant a$ 的解集为全体实数．

例题解析

【例1】解不等式组 $\begin{cases} 6x+1 \geqslant 4x+3 \\ \dfrac{2x-1}{5} > \dfrac{x-1}{2} \end{cases}$ 并在数轴上表示解集.

解：原不等式组等价于 $\begin{cases} x \geqslant 1 \\ x < 3 \end{cases}$ ，所以原不等式组的解

集为 $\{x \mid 1 \leqslant x < 3\}$ （如图 2-2-1 所示）.

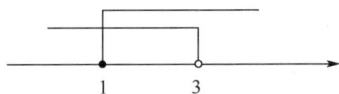

图 2-2-1

【例2】解下列不等式.

（1） $x^2 - x - 12 > 0$

（2） $-x^2 - 3x + 10 \geqslant 0$

解：（1）原不等式可化为 $(x-4)(x+3) > 0$ ，因为方程 $(x-4)(x+3) = 0$ 的根为 -3，4，将根标在数轴上（数轴标根法）（如图 2-2-2 所示），所以，原不等式的解集为 $(-\infty, -3) \cup (4, +\infty)$.

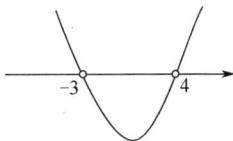

图 2-2-2

（2）原不等式两边同乘以 -1 ，得 $x^2 + 3x - 10 \leqslant 0$ ，化为 $(x-2)(x+5) \leqslant 0$ ，因为方程 $(x-2)(x+5) = 0$ 的根为 -5，2，将根标在数轴上（如图 2-2-3 所示），所以，原不等式的解集为 $[-5, 2]$.

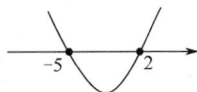

分析：当 $a > 0$ 且 $\Delta > 0$ 时，求出对应的一元二次方程的根后，也可以根据口诀"小于号取中间，大于号取两边"写出解集.

图 2-2-3

【例3】解下列不等式.

（1） $|x+3| > 7$

（2） $|1-2x| \leqslant 3$

解：（1）原不等式等价于 $x+3 < -7$ 或 $x+3 > 7$ ，即 $x < -10$ 或 $x > 4$ ，所以原不等式的解集为 $(-\infty, -10) \cup (4, +\infty)$.

（2）原不等式等价于 $-3 \leqslant 1-2x \leqslant 3$ ，即 $-4 \leqslant -2x \leqslant 2$ ，解得 $-1 \leqslant x \leqslant 2$ ，所以原不等式的解集为 $[-1, 2]$.

同步练习题

一、选择题

1. 不等式 $-2x < -8$ 的解集是（　　）.

    A. $\{x \mid x < 4\}$　　　　　　　　　　B. $\{x \mid x < -4\}$

    C. $\{x \mid x > 4\}$　　　　　　　　　　D. $\{x \mid x > -4\}$

2. 不等式 $|x| < 3$ 的解集是（　　）.

    A. $\{x \mid x > 3\}$　　　　　　　　　　B. $\{x \mid x < -3 \text{或} x > 3\}$

    C. $\{x \mid -3 < x < 3\}$　　　　　　　D. $\{x \mid x > \pm 3\}$

3. 不等式 $|x+2|>2$ 的解集是（　　　）．

  A. $\varnothing$ B. $(0,\ +\infty)$

  C. $(-\infty,\ -4)\cup(0,\ +\infty)$ D. $\mathbf{R}$

4. 不等式 $|9-3x|<3$ 的解集是（　　　）．

  A. $\{x|x<2$ 或 $x>4\}$ B. $\{x|2<x<4\}$

  C. $\{x|x>4\}$ D. $\{x|x<2\}$

5. 若不等式 $|x-a|<3$ 的解集是 $\{x|0<x<6\}$，则 $a=$（　　　）．

  A. 3   B. 2   C. 1   D. 0

6. 不等式组 $\begin{cases} \dfrac{5x-3}{2}>1 \\ 1-2(x-4)<x \end{cases}$ 的解集是（　　　）．

  A. $(3,\ +\infty)$ B. $(1,\ +\infty)$

  C. $(1,\ 3)$ D. $(-\infty,\ 1)\cup(3,\ +\infty)$

7. 下列不等式组与 $(x+2)(x-4)<0$ 的解集相同的是（　　　）．

  A. $\begin{cases} x+2<0 \\ x-4>0 \end{cases}$ B. $\begin{cases} x+2>0 \\ x-4<0 \end{cases}$

  C. $\begin{cases} x+2<0 \\ x-4<0 \end{cases}$ D. $\begin{cases} x+2>0 \\ x-4>0 \end{cases}$

8. 不等式 $x^2-4x-5<0$ 的解集是（　　　）．

  A. $(-1,\ 5)$ B. $(-5,\ 1)$

  C. $(-\infty,\ -1)\cup(5,\ +\infty)$ D. $(-\infty,\ -5)\cup(1,\ +\infty)$

9. 不等式 $x(x-1)\geqslant 0$ 的解集是（　　　）．

  A. $(-\infty,\ 0)\cup(1,\ +\infty)$ B. $(-\infty,\ 0]\cup[1,\ +\infty)$

  C. $(0,\ 1)$ D. $[0,\ 1]$

10. 不等式 $x^2+2x+3>0$ 的解集是（　　　）．

  A. $\{x|x<1$ 或 $x>3\}$ B. $\{x|1<x<3\}$

  C. $\{x|-3<x<-1\}$ D. $\mathbf{R}$

二、填空题

11. 不等式 $|2x-3|<5$ 的解集是_____．

12. 不等式 $2|x+2|+1>3$ 的解集是_____．

13. 不等式 $(1-x)(2+x)>0$ 的解集是_____．

14. 若不等式 $x^2+m(x+6)<0$ 的解集为 $\{x|-2<x<3\}$，则 $m=$_____．

15. 若方程 $x^2+(a-1)x+1=0$ 有实数解，则 a 的取值范围是_____．

三、解答题

16. 解下列不等式组，并在数轴上表示出它们的解集.

（1）$\begin{cases} 3x - 1 < 2x + 4 \\ 5 - 4x \leqslant 3 \end{cases}$ （2）$\begin{cases} x^2 - 1 < 0 \\ x^2 - 3x < 0 \end{cases}$

17. 解下列不等式.

（1）$|3 - 5x| < 8$ （2）$|4x + 1| - 3 \geqslant 0$

18. 解下列不等式.

（1）$2x^2 - 7x \leqslant x^2 - 12$ （2）$-x^2 + 3x - 2 < 0$

§2.3 均值定理

复习要求

1. 掌握均值定理.
2. 会用均值定理求最值.
3. 会解不等式的应用题.

知识要点

1. 均值定理

$\dfrac{a+b}{2} \geqslant \sqrt{ab}$，其中 a，$b \in \mathbf{R}^+$，当且仅当 $a=b$ 时取等号.

2. 利用均值定理求最值

（1）最小值：① $a>0$，$b>0$；② ab 是定值；③当且仅当 $a=b$ 时. $a+b$ 有最小值 $2\sqrt{ab}$.

（2）最大值：① $a>0$，$b>0$；② $a+b$ 是定值；③当且仅当 $a=b$ 时. ab 有最大值 $\left(\dfrac{a+b}{2}\right)^2$.

例题解析

【例1】（1）如果 $x>0$，$y>0$，$xy=16$，则 $x+y$ 的最小值是_____.

（2）如果 $x>0$，$y>0$，$x+y=10$，则 xy 的最大值是_____ .

解：（1）$x+y \geqslant 2\sqrt{xy} = 2\sqrt{16} = 8$，当且仅当 $x=y=4$ 时，$x+y$ 取最小值 8.

（2）$xy \leqslant \left(\dfrac{x+y}{2}\right)^2 = \left(\dfrac{10}{2}\right)^2 = 25$，当且仅当 $x=y=5$ 时，xy 取最大值 25.

【例2】当 $x>0$ 时，求函数 $y=x+\dfrac{9}{x}$ 的最小值.

解：$\because x>0$，$\therefore y=x+\dfrac{9}{x} \geqslant 2\sqrt{x \cdot \dfrac{9}{x}} = 6$，当且仅当 $x=\dfrac{9}{x}$，即当 $x=3$ 时，函数 $y=x+\dfrac{9}{x}$ 取最小值 6.

【例3】当 $x>0$ 时，求函数 $y=4x+\dfrac{5}{x}+1$ 的最小值.

解：$\because x>0$，$\therefore y=4x+\dfrac{5}{x}+1 \geqslant 2\sqrt{(4x) \cdot \left(\dfrac{5}{x}\right)} + 1 = 4\sqrt{5}+1$，当且仅当 $4x=\dfrac{5}{x}$，即当 $x=\dfrac{\sqrt{5}}{2}$

时，函数 $y = 4x + \dfrac{5}{x} + 1$ 取最小值 $4\sqrt{5} + 1$．

【例4】 当 $x > 3$ 时，求函数 $y = x + \dfrac{1}{x-3}$ 的最小值．

解： $\because x > 3$，$\therefore x - 3 > 0$，$y = x + \dfrac{1}{x-3} = x - 3 + \dfrac{1}{x-3} + 3 \geqslant 2\sqrt{(x-3) \cdot \dfrac{1}{x-3}} + 3 = 5$，当

且仅当 $x - 3 = \dfrac{1}{x-3}$，即当 $x = 4$ 时，函数 $y = x + \dfrac{1}{x-3}$ 取最小值 5．

同步练习题

一、选择题

1. 不等式 $a + b \geqslant 2\sqrt{ab}$ 恒成立的条件是（ ）．

　　A．$a < 0$，$b < 0$　　　　　　　　　B．$a < 0$，$b > 0$

　　C．$a > 0$，$b > 0$　　　　　　　　　D．$a > 0$，$b < 0$

2. 已知 $x > 0$，$y > 0$，$xy = 36$，则 $x + y$ 的最小值是（ ）．

　　A．6　　　　　　　　　　　　　　　B．12

　　C．18　　　　　　　　　　　　　　　D．20

3. 已知 $x > 0$，$y > 0$，$x + y = 6$，则 xy 的最大值是（ ）．

　　A．3　　　　　　　　　　　　　　　B．6

　　C．9　　　　　　　　　　　　　　　D．12

4. 如果 $a > 0$，$b > 0$，$a + b = 16$，当 ab 取得最大值时，一定有（ ）．

　　A．$a = b = 8$　　　　　　　　　　　B．$a = b = 4$

　　C．$a \neq b$　　　　　　　　　　　　D．无法确定 a，b 大小

5. 如果 $a > 0$，$b > 0$，$ab = 9$，当 $a + b$ 取得最小值时，一定有（ ）．

　　A．$a = b = 4.5$　　　　　　　　　　B．$a = b = 3$

　　C．$a \neq b$　　　　　　　　　　　　D．无法确定 a，b 大小

6. 已知 $x > 0$，$y > 0$，则 $\dfrac{4x}{y} + \dfrac{y}{x}$ 的最小值为（ ）．

　　A．4　　　　　　　　　　　　　　　B．2

　　C．1　　　　　　　　　　　　　　　D．0

7. 已知 $a > 0$，$b > 0$，$a + b = 5$，则 ab 的最大值是（ ）．

　　A．25　　　　　　　　　　　　　　　B．$\dfrac{25}{4}$

　　C．$\dfrac{5}{2}$　　　　　　　　　　　D．$\dfrac{15}{2}$

8. 函数 $y = \dfrac{4}{x} + x$ 在区间 $(0, +\infty)$ 内的最小值是（ ）．

　　A．2　　　　　　　　　　　　　　　B．3

　　C．4　　　　　　　　　　　　　　　D．5

9. 函数 $y = 4x + \dfrac{9}{x} + 1$ 在区间 $(0, +\infty)$ 内的最小值是（　　）.

A. 9 　　　　　　　　　　　B. 11

C. 13 　　　　　　　　　　D. 15

10. 已知 $x > 0$，$y > 0$，$2x + y = 4$，则 xy 的最大值是（　　）.

A. 2 　　　　　　　　　　　B. 3

C. 4 　　　　　　　　　　　D. 5

二、填空题

11. 当 $a > 0$ 时，$1 + a + \dfrac{4}{a}$ 有最_____值，其值等于_____.

12. 已知常数 $a > 0$，函数 $f(x) = x + \dfrac{a}{x-1}(x > 1)$ 的最小值为 3，则 a 的值为_____.

13. 若 $x > 0$，则函数 $y = (2 + x)\left(2 + \dfrac{1}{x}\right)$ 的最小值等于_____.

14. 若 $x > 0$，则函数 $y = \dfrac{(x+4)(x+9)}{x}$ 的最小值等于_____.

15. 若 $x > 0$，则函数 $y = 1 - 2x - \dfrac{3}{x}$ 的最大值是_____.

三、解答题

16. 当 $x > 0$ 时，求函数 $y = x + \dfrac{9}{x} - 2$ 的最小值，并求此时 x 的取值.

17．当 $x > -2$ 时，求函数 $y = x + \dfrac{1}{x+2} + 3$ 的最小值，并求此时 x 的取值.

18．当 $x > 0$ 时，求函数 $y = \dfrac{x}{3} + \dfrac{3}{x}$ 的最小值，并求此时 x 的取值.

第二章　不等式近十年高考真题练习

一、选择题

1. （2015 年）不等式 $x^2 - 7x + 6 > 0$ 的解集是（　　）.

 A. $(1, 6)$ B. $(-\infty, 1) \cup (6, +\infty)$

 C. $\varnothing$ D. $(-\infty, +\infty)$

2. （2015 年）当 $x > 0$ 时，下列不等式正确的是（　　）.

 A. $x + \dfrac{4}{x} \leqslant 4$ B. $x + \dfrac{4}{x} \geqslant 4$

 C. $x + \dfrac{4}{x} \leqslant 8$ D. $x + \dfrac{4}{x} \geqslant 8$

3. （2016 年）不等式 $x^2 - 5x - 6 \leqslant 0$ 的解集是（　　）.

 A. $\left\{ x \mid -2 \leqslant x \leqslant 3 \right\}$ B. $\left\{ x \mid -1 \leqslant x \leqslant 6 \right\}$

 C. $\left\{ x \mid -6 \leqslant x \leqslant 1 \right\}$ D. $\left\{ x \mid x \leqslant -1 或 x \geqslant 6 \right\}$

4. （2019 年）不等式 $(x+1)(x-5) > 0$ 的解集是（　　）.

 A. $(-1, 5]$ B. $(-1, 5)$

 C. $(-\infty, -1] \cup [5, +\infty)$ D. $(-\infty, -1) \cup (5, +\infty)$

5. （2020 年）不等式 $x^2 - x - 6 < 0$ 的解集是（　　）.

 A. $(-\infty, -2) \cup (3, +\infty)$ B. $(-\infty, -3) \cup (2, +\infty)$

 C. $(-2, 3)$ D. $(-3, 2)$

6. （2021 年）不等式 $x^2 - 6x - 7 \leqslant 0$ 的解集是（　　）.

 A. $\left\{ x \mid -1 < x < 7 \right\}$ B. $\left\{ x \mid -1 \leqslant x \leqslant 7 \right\}$

 C. $\left\{ x \mid x < -1 或 x > 7 \right\}$ D. $\left\{ x \mid x \leqslant -1 或 x \geqslant 7 \right\}$

7. （2023 年）不等式 $x^2 - 6x + 5 \geqslant 0$ 的解集为（　　）.

 A. $\left\{ x \mid 1 < x < 5 \right\}$ B. $\left\{ x \mid x < 1 或 x > 5 \right\}$

 C. $\left\{ x \mid 1 \leqslant x \leqslant 5 \right\}$ D. $\left\{ x \mid x \leqslant 1 或 x \geqslant 5 \right\}$

第三章 ◀

函　　数

考试内容

1. 函数的概念.
2. 函数的单调性.
3. 函数的奇偶性.
4. 二次函数的图像和性质.

考试要求

1. 理解函数的定义及记号；了解函数的三种表示法和分段函数.
2. 理解函数的单调性和奇偶性，能判断一些简单函数的奇偶性和单调性.
3. 掌握二次函数的图像、性质及其简单应用.

近四年分值占比

年份/年	2021	2022	2023	2024
分值/分	22	27	17	27
分值占比	14.6%	18%	11.3%	18%

近四年考点对比

年份/年	2021	2022	2023	2024
考点对比	函数定义域、分段函数求值、二次函数（与图形面积有关）	函数定义域、函数的奇偶性、分段函数求值，反比例函数（与图形面积有关）	函数的奇偶性、二次函数（与图形面积有关）	函数定义域、函数的奇偶性、分段函数求值、二次函数（与图形面积有关）

思维导图

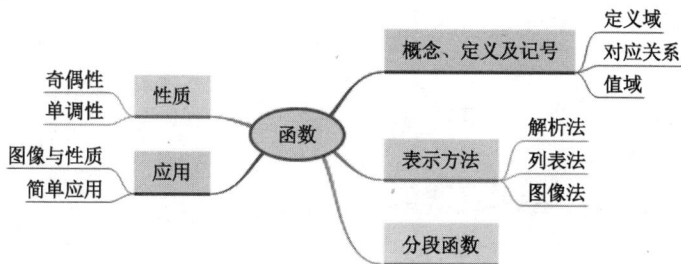

参考课时

10 课时

§3.1 函数的概念

复习要求

1. 理解函数的概念.
2. 会对给定的函数求函数值.
3. 掌握求函数定义域的基本方法.
4. 掌握求函数值域的基本方法.

知识要点

1．函数的定义

如果在某变化过程中，有两个变量 x 和 y. 对于 x 在某个范围内的每个确定的值，按照某个对应关系 f，y 都有唯一确定的值和它对应，那么 y 就是 x 的函数. 其中 x 叫作自变量，x 的取值范围叫作函数的定义域，和 x 对应的 y 值叫作函数值，所有数值的集合叫作函数的值域.

【说明】（1）求函数的定义域就是求使函数表达式有意义的 x 的取值范围.

（2）函数的定义域必须表示成集合或区间的形式.

2．函数定义域的类型

（1）分式：分母不能为零.

（2）根式：① 偶次根式中被开方式为非负实数（即被开方式要大于或等于零）；② 奇

次根式中被开方式可为任意实数.

（3）对数式：① 底数大于零且不等于1；② 真数要大于零.

例题解析

【例1】已知 $f(x)=2x^2-5x+1$，则 $f(-1)=$ _____；$f(-x)=$ _____；
若 $f(m)=4$，则 $m=$ _____.

解： $f(-1)=2\times(-1)^2-5\times(-1)+1=8$；

$\qquad f(-x)=2(-x)^2-5(-x)+1=2x^2+5x+1$；

$\qquad \because f(m)=4$，$\therefore 2m^2-5m+1=4$，解得 $m=-\dfrac{1}{2}$ 或 $m=3$.

【例2】求下列函数的定义域.

（1）$y=\dfrac{2}{x^2-3x+2}$.　　　（2）$y=\sqrt{x^2-2x-15}$.　　　（3）$y=\dfrac{5}{\log_2(2x-5)}$.

解：（1）当且仅当 $x^2-3x+2\neq 0$ 时，函数有意义，因为当 $x=1$ 或 $x=2$ 时 $x^2-3x+2=0$，所以函数的定义域是 $\{x\mid x\neq 1\text{且}x\neq 2\}$.

（2）要使函数有意义，则 $x^2-2x-15\geqslant 0$，解得 $x\leqslant -3$ 或 $x\geqslant 5$，所以函数的定义域是 $(-\infty,-3]\bigcup[5,+\infty)$.

（3）要使函数有意义，则 $\begin{cases}2x-5>0\\\log_2(2x-5)\neq 0\end{cases}$，解得 $\begin{cases}x>\dfrac{5}{2}\\x\neq 3\end{cases}$，所以函数的定义域是 $\left\{x\mid x>\dfrac{5}{2}\text{且}x\neq 3\right\}$.

评析：函数的定义域要写成集合或者区间的形式.

【例3】已知函数 $f(x)=\begin{cases}x+1,& -4<x\leqslant 1\\x^2+x-5,& 1<x\leqslant 4\end{cases}$，求 $f(-3)+f(3)$ 的值.

解： $\because f(-3)=-3+1=-2$，$f(3)=3^2+3-5=7$，$\therefore f(-3)+f(3)=-2+7=5$.

评析：分段函数求值，要根据自变量所在的范围代入相应的解析式.

【例4】求函数 $y=x^2-4x-7$ 的值域.

解： $y=x^2-4x-7=(x-2)^2-11$，

$\qquad \because (x-2)^2\geqslant 0$，$\therefore (x-2)^2-11\geqslant -11$，

$\qquad \therefore$ 函数的值域为 $[-11,+\infty)$.

评析：求二次函数的最值.

【例5】求函数 $y=x+\dfrac{1}{x+2}+3\,(x>-2)$ 的值域.

解： $y=x+\dfrac{1}{x+2}+3=x+2+\dfrac{1}{x+2}+1$，

$\qquad \because x>-2$，$\therefore x+2>0$，

由均值定理，$x+2+\dfrac{1}{x+2} \geqslant 2\sqrt{(x+2)\cdot\dfrac{1}{x+2}}=2$，$y=x+2+\dfrac{1}{x+2}+1\geqslant 3$，$\therefore$ 函数的值域为 $[3,\,+\infty)$.

评析：利用均值定理求函数值域时，如果题中出现分母，则要构造一个与分母相同的式子，以使两式的乘积是一个常数.

同步练习题

一、选择题

1. 函数 $f(x)=3x^2-2x$，则 $f(-x)$ 为（ ）.

　A．$-3x^2-2x$　　　B．$3x^2-2x$　　　C．$3x^2+2x$　　　D．$-3x^2+2x$

2. 函数 $f(x)=3x^2-1$，$x\in\{-2,\,-1,\,0,\,1,\,2\}$ 的值域是（ ）.

　A．$\{-13,\,-4,\,-1,\,2,\,11\}$　　　　　B．$\{11,\,2,\,-1,\,2,\,11\}$

　C．$\{-11,\,-2,\,-1,\,2,\,11\}$　　　　　D．$\{-1,\,2,\,11\}$

3. 函数 $f(x)=\sqrt{x^2+3x+2}-\log_2 5x$ 的定义域为（ ）.

　A．$\{x\,|\,x\geqslant 1\}$　　　　　　　　B．$\{x\,|\,x\leqslant -2\}$

　C．$\{x\,|\,x>0\}$　　　　　　　　D．$\{x\,|-2<x<-1\}$

4. 已知 $f(x)$ 是反比例函数，且 $f(-3)=6$，则 $f(x)=$（ ）.

　A．$f(x)=-2x$　　B．$f(x)=-\dfrac{18}{x}$　　C．$f(x)=-\dfrac{6}{x}$　　D．$f(x)=-\dfrac{3}{x}$

5. 函数 $f(x)=\dfrac{\sqrt{2^x-4}}{x-3}$ 的定义域为（ ）.

　A．$\{x\,|\,x\geqslant 2\}$　　　　　　　　B．$\{x\,|\,x>2$ 且 $x\neq 3\}$

　C．$\{x\,|\,x\geqslant 4\}$　　　　　　　　D．$\{x\,|\,x\geqslant 2$ 且 $x\neq 3\}$

6. 设 $f(x)=x^2-3x+5$，则 $f(x+1)=$（ ）.

　A．x^2-x+3　　　　　　　　B．x^2-x+9

　C．x^2-3x+7　　　　　　　　D．x^2-3x-7

7. 设 $f(x)=2x^2-7$，则 $f[f(\sqrt{5})]=$（ ）.

　A．18　　　　　B．13　　　　　C．11　　　　　D．9

8. 已知函数 $f(x)=\begin{cases}x^2+1, & x\leqslant 0 \\ -2x, & x>0\end{cases}$，若 $f(x)=10$，则 $x=$（ ）.

　A．$\pm 3,\,-5$　　B．$3,\,-5$　　　C．± 3　　　　D．-3

二、填空题

9. 函数 $y=\sqrt{2x+1}+\sqrt{1-3x}$ 的定义域为_____.

10. 函数 $f(x)$ 的定义域是 $[-1,\,2]$，则函数 $f(x+3)$ 的定义域为_____.

11. 若 $f(x-2)=x^2+3x-2$，则 $f(1)=$_____.

12. 已知 $f(x) = \begin{cases} 2x - x^2 & (x > 0) \\ 0 & (x = 0) \\ 2x + x^2 & (x < 0) \end{cases}$，则 $f[f(-3)] = $ _____.

三、解答题

13. 求下列函数的定义域.

（1）$f(x) = \dfrac{1}{2x+5}$.   （2）$f(x) = \dfrac{\sqrt{x+1}}{x-4}$.

14. 求函数 $y = \sqrt{x^2 - 2x + 6}$ 的值域.

§3.2 函数的单调性

复习要求

1. 理解和掌握函数单调性的定义.
2. 掌握判断和证明函数单调性的方法.
3. 能利用函数的单调性解决简单问题.

知识要点

1. 函数单调性的定义

（1）对于函数 $f(x)$，在给定区间上的任意两个自变量 x_1 和 x_2，当 $x_1 < x_2$ 时都有 $f(x_1) < f(x_2)$，那么就说 $y = f(x)$ 在这个区间上是增函数.

（2）对于函数 $f(x)$，在给定区间上的任意两个自变量 x_1 和 x_2，当 $x_1 < x_2$ 时都有 $f(x_1) > f(x_2)$，那么就说 $y = f(x)$ 在这个区间上是减函数.

【说明】（1）我们必须要在给定区间上研究函数的单调性.

（2）对于一些常见的函数，如：正比例函数、反比例函数、一元一次函数、指数函数和对数函数，我们应掌握它们的图像，根据它们的图像可以判定函数在给定区间的单调性.

（3）另外，熟记一些常见函数的单调性，对解题（特别是选择题和填空题）有很大帮助：

① 一次函数 $f(x) = kx + b(k \neq 0)$，当 $k > 0$ 时为增函数，当 $k < 0$ 时为减函数；

② 反比例函数 $f(x) = \dfrac{k}{x}(k \neq 0)$，当 $k > 0$ 时，函数在区间 $(-\infty, 0)$ 和 $(0, +\infty)$ 上是减函数，当 $k < 0$ 时，函数在区间 $(-\infty, 0)$ 和 $(0, +\infty)$ 上是增函数；

③ 指数函数 $y = a^x(a > 0$ 且 $a \neq 1)$，当 $0 < a < 1$ 时，函数为减函数，当 $a > 1$ 时，函数为增函数；

④ 对数函数 $y = \log_a x(a > 0$ 且 $a \neq 1)$，当 $0 < a < 1$ 时，函数为减函数，当 $a > 1$ 时，函数为增函数.

2．单调区间

如果函数在某个给定区间上是增函数或减函数，就说函数在此区间上具有单调性，此区间叫作函数的单调区间，单调区间包括单调递增区间和单调递减区间.

例题解析

【例1】填空：

（1）函数 $y = kx - 3$ 在 **R** 上是增函数，则 k 的取值范围是_____.

（2）函数 $y = \dfrac{m}{x}$ 在 $(-\infty, 0) \bigcup (0, +\infty)$ 上是减函数，则 m 的取值范围是_____.

（3）函数 $y = \log_5 x$ 在 $(0, +\infty)$ 上是_____函数.

参考答案：（1）$k > 0$．（2）$m > 0$．（3）增．

【例2】试求 a 的取值范围.

（1）$\log_a 0.7 < \log_a 0.4$．（2）$\log_{0.3} a > \log_{0.3} 8$．

参考答案：（1）$0 < a < 1$．（2）$0 < a < 8$．

评析：考查 $y = \log_a x(a > 0$ 且 $a \neq 1)$，当 $0 < a < 1$ 时，函数为减函数，当 $a > 1$ 时，函数为增函数.

【例3】若函数 $f(x) = kx^{k^2 + k - 1}$ 是正比例函数，且是减函数，求 k 的值.

解：$\because f(x) = kx^{k^2 + k - 1}$ 是正比例函数，$\therefore k^2 + k - 1 = 1$，解得：$k = -2$ 或 $k = 1$．

又 $\because f(x)$ 是减函数，$\therefore k < 0$，$\therefore k = -2$．

【例4】若函数 $y = 2x^2 + mx - 4$ 在区间 $(-\infty, 2]$ 单调递减，在区间 $[2, +\infty)$ 单调递增，试求 m 的值.

解：依题意，二次函数 $y = 2x^2 + mx - 4$ 图像的对称轴是 $x = 2$，由二次函数的性质，对称轴为 $x = -\dfrac{b}{2a} = 2$，解得：$m = -8$．

评析：考查二次函数对称轴的性质.

【例 5】 若函数 $y = ax + 3$ 在 **R** 上是减函数，且 $y = \dfrac{b}{x}(x > 0)$ 为减函数，请讨论函数 $y = ax^2 + bx + c$ 在区间 $[0, +\infty)$ 的单调性.

解：∵ 函数 $y = ax + 3$ 在 **R** 上是减函数，∴ $a < 0$，∴ 函数 $y = ax^2 + bx + c$ 的图像开口向下.

又 ∵ $y = \dfrac{b}{x}(x > 0)$ 为减函数，∴ $b > 0$，∴ 函数 $y = ax^2 + bx + c$ 图像的对称轴为 $x = -\dfrac{b}{2a} > 0$，∴ 函数 $y = ax^2 + bx + c$ 在区间 $\left[0, -\dfrac{b}{2a}\right]$ 上单调递增，在区间 $\left[-\dfrac{b}{2a}, +\infty\right)$ 上单调递减.

评析：讨论二次函数的单调性必须要确定两个因素：（1）开口方向；（2）对称轴.

同步练习题

一、选择题

1. 下列命题正确的是（　　）.

   A. 函数 $y = kx + 3$，当 $k > 0$ 时，在区间 $(-\infty, +\infty)$ 上是减函数

   B. 函数 $y = kx + 3$，当 $k < 0$ 时，在区间 $(-\infty, +\infty)$ 上是增函数

   C. 函数 $y = kx + 3$，当 $k > 0$ 时，在区间 $(-\infty, +\infty)$ 上是增函数

   D. 函数 $y = kx + 3$，当 $k < 0$ 时，在区间 $(0, +\infty)$ 上是增函数

2. 函数 $y = \dfrac{5}{x}$（　　）.

   A. 在 $(0, +\infty)$ 上是增函数　　　　　　B. 在 $[0, +\infty)$ 上是增函数

   C. 在 $(0, +\infty)$ 上是减函数　　　　　　D. 在 $[0, +\infty)$ 上是减函数

3. 函数 $f(x) = -6x^2$（　　）.

   A. 在 $(-\infty, 0)$ 上是增函数　　　　　　B. 在 $[0, +\infty)$ 上是增函数

   C. 在 $(-\infty, +\infty)$ 上是减函数　　　　D. 在 $(-\infty, +\infty)$ 上是增函数

4. 函数 $y = (2k - 3)x + b^2$ 在 $(-\infty, +\infty)$ 上是减函数，则（　　）.

   A. $k > \dfrac{3}{2}$　　　　B. $k < \dfrac{3}{2}$　　　　C. $k > -\dfrac{3}{2}$　　　　D. $k < -\dfrac{3}{2}$

5. 下列命题正确的是（　　）.

   A. 函数 $y = kx + b(k \neq 0)$ 在 **R** 上是增函数

   B. 函数 $y = \dfrac{1}{x}(x \neq 0)$ 是增函数

   C. 函数 $y = x^2$ 在 $[0, +\infty)$ 上是减函数

   D. 函数 $y = \left(\dfrac{1}{3}\right)^x$ 在 **R** 上是减函数

6. 一次函数 $y = kx + b$ 在 $(-\infty, +\infty)$ 上是单调递减函数，且图像不过第三象限，则（　　）.

A. $k > 0$, $b \neq 0$ B. $k < 0$, $b \geqslant 0$

C. $k < 0$, $b \neq 0$ D. $k > 0$, $b < 0$

7. 若函数 $f(x)$ 在 $[-2, 7]$ 上是增函数，那么（   ）.

    A. $f(-1) < f(1)$ B. $f(-1) > f(1)$

    C. $f(-1) = f(1)$ D. $f(-1) + f(1) = 0$

8. 函数① $y = 2(x-2)^2 + 4$；② $y = 2(x+2)^2 - 3$；③ $y = x^2 - 4x$；④ $y = x^2 + 4x$ 在区间 $[-2, +\infty)$ 上是增函数的有（   ）.

    A. ①和②   B. ③和④   C. ①和③   D. ②和④

二、填空题

9. 函数 $f(x) = 2x^2 - 5$ 的单调递增区间是_____，单调递减区间是_____.

10. 若 $y = (3k+2)x + k^2$ 是 **R** 上的减函数，则 k 的范围为_____.

11. 已知函数 $f(x) = 2x^2 - mx - 2$，当 $x \in \left[\dfrac{3}{2}, +\infty\right)$ 时是增函数，当 $x \in \left(-\infty, \dfrac{3}{2}\right)$ 时是减函数，则 $m = $_____.

12. $f(x)$ 是定义在 $(0, +\infty)$ 上的增函数，则不等式 $f(x) > f(2x-3)$ 的解集是_____.

13. 若函数 $f(x) = kx + k^2$ 的图像经过点 $(0, 9)$，且在 **R** 上是增函数，则 $k = $_____.

三、解答题

14. 已知函数 $f(x) = kx + b$ 在 $(-\infty, +\infty)$ 上是单调递增函数，试讨论函数 $y = \dfrac{k}{x} - b$ 的增减性.

15. 函数 $f(x) = x^2 + mx - 4$，当 $x \in [-3, +\infty)$ 时是增函数，当 $x \in (-\infty, -3]$ 时是减函数，试求 $f(1)$ 的值.

§3.3 函数的奇偶性

复习要求

1. 理解和掌握函数奇偶性的概念.
2. 掌握奇函数、偶函数的图像特征.
3. 掌握判断和证明函数奇偶性的方法.
4. 能利用函数的奇偶性解决简单问题.

知识要点

1. 概念及图像特征

（1）奇函数

① 定义：若对于函数 $y = f(x)$ 在定义域内的任意一个 x，都有 $f(-x) = -f(x)$，那么这个函数叫奇函数.

② 图像特征：一个函数是奇函数的充要条件是它的图像关于原点成中心对称图形.

（2）偶函数

① 定义：若对于函数 $y = f(x)$ 在定义域内的任意一个 x，都有 $f(-x) = f(x)$，那么这个函数叫偶函数.

② 图像特征：一个函数是偶函数的充要条件是它的图像关于 y 轴成轴对称图形.

2. 判断奇偶性的步骤

（1）写出定义域.

（2）求 $f(-x)$.

（3）对 $f(-x)$ 与 $f(x)$ 进行比较.

3. 常见函数的奇偶性

（1）一次函数 $y = kx + b(k \neq 0)$，当 $b = 0$ 时是奇函数.

（2）反比例函数 $y = \dfrac{k}{x}(k \neq 0)$ 是奇函数.

（3）二次函数 $y = ax^2 + bx + c$，当 $b = 0$ 时是偶函数.

（4）正弦函数 $y = \sin x$、正切函数 $y = \tan x$ 是奇函数.

（5）余弦函数 $y = \cos x$ 是偶函数.

（6）常值函数 $f(x) = a(x \in A，A$ 关于原点对称）若 $a \neq 0$，如 $f(x) = 2$，则函数为偶函数；若 $a = 0$，即 $f(x) = 0$，则函数既是奇函数又是偶函数.

例题解析

【例1】下列函数为奇函数的是（　　　）.

　　A．$f(x)=2x^2$　　　　B．$f(x)=\lg x$　　　　C．$f(x)=\sin x$　　　D．$f(x)=\cos x$

分析：选项A：定义域为 $\mathbf{R}$，$\because f(x)=2x^2$，$f(-x)=2(-x)^2=2x^2$，$f(x)=f(-x)$，$\therefore f(x)$ 是偶函数.

选项B：定义域为 $\{x\,|\,x>0\}$，不关于原点对称，选项中函数为非奇非偶函数.

选项C：定义域为 $\mathbf{R}$，$\because f(x)=\sin x$，$f(-x)=\sin(-x)=-\sin x$，$-f(x)=f(-x)$，$\therefore f(x)$ 是奇函数；

选项D：定义域为 $\mathbf{R}$，$\because f(x)=\cos x$，$f(-x)=\cos(-x)=\cos x$，$f(x)=f(-x)$，$\therefore f(x)$ 是偶函数.

故选 C 项.

评析：判定函数奇偶性的步骤：

（1）写出函数的定义域 A.

（2）判定 A 是否关于原点对称，A 是否关于原点对称是判断一个函数奇偶性的必要条件，若函数定义域关于原点不对称，则函数为非奇非偶函数.

（3）观察是否有 $f(-x)=-f(x)$ 或 $f(-x)=f(x)$ 成立.

（4）若 $f(-x)=-f(x)$，则函数为奇函数；若 $f(-x)=f(x)$，则函数为偶函数.

【例2】判断下列函数的奇偶性.

（1）$f(x)=x+2x^3$　　　　　　　　　（2）$f(x)=-x^2-5x^4$

（3）$f(x)=x^2+3x-6$　　　　　　　　（4）$f(x)=\dfrac{1}{x+3}$

（5）$f(x)=x^2+2\,(-2\leqslant x<2)$

解：（1）定义域为 $\mathbf{R}$，$\because f(-x)=(-x)+2(-x)^3=-x-2x^3=-(x+2x^3)=-f(x)$，$\therefore f(x)=x+2x^3$ 为奇函数.

（2）$f(x)=-x^2-5x^4$ 的定义域为 $\mathbf{R}$.

　　$\because f(-x)=-(-x)^2-5(-x)^4=-x^2-5x^4=f(x)$，$\therefore f(x)=-x^2-5x^4$ 为偶函数.

（3）定义域为 $\mathbf{R}$，$\because f(-x)=(-x)^2+3(-x)-6=x^2-3x-6$，可以看出 $f(-x)\neq f(x)$ 且 $f(-x)\neq -f(x)$，$\therefore f(x)=x^2+3x-6$ 为非奇非偶函数.

（4）函数 $f(x)=\dfrac{1}{x+3}$ 的定义域为 $A=\{x\,|\,x\neq -3\}$. 当 $3\in A$ 时，$-3\notin A$.

　　$\therefore$ 定义域关于原点不对称，$\therefore f(x)=\dfrac{1}{x+3}$ 为非奇非偶函数.

（5）函数 $f(x)=x^2+2$ 的定义域为 $-2\leqslant x<2$，当 $2\in A$ 时，$-2\notin A$.

　　$\therefore$ 定义域关于原点不对称，$\therefore f(x)=x^2+2\,(-2\leqslant x<2)$ 为非奇非偶函数.

评析：（1）判断函数的奇偶性首先要观察函数的定义域是否关于原点对称，若函数的定义域关于原点不对称，则这个函数为非奇非偶函数.

（2）有些函数既是奇函数又是偶函数，这类函数的函数值在定义域内一定都为零.

（3）在做选择题时可以去比较 $f(-1)$ 与 $f(1)$，相同可能为偶函数，相反可能为奇函数，否则为非奇非偶函数. 奇函数中若 $f(0)$ 存在，则 $f(0)=0$.

（4）对于函数 $F(x)=f(x)+g(x)$ 有：奇+奇=奇，偶+偶=偶，奇+偶=非奇非偶.

（5）对于函数 $F(x)=f(x)g(x)$ 有：奇×奇=偶，偶×偶=偶，奇×偶=奇.

【例3】设 $f(x)$ 是 $\mathbf{R}$ 上的偶函数，且在 $(-\infty，0]$ 上单调递减，则 $f(2)$，$f(-1)$，$f(-3)$ 的大小顺序是（　　）.

    A．$f(-3)<f(-1)<f(2)$

    B．$f(-3)<f(2)<f(-1)$

    C．$f(-1)<f(-3)<f(2)$

    D．$f(-1)<f(2)<f(-3)$

分析：$\because f(x)$ 是 $\mathbf{R}$ 上的偶函数，即 $f(-2)=f(2)$，又 $f(x)$ 在 $(-\infty，0]$ 上单调递减且 $-3<-2<-1$，$\therefore f(-1)<f(-2)<f(-3)$，即 $f(-1)<f(2)<f(-3)$，故选 D 项.

评析：结合函数的奇偶性和单调性解决问题.

【例4】（1）函数 $y=ax^2-bx+3(a\neq 0)$ 为偶函数的充要条件是_____.

（2）已知 $f(x)=\left(m^2+2m-3\right)x^2+(m+3)x+(n+5)$ 为奇函数，则 $m=$____，$n=$____.

解：（1）$b=0$.

（2）$\begin{cases}m^2+2m-3=0\\m+3\neq 0\\n+5=0\end{cases}$，$\quad\therefore\begin{cases}m=-3\text{或}m=1\\m\neq -3\\n=-5\end{cases}$，$\quad\therefore\begin{cases}m=1\\n=-5\end{cases}$.

【例5】设 $f(x)$ 是 $\mathbf{R}$ 上的奇函数，且当 $x\in(0，+\infty)$ 时 $f(x)=x^2+2x+3$.

（1）求 $f(-1)$.

（2）当 $x\in(-\infty，0)$ 时，求 $f(x)$ 的解析式.

解：（1）$f(-1)=-f(1)=-6$.

（2）设 $x\in(-\infty，0)$，则 $-x\in(0，+\infty)$，$\therefore f(-x)=(-x)^2+2(-x)+3=x^2-2x+3$，$\because f(x)$ 是 $\mathbf{R}$ 上的奇函数，$\therefore f(-x)=-f(x)$，$\therefore -f(x)=x^2-2x+3$，即 $f(x)=-x^2+2x-3$，$x\in(-\infty，0)$.

评析：寻找另一半只需利用偶函数 $f(x)=f(-x)$、奇函数 $-f(x)=f(-x)$ 求解.

【例6】已知 $f(x)=ax^5+bx^3+cx+4$，且 $f(3)=8$，求 $f(-3)$.

解：令 $g(x)=ax^5+bx^3+cx$，则 $f(x)=g(x)+4$，$\therefore f(3)=g(3)+4$.

$\qquad\because f(3)=8$，$f(3)=g(3)+4$，$\therefore g(3)=f(3)-4=8-4=4$.

$\qquad\because g(x)$ 为奇函数，$\therefore g(-3)=-4$；

又 $\because f(x)=g(x)+4$，$\therefore f(-3)=g(-3)+4=-4+4=0$.

评析：一般地，当题目已知 $f(a)$ 的函数值求 $f(-a)$ 的函数值，我们常考虑利用函数的奇偶性解题；但这时如果题中给出的是一个非奇非偶函数，就需要我们根据函数表达式去构造一个奇函数或偶函数，如【例6】中 $f(x)$ 就是一个非奇非偶函数，这时我们根据函数表达式去构造一个奇函数 $g(x)=ax^5+bx^3+cx$，从而顺利解题.

同步练习题

一、选择题

1. 已知函数 $f(x)$ 是奇函数，且 $f(2)=2$，则 $[f(-2)]^3 = $（　　）．

　　A. -2　　　　　B. 8　　　　　C. -8　　　　　D. 2

2. 函数① $f(x) = x$；② $f(x) = \sqrt[3]{x}$；③ $f(x) = x^2 + 1$；④ $f(x) = x^3 - 1$ 中是奇函数的有（　　）．

　　A. ①与②　　　B. ①与③　　　C. ①与④　　　D. ②与③

3. 函数 $f(x) = (x-1)\sqrt{\dfrac{1+x}{1-x}}$（　　）．

　　A. 是奇函数　　　　　　　　　B. 是偶函数
　　C. 是非奇非偶函数　　　　　　D. 既是奇函数又是偶函数

4. 已知函数 $f(x)$ 在 $[-8, 8]$ 上是偶函数，且 $f(2) < f(1)$，则（　　）．

　　A. $f(-1) < f(-2)$　B. $f(-2) > f(1)$　　C. $f(-1) < f(2)$　　D. $f(2) < f(-1)$

5. 函数 $f(x)$ 是偶函数，且在 $(0, +\infty)$ 上是增函数；函数 $g(x)$ 是奇函数，且在 $(0, +\infty)$ 上是减函数，那么在 $(-\infty, 0)$ 上它们的增减性是（　　）．

　　A. $f(x)$ 是减函数，$g(x)$ 是增函数　　B. $f(x)$ 是增函数，$g(x)$ 是减函数
　　C. $f(x)$ 是减函数，$g(x)$ 是减函数　　D. $f(x)$ 是增函数，$g(x)$ 是增函数

6. 如果偶函数 $f(x)$ 在区间 $[2, 6]$ 上是减函数，且最小值为 3，那么 $f(x)$ 在区间 $[-6, -2]$ 上是（　　）．

　　A. 增函数且最小值为 -3　　　B. 增函数且最小值为 3
　　C. 减函数且最大值为 -3　　　D. 减函数且最大值为 3

7. 已知函数 $f(x)$ 是 **R** 上的偶函数，$f(2) = -3$，$f(-5) = 4$，则（　　）．

　　A. $f(-2) = f(-5)$　　　　　　B. $f(-2) < f(-5)$
　　C. $f(-2) > f(-5)$　　　　　　D. $f(-2)$，$f(-5)$ 的大小无法确定

8. 已知函数 $f(x)$ 在区间 $(-\infty, +\infty)$ 上是偶函数，则必有（　　）．

　　A. $f(x) - f(-x) = 0$　　　　　B. $f(x) + f(-x) > 0$
　　C. $\dfrac{f(x)}{f(-x)} = -1$　　　　　D. $f(x)f(-x) \leqslant 0$

9. 已知函数 $f(x)$、$g(x)$ 都是奇函数，且 $F(x) = f(x) - g(x) + 5$ 在 $(0, +\infty)$ 上有最大值 8，则在 $(-\infty, 0)$ 上，$F(x)$ 有（　　）．

　　A. 最小值 -3　　B. 最大值 -2　　C. 最小值 -5　　D. 最小值 2

二、填空题

10. 若函数 $f(x)$ 是奇函数，且 $f(2) = -4$，则 $f(-2) = $ _____．

11. 若函数 $f(x)$ 是偶函数，且 $f(3) = 5$，则 $f(3) - 2f(-3) = $ _____．

12. 已知一次函数 $f(x) = x + (k^2 - 3k + 2)$ 是奇函数，则 k 的值是 _____．

13. 已知二次函数 $f(x) = (a+2)x^2 + (a^2 - 2a - 3)x + 6$ 为偶函数，则 a 的值为 _____．

14. 设 $f(x)$ 是 **R** 上的偶函数，且当 $x \in (0,+\infty)$ 时 $f(x) = -x^2 + 2x - 3$，求当 $x \in (-\infty,0)$ 时，$f(x) = $ _____.

15. 已知 $f(x)$、$g(x)$ 是定义域相同的两个函数，且 $f(x)$ 是偶函数，$g(x)$ 是奇函数，则 $F(x)=f(x)g(x)$ 为 _____.

三、解答题

16. 判断下列函数的奇偶性.

（1） $f(x) = -x^2 + x^4$

（2） $f(x) = 3x^3 + \dfrac{1}{x}$

（3） $f(x) = \dfrac{2}{x+1}$

（4） $f(x) = \lg x^2$

（5） $f(x) = \sqrt{x}$

（6） $f(x) = x^2 + 2(-3 \leqslant x < 3)$

17. 已知函数 $f(x) = -ax^5 + bx^3 + cx - 1$，且 $f(2) = -5$，求 $f(-2)$.

18. 一次函数 $f(x)=(m^2-1)x+m^2-3m+2$，m 为常数.
（1）若 $f(x)$ 为减函数且 $f(1)=0$，求 m 的值.
（2）若 $f(x)$ 为奇函数，求 m 的值.

§3.4 二次函数的图像和性质

复习要求

1. 掌握二次函数图像的画法及图像的特征.
2. 掌握二次函数的性质，能利用其性质解决实际问题.
3. 会求二次函数在指定区间上的最大（小）值.
4. 掌握二次函数、一元二次方程的关系.

知识要点

1. 二次函数的定义

形如 $y = ax^2 + bx + c(a \neq 0)$ 的函数叫作二次函数.

2. 二次函数 $y = ax^2 + bx + c(a \neq 0)$ 的图像和性质

$y=ax^2+bx+c$	$a>0$	$a<0$
图像		
定义域	**R**	**R**
值域	$\left[\dfrac{4ac-b^2}{4a}, +\infty\right)$	$\left(-\infty, \dfrac{4ac-b^2}{4a}\right]$
对称轴	直线 $x = -\dfrac{b}{2a}$	直线 $x = -\dfrac{b}{2a}$
单调区间	递减区间 $\left(-\infty, -\dfrac{b}{2a}\right]$ 递增区间 $\left(-\dfrac{b}{2a}, +\infty\right)$	递增区间 $\left(-\infty, -\dfrac{b}{2a}\right]$ 递减区间 $\left(-\dfrac{b}{2a}, +\infty\right)$
顶点坐标	$\left(-\dfrac{b}{2a}, \dfrac{4ac-b^2}{4a}\right)$	$\left(-\dfrac{b}{2a}, \dfrac{4ac-b^2}{4a}\right)$
最值	$x = -\dfrac{b}{2a}$ 时，$y_{min} = \dfrac{4ac-b^2}{4a}$	$x = -\dfrac{b}{2a}$ 时，$y_{max} = \dfrac{4ac-b^2}{4a}$
奇偶性	$b=0$ 时二次函数是偶函数	

【说明】（1）求二次函数的最值，可以先计算 $x = -\dfrac{b}{2a}$，然后 $y_{最值} = f\left(-\dfrac{b}{2a}\right)$.

（2）可利用配方法 $y = ax^2 + bx + c = a\left(x + \dfrac{b}{2a}\right)^2 + \dfrac{4ac-b^2}{4a}$ 求顶点坐标.

（3）二次函数图像与 x 轴的交点个数：

$b^2 - 4ac > 0$，图像与 x 轴有 2 个交点；$b^2 - 4ac = 0$，图像与 x 轴有 1 个交点；

$b^2 - 4ac < 0$，图像与 x 轴没有交点．

3．用待定系数法求二次函数的解析式

（1）定义

一般在求一个函数时，如果知道这个函数的一般形式，可以先把函数写为一般形式，其中系数待定，然后根据题设条件求出这些待定系数．这些通过求待定系数来确定变量之间关系的方法叫作待定系数法．

（2）二次函数表达式的几种形式

一般式：$y = ax^2 + bx + c(a \neq 0)$．

顶点式：$y = a(x - m)^2 + n(a \neq 0)$，其中 (m, n) 为抛物线的顶点．

两根式：$y = a(x - x_1)(x - x_2)$，其中 x_1 和 x_2 为一元二次方程 $ax^2 + bx + c = 0$ 的两根，或函数图像与 x 轴的交点的横坐标，函数图像的对称轴为直线 $x = \dfrac{x_1 + x_2}{2}$．

例题解析

【例 1】二次函数 $y = ax^2 + bx + c$ 的图像如图所示，下列结论正确的个数为（　　）．

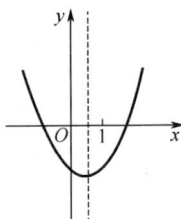

① $bc < 0$

② $2a - 3c < 0$

③ $2a + b > 0$

④ 当 $x > 1$ 时，y 随 x 的增大而增大

⑤ $a + b + c > 0$

⑥ $ax^2 + bx + c = 0$ 有两个解 x_1 和 x_2，$x_1 x_2 < 0$

A．1　　　　　B．2　　　　　C．3　　　　　D．4

分析： ①错．函数图像开口向上，$a > 0$，对称轴在 y 轴右侧，$-\dfrac{b}{2a} > 0$，$b < 0$；图像与 y 轴交于负半轴，$c < 0$，$\because b < 0, c < 0, \therefore bc > 0$．②错．$a > 0, \therefore 2a > 0$，又 $\because c < 0$，$\therefore 2a - 3c > 0$．③正确．$-\dfrac{b}{2a} < 1$，$\because a > 0, \therefore -b < 2a, \therefore 2a + b > 0$．④正确，函数图像开口向上，在对称轴的右侧 y 随 x 的增大而增大，⑤错．由图可知当 $x = 1$ 时，$y < 0$，即 $a + b + c < 0$．⑥正确．抛物线与 x 轴有 2 个交点，分别在 y 轴的两侧，所以 $ax^2 + bx + c = 0$ 有两个解，故正确的个数为 3 个，故选 C 项．

【例 2】若函数 $f(x) = x^2 + 4x + k(x \in \mathbf{R})$ 的最小值为 1，则 $k = $ _____．

解： 已知函数 $f(x) = x^2 + 4x + k = (x + 2)^2 + k - 4$，$\because$ 在定义域为 $\mathbf{R}$ 时函数最小值为 1，故当 $x = -2$ 时，函数取得最小值，则 $k - 4 = 1$，$\therefore k = 5$．

评析： 配方法求二次函数最值．

【例3】（1）求函数 $y=-x^2+4x-3$ 在给定区间 $[-2, 8]$ 上的最值.

（2）求函数 $y=x^2+6x+10$ 在给定区间 $[-2, 5]$ 上的最值.

解：（1）原函数可化为 $y=-x^2+4x-3=-(x-2)^2+1$，

∵ 函数图像开口向下，∴当 $x=2$ 时，$y_{max}=1$.

又∵ $|-2-2|<|8-2|$，∴当 $x=8$ 时，$y_{min}=-(8-2)^2+1=-35$.

（2）原函数可化为 $y=x^2+6x+10=(x+3)^2+1$.

∴ 函数图像开口向上，且 $-3<-2<5$，

∴当 $x=-2$ 时，$y_{min}=(-2+3)^2+1=2$，

当 $x=5$ 时，$y_{max}=(5+3)^2+1=65$.

评析： 在给定区间求二次函数的最值，步骤如下：

（1）观察顶点横坐标是否出现在给定区间内.

（2）比较给定区间的两个端点到对称轴的距离.

（3）判断开口方向，然后求最值.

【例4】（1）已知函数 $y=f(x)=x^2-2x+3$，试比较 $f(-3)$，$f(-2)$，$f(0)$ 的大小.

（2）已知函数 $y=-x^2+4$，试比较 $f(1)$，$f(-\sqrt{3})$，$f(\sqrt{5})$ 的大小.

解：（1）∵ $y=x^2-2x+3$，∴可知函数图像的对称轴为直线 $x=1$.

又 ∵ 函数图像开口向上，$|-3-1|>|-2-1|>|0-1|$，

∴ $f(-3)>f(-2)>f(0)$.

（2）∵ $y=-x^2+4$，∴可知函数图无穷无尽的对称轴为直线 $x=0$.

又 ∵ 函数图像开口向下，$|\sqrt{5}-0|>|-\sqrt{3}-0|>|1-0|$，∴ $f(1)>f(-\sqrt{3})>f(\sqrt{5})$.

评析：（1）当 $a>0$ 时，对称轴通过抛物线的最低点（此时函数有最小值），此时点到对称轴的距离越大，则对应的函数值就越大. 如【例4】（1）.

（2）当 $a<0$ 时，对称轴通过抛物线的最高点（此时函数有最大值），此时图像上的点到对称轴的距离越大，则对应的函数值就越小. 如【例4】（2）.

【例5】 求当 k 为何值时，函数 $y=-x^2+2x-k$ 的图像与 x 轴：

（1）只有一个公共点.（2）有两个公共点.（3）没有公共点.

解： 由题知，方程 $-x^2+2x-k=0$ 的判别式为 $\Delta=b^2-4ac=4-4k$.

（1）当 $\Delta=0$，即 $4-4k=0$，$k=1$ 时，方程有两个相等的实根，这时函数图像与 x 轴只有一个公共点.

（2）当 $\Delta>0$，即 $4-4k>0$，$k<1$ 时，方程有两个不相等的实根，这时函数图像与 x 轴有两个公共点.

（3）当 $\Delta<0$，即 $4-4k<0$，$k>1$ 时，方程有两个不相等的实根，这时函数图像与 x 轴无公共点.

评析： 考查二次函数图像与一元二次方程的关系.

同步练习题

一、选择题

1. 函数 $y=(x-1)^2+2$ 图像的顶点坐标是（　　　）.

A．$(-1, 2)$　　　　　　　　　　B．$(1, -2)$

C．$(1, 2)$　　　　　　　　　　D．$(-1, -2)$

2．函数 $y = x^2 - 4x - 5$ 的图像具有的性质是（　　）．

    A．函数图像开口方向向上，对称轴为 $x = -2$，顶点坐标为 $(-2, 9)$

    B．函数图像开口方向向上，对称轴为 $x = 2$，顶点坐标为 $(2, -9)$

    C．函数图像开口方向向下，对称轴为 $x = -2$，顶点坐标为 $(-2, -9)$

    D．函数图像开口方向向下，对称轴为 $x = 2$，顶点坐标为 $(2, -9)$

3．函数 $y = x^2 + 3x + 2$ 的最小值是（　　）．

    A．$-\dfrac{1}{2}$　　　　B．$-\dfrac{3}{4}$　　　　C．$-\dfrac{1}{4}$　　　　D．$\dfrac{1}{2}$

4．二次函数 $y = x^2 - 2x + 7$ 的值域是（　　）．

    A．$[6, +\infty)$　　　　　　　　B．$(6, +\infty)$

    C．$(-\infty, 6]$　　　　　　　　D．$(-\infty, 6)$

5．二次函数 $y = x^2 - 4x + 1$（　　）．

    A．在区间 $(-\infty, 2]$ 上是减函数　　　B．在区间 $(-\infty, 2]$ 上是增函数

    C．在区间 $[2, +\infty)$ 上是减函数　　　D．在区间 $(-\infty, -2]$ 上是增函数

6．无论 x 取何值，二次函数 $y = ax^2 + bx + c$ 恒为负值的条件是（　　）．

    A．$a > 0$，$\Delta > 0$　　　　　　B．$a < 0$，$\Delta > 0$

    C．$a > 0$，$\Delta < 0$　　　　　　D．$a < 0$，$\Delta < 0$

7．若函数 $f(x) = 2x^2 - (m-1)x + 6$ 在 $[1, +\infty)$ 上是增函数，在 $(-\infty, 1]$ 上是减函数，则 $f(-1)$ 等于（　　）．

    A．-12　　　　B．12　　　　C．14　　　　D．-14

8．函数 $y = ax + b$ 和函数 $y = ax^2 + bx + c$ 的图像可能是（　　）．

    A　　　　　　　　B　　　　　　　　C　　　　　　　　D

二、填空题

9．若函数 $f(x) = 3x^2 - 2x + 1$，则 $f(x)$ 图像的对称轴是直线_____．

10．已知二次函数 $f(x) = x^2 - 4ax$ 图像的对称轴为 $x = -1$，则 $a = $ _____．

11．函数 $y = ax^2 + bx + c$，如果 $a < 0$，$c > 0$，则其图像与 x 轴的交点个数为_____．

12．函数 $y = x^2 + 2x - 3$ 在 $[1, 4]$ 上的最小值和最大值分别是_____．

13．已知二次函数 $y = x^2 - mx + 6$ 的图像的顶点在 x 轴上，则 $m = $ _____．

14．若函数 $f(x) = x^2 - 2mx + 3$ 在 $(-2, +\infty)$ 内恒为增函数，则实数 m 的取值范围为_____．

三、解答题

15. 已知二次函数的图像经过点 $A(1, 9)$，$B(0, 5)$，$C(-1, 3)$，求这个二次函数.

16. 已知二次函数的图像的顶点坐标是 $(5, -25)$，与 x 轴的一个交点是 $(10, 0)$，求这个函数.

17. 已知二次函数 $y = -x^2 + 3x + 4$．

（1）当 x 为何值时 $y = 0$．画出函数的图像（草图）.

（2）求函数图像的顶点坐标、对称轴和函数的最值.

18. 当 k 为何值时，二次函数 $y = kx^2 - 4x + k - 3$ 的图像与 x 轴的交点个数分别为：

（1）0 个．（2）1 个．（3）2 个.

第三章　函数近十年高考真题练习

一、选择题

1. （2014 年）函数 $f(x) = \dfrac{1}{\sqrt{1-x}}$ 的定义域是（　　）.

    A.　$(-\infty, 1)$　　　　B.　$(-1, +\infty)$　　　　C.　$[-1, 1]$　　　　D.　$(-1, 1)$

2．（2015 年）函数 $f(x) = \sqrt{1+x}$ 的定义域是（ 　 ）.

A．$(-\infty, -1]$ 　　 B．$[-1, +\infty)$ 　　 C．$(-\infty, 1]$ 　　 D．$(-\infty, +\infty)$

3．（2015 年）已知函数 $f(x)$ 是奇函数，且 $f(2) = 1$，则 $\left[f(-2)\right]^3 = $（ 　 ）.

A．-8 　　　 B．-1 　　　 C．1 　　　 D．8

4．（2016 年）函数 $y = \sqrt{2x+3}$ 的定义域是（ 　 ）.

A．$(-\infty, +\infty)$ 　 B．$\left[-\dfrac{3}{2}, +\infty\right)$ 　 C．$\left(-\infty, -\dfrac{3}{2}\right]$ 　 D．$(0, +\infty)$

5．（2016 年）已知 $f(x)$ 是偶函数，且 $y = f(x)$ 的图像经过点 $(2, -5)$，则下列等式恒成立的是（ 　 ）.

A．$f(-5) = 2$ 　 B．$f(-5) = -2$ 　 C．$f(-2) = 5$ 　 D．$f(-2) = -5$

6．（2017 年）函数 $y = \dfrac{1}{\sqrt{4+x}}$ 的定义域是（ 　 ）.

A．$(-\infty, -4]$ 　 B．$(-\infty, -4)$ 　 C．$[-4, +\infty)$ 　 D．$(-4, +\infty)$

7．（2017 年）设 $f(x)$ 是定义在 **R** 上的奇函数，已知当 $x \geqslant 0$ 时，$f(x) = x^2 - 4x^3$，则 $f(-1) = $（ 　 ）.

A．-5 　　　 B．-3 　　　 C．3 　　　 D．5

8．（2018 年）函数 $f(x) = \sqrt{3-4x}$ 的定义域是（ 　 ）.

A．$\left[\dfrac{3}{4}, +\infty\right)$ 　 B．$\left[\dfrac{4}{3}, +\infty\right)$ 　 C．$\left(-\infty, \dfrac{3}{4}\right)$ 　 D．$\left(-\infty, \dfrac{4}{3}\right]$

9．（2018 年）$f(x) = \begin{cases} x-3, & x \geqslant 0 \\ x^2 - 1, & x < 0 \end{cases}$，则 $f(f(2)) = $（ 　 ）.

A．1 　　　 B．0 　　　 C．-1 　　　 D．-2

10．（2018 年）设 $f(x)$ 是定义在 **R** 上的奇函数，且对于任意实数 x，有 $f(x+4) = f(x)$，若 $f(-1) = 3$，则 $f(4) + f(5) = $（ 　 ）.

A．-3 　　　 B．3 　　　 C．4 　　　 D．6

11．（2019 年）已知函数 $y = f(x) (x \in \mathbf{R})$ 为增函数，则下列关系正确的是（ 　 ）.

A．$f(-2) > f(3)$ 　　　　　　　 B．$f(2) < f(3)$

C．$f(-2) < f(-3)$ 　　　　　　　 D．$f(-1) > f(0)$

12．（2019 年）若函数 $f(x) = 3x^2 + bx - 1 (b \in \mathbf{R})$ 是偶函数，则 $f(-1) = $（ 　 ）.

A．4 　　　 B．-4 　　　 C．2 　　　 D．-2

13．（2019 年）已知函数 $f(x) = \begin{cases} \lg x, & x > 0 \\ 10^x, & x \leqslant 0 \end{cases}$，若 $f\left(\dfrac{1}{10}\right) = t$，则 $f(t) = $（ 　 ）.

A．1 　　　 B．$\dfrac{1}{10}$ 　　　 C．-1 　　　 D．10

14．（2020 年）已知 $f(x)$ 是定义在 **R** 上的偶函数，且在 $(0, +\infty)$ 上单调递减，若 $f(x-1) > f(3)$，则 x 的取值范围是（ 　 ）.

A. $\left(-\infty, \dfrac{1}{2}\right)\cup\left(\dfrac{1}{4}, +\infty\right)$ B. $(-4, 2)$

C. $\left(-\infty, \dfrac{1}{4}\right)\cup\left(\dfrac{1}{2}, +\infty\right)$ D. $(-2, 4)$

15.（2021 年）函数 $f(x)=\dfrac{3}{\sqrt{x+2}}$ 的定义域是（   ）.

    A. $(-\infty, -2]$ B. $(-\infty, -2)$ C. $[-2, +\infty)$ D. $(-2, +\infty)$

16.（2021 年）已知函数 $f(x)=\begin{cases}\log_2 x, & x>1 \\ (x-2)^3, & x\leqslant 1\end{cases}$，则（   ）.

    A. $f(1)=1$ B. $f(1)=0$ C. $f(2)=1$ D. $f(2)=0$

17.（2022 年）已知函数 $f(x)=\begin{cases}2+x, & x<0 \\ 2^x, & x\geqslant 0\end{cases}$，则 $f(-2)+f(0)=$（   ）.

    A. 0   B. 1   C. 2   D. 3

18.（2022 年）函数 $y=\dfrac{x}{x+1}$ 的定义域是（   ）.

    A. $(-\infty, +\infty)$ B. $(-\infty, 0)\cup(0, +\infty)$

    C. $(-\infty, -1)\cup(-1, +\infty)$ D. $(-\infty, -1]\cup(-1, 0)\cup(0, +\infty)$

19.（2022 年）已知定义在 **R** 上的函数 $F(x)=f(x)-2$ 是奇函数，满足 $f(-1)=1$，则 $f(0)+f(1)=$（   ）.

    A. -3 B. -1 C. 2   D. 5

20.（2023 年）已知函数 $f(x)$ 是定义域为 **R** 的奇函数，当 $x\geqslant 0$ 时，$f(x)=2^x-1$，则 $f(-1)=$（   ）.

    A. -1 B. $-\dfrac{1}{2}$ C. $\dfrac{1}{2}$ D. 1

21.（2024 年）下列函数为奇函数的是（   ）.

    A. $y=\cos x$ B. $y=-x$ C. $y=x^2$ D. $y=2^x$

22.（2024 年）函数 $f(x)=\log_2\left(3+2x-x^2\right)$ 的定义域为（   ）.

    A. $[-1, 3]$ B. $(-\infty, -1)\cup(3, +\infty)$

    C. $(-1, 3)$ D. $(-\infty, -1]\cup[3, +\infty)$

23.（2024 年）已知函数 $f(x)=\begin{cases}e^x, & x\leqslant 0 \\ \ln x, & x>0\end{cases}$，若 $f(-1)=t$，则 $f(t)=$（   ）.

    A. $\dfrac{1}{e}$ B. 0   C. 1   D. -1

二、填空题

24.（2014 年）已知 $f(x)$ 是偶函数，且 $x\geqslant 0$ 时，$f(x)=3^x$，则 $f(-2)=$ _____.

25.（2014 年）若函数 $f(x)=-x^2+2x+k(x\in\mathbf{R})$ 的最大值为 1，则 $k=$ _____.

三、解答题

26.（2014年）将 10 米长的铁丝做成一个为练习图 3-1 所示的五边形框架 $ABCDE$. 要求连接 AD 后，△ADE 为等边三角形，四边形 $ABCD$ 为正方形.

（1）求边 BC 的长；

（2）求框架 $ABCDE$ 围成的图形的面积.

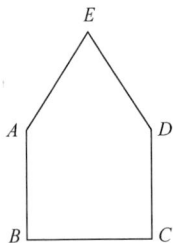

练习图 3-1

27.（2016年）如练习图 3-2 所示，在平面直角坐标系 xOy 中，已知点 $A(-2, 0)$ 和 $B(8, 0)$，以 AB 为直径作半圆交 y 轴于点 M，以点 P 为半圆的圆心，以 AB 为边作正方形 $ABCD$，CD 交 y 轴于点 N，连接 CM 和 MP.

（1）求点 C、P 和 M 的坐标；

（2）求四边形 $BCMP$ 的面积 S.

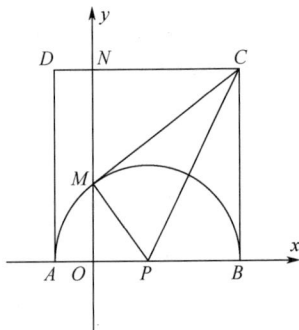

练习图 3-2

28.（2017年）如练习图 3-3 所示，已知点 $A(6, 0)$ 和 $B(3, 4)$，点 C 在 y 轴上，四边形 $OABC$ 为梯形，P 为线段 OA 上的一点，设 $|OP| = x$.

（1）求点 C 的坐标；

（2）试问当 x 为何值时，三角形 ABP 的面积与四边形 $OPBC$ 的面积相等.

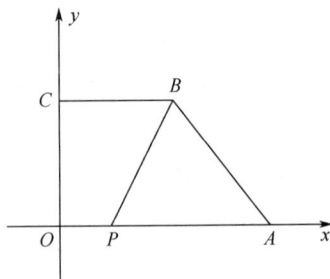

练习图 3-3

29.（2018年）矩形周长为 10，面积为 A，一边长为 x.

（1）求 A 与 x 的函数关系式；

（2）求 A 的最大值；

（3）设有一个周长为 10 的圆，面积为 S，试比较 A 与 S 的大小关系．

30．（2019 年）如练习图 3-4 所示，已知 $O(0, 0)$，$A(8, 0)$，$B(0, 6)$，点 P，Q 分别为线段 OA，OB 上的动点，且 $|BQ| = |AP| = x(0 < x < 6)$．

（1）写出 $\triangle OPQ$ 的面积 y 与 x 之间的函数解析式；

（2）当 x 为何值时，四边形 $ABQP$ 的面积等于 $\triangle OPQ$ 的面积．

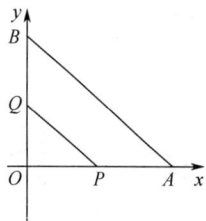

练习图 3-4

31．（2020 年）如练习图 3-5 所示，已知点 $A(4, 0)$，$\angle AOC = \dfrac{\pi}{4}$．

（1）若 $|OC| = 2$，求点 C 的坐标；

（2）设 $|OC| = 2m$，点 P 为线段 OC 的中点，OC 的中垂线交 x 轴于点 D，记 $\triangle ODP$ 的面积为 S_1，平行四边形的面积为 S_2，若 $S_2 = 4S_1$，求 m 的值．

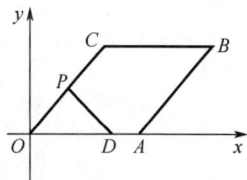

练习图 3-5

32．（2021 年）某花园由一面墙和 AD, DC, CB 三段篱笆围成，篱笆总长 16 米，如练习图 3-6 所示，其中四边形 $ABCD$ 是矩形，DC 是半圆弧，O 为半圆的圆心，设 $|OC| = x$ 米，$|AD| = y$ 米．

（1）将 y 表示为 x 的函数；

（2）当 x 为何值时，矩形 $ABCD$ 面积最大．

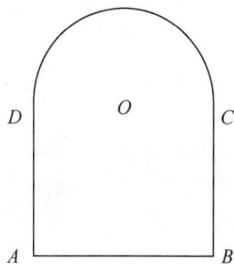

练习图 3-6

33.（2022 年）在平面直角坐标系 xOy 中，O 为坐标原点，P 是函数 $y = \dfrac{4}{x}(x > 0)$ 图像上一点，点 A，B 分别在 x 轴和 y 轴上，四边形 $OAPB$ 为矩形.

（1）求矩形 $OAPB$ 的面积；

（2）若矩形 $OAPB$ 的周长为 10，求点 P 的坐标.

34.（2023 年）如练习图 3-7 所示，在 $\triangle ABC$ 中，$\angle B = 90°$，$AC = 10$，$BC = 6$，点 D，E，F 分别在 AC，BC，AB 边上，$DE /\!/ AB$，$DF \perp AB$.

（1）若点 D 是 AC 边的中点，求 DF 的长；

（2）当点 D 在 AC 边上运动时，求矩形 $DFBE$ 的面积最大值.

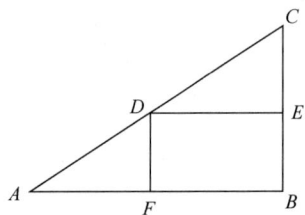

练习图 3-7

35.（2024 年）如练习图 3-8 所示，用长为 18m 的篱笆围成一个一边靠墙的五边形苗圃 $ABCDE$，已知 $EA \perp AB$，$CB \perp AB$，$\angle D = 120°$，$EA = CB$，设 $CD = DE = x$(m)，苗圃面积为 S(m²).

（1）求 S 关于 x 的函数关系式，并写出定义域；

（2）x 为何值时，苗圃的面积最大？并求出最大面积.

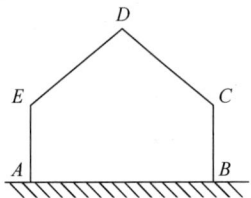

练习图 3-8

指数函数与对数函数

考试内容

1. 指数与指数函数.
2. 对数及其运算，换底公式，对数函数，反函数.

考试要求

1. 了解 n 次根式的意义；理解有理指数幂的概念及运算.
2. 理解指数函数的概念；理解指数函数的图像和性质.
3. 理解对数的概念（含常用对数、自然对数的记号）及运算性质，能进行基本的对数运算.
4. 理解对数函数的概念；理解对数函数的图像和性质.
5. 了解反函数的概念及互为反函数的函数图像间的关系；会求一些简单函数的反函数.

近四年分值占比

年份/年	2021	2022	2023	2024
分值/分	10	5	10	10
分值占比	6.7%	3.3%	6.7%	6.7%

近四年考点对比

年份/年	2021	2022	2023	2024
考点对比	指数运算、指数函数、对数函数的单调性	对数的概念	指数运算、对数运算、指数函数的性质	指数运算、对数函数的性质

思维导图

参考课时

10 课时

§4.1 指数的概念与运算

复习要求

了解 n 次根式的意义，掌握指数的运算性质、能熟练地进行指数运算.

知识要点

1. 幂的有关概念

（1）正整数指数幂：$\underbrace{a \cdot a \cdots a}_{n\uparrow} = a^n \left(n \in \mathbf{N}^+\right)$.

（2）零指数幂：$a^0 = 1 \left(a \neq 0\right)$.

（3）负整数指数幂：$a^{-n} = \dfrac{1}{a^n} \left(a \neq 0,\ n \in \mathbf{N}^+\right)$.

（4）正分数指数幂：$a^{\frac{m}{n}} = \sqrt[n]{a^m} \left(a \geqslant 0,\ n,\ m \in \mathbf{N}^+,\ n > 1\right)$.

（5）负分数指数幂：$a^{-\frac{m}{n}} = \dfrac{1}{\sqrt[n]{a^m}} \left(a > 0,\ n,\ m \in \mathbf{N}^+,\ n > 1\right)$.

2. n 次方根

（1）定义：如果 $b^n = a(n > 1,\ n \in \mathbf{N}^+)$，那么 b 叫作 a 的 n 次方根.

（2）记法：当 n 为奇数时，a 的 n 次方根记作 $\sqrt[n]{a}$；当 n 为偶数时，正数 a 的偶次方根有 2 个，记作 $\pm\sqrt[n]{a}$；零的 n 次方根是零，负数没有偶次方根.

（3）性质：①$\left(\sqrt[n]{a}\right)^n = a$；②当 n 为奇数时，$\sqrt[n]{a^n} = a$；当 n 为偶数时，$\sqrt[n]{a^n} = |a|$.

3．实数指数幂的运算法则

（1）$a^m \cdot a^n = a^{m+n}$　　（2）$\left(a^m\right)^n = a^{mn}$　　（3）$(a \cdot b)^n = a^n \cdot b^n \, (m, \, n \in \mathbf{R}, \, a > 0, \, b > 0)$

例题解析

【例1】计算．

（1）$\left(-2x^3\right)^2 \left(-3x\right)^3$　　（2）$\left(\dfrac{64}{27}\right)^{\frac{2}{3}}$

（3）0.01^{-3}　　　　（4）$2 \cdot \sqrt{2} \cdot \sqrt[4]{2} \cdot \sqrt[4]{2^5}$

解：（1）$\left(-2x^3\right)^2 \left(-3x\right)^3 = \left(-2\right)^2 \left(x^3\right)^2 \left(-3\right)^3 x^3 = -108 x^9$．

（2）$\left(\dfrac{64}{27}\right)^{\frac{2}{3}} = \left[\left(\dfrac{4}{3}\right)^3\right]^{\frac{2}{3}} = \left(\dfrac{4}{3}\right)^2 = \dfrac{16}{9}$．

（3）$0.01^{-3} = \left(10^{-2}\right)^{-3} = 10^6 = 1000000$．

（4）$2 \cdot \sqrt{2} \cdot \sqrt[4]{2} \cdot \sqrt[4]{2^5} = 2 \cdot 2^{\frac{1}{2}} \cdot 2^{\frac{1}{4}} \cdot 2^{\frac{5}{4}} = 2^{1+\frac{1}{2}+\frac{1}{4}+\frac{5}{4}} = 2^3 = 8$．

【例2】使 $(x-2y)^{\frac{3}{2}}$ 有意义，x、y 间的关系应满足（　　）．

A．$x \leqslant 2y$　　　　B．$x \geqslant 2y$　　　　C．$x \neq 2y$　　　　D．$x = 2y$

点评：根据题意：$x-2y \geqslant 0$，则 $x \geqslant 2y$，则选 B 项．

【例3】如果 $a < 2$，求 $\sqrt[4]{(a-2)^4} + \sqrt[3]{(2-a)^3}$ 的值．

解：$\because a < 2$，$\therefore a - 2 < 0$，

$\therefore \sqrt[4]{(a-2)^4} + \sqrt[3]{(2-a)^3} = |a-2| + (2-a) = 2-a+2-a = 4-2a$．

点评：请注意 $\sqrt[n]{a^n} = \begin{cases} |a|, & n \text{为偶数}, \\ a, & n \text{为奇数}. \end{cases}$

【例4】化简 $\left(2\dfrac{1}{4}\right)^{0.5} + (0.1)^{-2} - \left(2\sqrt{2}\right)^{-\frac{2}{3}} - (0.5)^{-3} + (\sqrt{3}-1)^0$．

解：$\left(2\dfrac{1}{4}\right)^{0.5} + (0.1)^{-2} - \left(2\sqrt{2}\right)^{-\frac{2}{3}} - (0.5)^{-3} + (\sqrt{3}-1)^0$

$= \left[\left(\dfrac{3}{2}\right)^2\right]^{\frac{1}{2}} + \left(10^{-1}\right)^{-2} - \left(2^{\frac{3}{2}}\right)^{-\frac{2}{3}} - \left(\dfrac{1}{2}\right)^{-3} + 1$

$= \dfrac{3}{2} + 10^2 - 2^{-1} - 2^3 + 1 = 94$．

点评：正确运用指数幂的运算法则，注意将底数化为指数形式，将负指数化为正指数，将根式化为分数指数，同时注意公式条件.

同步练习题

一、选择题

1. $\left(-a^3\right)^2$ 的运算结果是（   ）.

   A. a^5 　　　　　 B. $-a^5$ 　　　　　 C. $-a^6$ 　　　　　 D. a^6

2. $\left(-2x^3\right)^{-2} = $（   ）.

   A. $-4x^5$ 　　　　 B. $\dfrac{1}{4x^6}$ 　　　　 C. $4x^6$ 　　　　 D. $-\dfrac{1}{4x^6}$

3. 下列各式正确的是（   ）.

   A. $a^m \cdot a^n = a^{mn}$ 　　　　　　　　 B. $\left(a^n\right)^m = a^{mn}$

   C. $\dfrac{a^m}{a^n} = a^{\frac{m}{n}}\ (a \neq 0)$ 　　　　　　 D. $(ab)^m = a^m b$

4. 下列计算正确的是（   ）.

   A. $(-1)^0 = -1$ 　　　　　　　　　 B. $(-1)^{-1} = 1$

   C. $3a^{-2} = \dfrac{1}{3a^2}$ 　　　　　　　　 D. $\left(a^{-\frac{1}{2}}\right)^2 = \dfrac{1}{a}$

5. $\left(2\dfrac{10}{27}\right)^{-\frac{2}{3}} = $（   ）.

   A. $\dfrac{9}{16}$ 　　　　　 B. $10\dfrac{2}{9}$ 　　　　　 C. $1\dfrac{1}{4}$ 　　　　　 D. $\dfrac{1}{4}$

6. 若 $2^x = 5$，$3^y = 2$，下列等式正确的是（   ）.

   A. $2^x \cdot 3^y = 6^{xy}$ 　　　　　　　 B. $\dfrac{2^x}{3^y} = \left(\dfrac{2}{3}\right)^{x-y}$

   C. $4^x \cdot 9^y = 100$ 　　　　　　　 D. $4^x \cdot 3^y = 20$

7. 若 $a > 1$，x，y 为任意实数，则下列算式错误的是（   ）.

   A. $a^0 = 1$ 　　 B. $a^x \cdot a^y = a^{x+y}$ 　　 C. $\dfrac{a^x}{a^y} = a^{x-y}$ 　　 D. $(a^x)^2 = a^{x^2}$

二、填空题

8. $\sqrt[3]{(-8)^3} = $ _____；$\sqrt[6]{(-6)^6} = $ _____；$\sqrt[8]{\left(2-\sqrt{5}\right)^8} = $ _____.

9. 计算：$\sqrt[3]{2} \cdot \sqrt[4]{2} \cdot \sqrt[8]{8} = $ _____.

10. $x \cdot \sqrt{x} \cdot \sqrt[4]{x} \cdot \sqrt[8]{x^2} = $ _____.

11．$0.064^{-\frac{1}{3}} + \left(-\frac{7}{8}\right)^0 + 16^{0.75} - 0.01^{-\frac{1}{2}} = $ ＿＿＿＿＿＿．

12．若 $10^x = 3$，$10^y = 4$，则 $10^{x-y} = $ ＿＿＿＿＿＿；若 $5^a = 3$，$5^b = 2$，则 $5^{2a+b} = $ ＿＿＿＿＿＿．

三、解答题

13．化简：$4a^{\frac{2}{3}} \cdot b^{-\frac{1}{3}} \div \left(-\frac{4}{3}a^{-\frac{1}{3}}b^{-\frac{1}{3}}\right)$．

14．计算：$1.5^{-\frac{1}{3}} \times \left(-\frac{7}{6}\right)^0 + 8^{0.25} \times \sqrt[4]{2} + \left(\sqrt[3]{2} \times \sqrt{2}\right)^6 - \sqrt{\left(-\frac{2}{3}\right)^{\frac{2}{3}}}$．

15．如果 $x > 5$，求 $\sqrt[4]{(5-x)^4} + \sqrt[3]{(4-x)^3}$ 的值．

§4.2　指数函数

复习要求

1．掌握指数函数的图像与性质．

2．能利用指数函数的性质解决问题．

知识要点

1. 函数 $y=a^x$ ($a>0$ 且 $a\neq1$，$x\in\mathbf{R}$) 叫作指数函数.

2. 一般指数函数 $y=a^x(a>0,\ a\neq1)$ 在其底数 $a>1$ 及 $0<a<1$ 这两种情况下的图像和性质如下表所示：

函　　数	指数函数	
	$a>1$	$0<a<1$
图　　像		
单 调 性	增函数	减函数
定 义 域	$(-\infty,\ +\infty)$	
值　　域	$(0,\ +\infty)$	
特 殊 点	$(0,\ 1)$	
奇 偶 性	非奇非偶函数	

例题解析

【例1】函数 $y=3^{-x}$ 是（　　　）.

    A. 增函数　　　　　　　　　　　B. 减函数

    C. 奇函数　　　　　　　　　　　D. 偶函数

点评：根据指数函数的性质，此题答案为 B 项.

【例2】比较下列各小题中两个实数的大小：

（1）0.6^3 和 $0.6^{3.1}$　　　　　　（2）π^5 和 π^6

点评：根据指数函数的性质得：$0.6^3>0.6^{3.1}$，$\pi^5<\pi^6$.

解：（1）考查函数 $y=0.6^x$，它在实数集上为减函数：$\because 3<3.1,\ \therefore 0.6^3>0.6^{3.1}$.

（2）考查函数 $y=\pi^x$，它在实数集上为增函数：$\because 5<6,\ \therefore \pi^5<\pi^6$.

【例3】求下列函数的定义域.

（1）$y=\dfrac{1}{5^x-25}$　　　　　　（2）$y=\sqrt{1-3^x}$

解：（1）$y=\dfrac{1}{5^x-25}$ 要使函数有意义，必须：$5^x-25\neq0$，即：$x\neq2$，所以函数的定义域为：$\{x|x\neq2\}$.

（2）$y=\sqrt{1-3^x}$ 要使函数有意义，必须：$1-3^x\geqslant0$，即：$3^x\leqslant1$，所以函数的定义域为：$(-\infty,\ 0]$.

【例4】解方程：$3^{2x+1} = \dfrac{1}{3}$.

解：由 $3^{2x+1} = \dfrac{1}{3}$ 可得：$3^{2x+1} = 3^{-1}$，所以 $2x+1 = -1$，解得 $x = -1$.

【例5】解不等式：$\left(\dfrac{1}{2}\right)^{x^2-x+1} > \dfrac{1}{8}$.

解：两边化为同底指数幂：$\left(\dfrac{1}{2}\right)^{x^2-x+1} > \left(\dfrac{1}{2}\right)^3$，根据指数函数的单调性可得，$x^2 - x + 1 < 3$，即 $(x-2)(x+1) < 0$，解得 $-1 < x < 2$. 所以，原不等式的解集为 $(-1, 2)$.

同步练习题

一、选择题

1. 对于函数 $y = a^x (a > 0$ 且 $a \neq 1)$，以下说法中不正确的是（　　）.

    A．当 $a > 1$ 时是增函数　　　　　　B．当 $0 < a < 1$ 时是减函数

    C．函数是非奇非偶函数　　　　　　D．图像关于 y 轴对称

2. 函数 $y = 3^{-x}$ 是（　　）.

    A．奇函数　　　　　　　　　　　　B．偶函数

    C．增函数　　　　　　　　　　　　D．减函数

3. 函数 $y = 7^x$ 与 $y = 7^{-x}$ 的图像之间的关系是（　　）.

    A．关于原点对称　　　　　　　　　B．关于 x 轴对称

    C．关于直线 $y = x$ 对称　　　　　　D．关于 y 轴对称

4. 若 $a \in (0, 1)$，则下列不等式中正确的是（　　）.

    A．$a^{0.6} > a^{0.5}$　　　　　　　　　B．$a^{0.6} < a^{0.5}$

    C．$a^3 < a^4$　　　　　　　　　　　D．$a^0 > 1$

5. 下列命题为真命题的是（　　）.

    A．指数函数 $y = a^x$ 的图像必经过点 $(0, 1)$

    B．指数函数 $y = a^x$ 的最小值是 0

    C．对任意的 $x \in \mathbf{R}$，都有 $3^x > 2^x$

    D．函数 $y = a^x$ 与 $y = \left(\dfrac{1}{a}\right)^x$ 的图像关于 x 轴对称

6. 若指数函数 $y = a^x$ 是增函数，则下列不等式中成立的是（　　）.

    A．$a > 1$　　　　　　　　　　　　B．$a < 1$

    C．$a(a-1) < 0$　　　　　　　　　D．$a^2(1-a) > 0$

7. "$x > 2$" 是 "$4^x > 64$" 的（　　）.

    A．充分非必要条件　　　　　　　　B．必要非充分条件

    C．充要条件　　　　　　　　　　　D．既非充分又非必要条件

8. 函数 $y = \sqrt{1 - 2^x}$ 的定义域为（　　）.

A. $(-\infty, +\infty)$ B. $[0, +\infty)$ C. $(0, +\infty)$ D. $(-\infty, 0]$

9. 已知函数 $f(x) = a^x + b (a > 0$ 且 $a \neq 1)$ 的图像过点 $(1, 7)$ 与 $(0, 4)$，则 $f(x)$ 的解析式是（   ）.

     A. $f(x) = 5^x + 2$ B. $f(x) = 4^x + 3$

     C. $f(x) = 3^x + 4$ D. $f(x) = 2^x + 5$

二、填空题

10. 若 $a^\pi < a^{3.14}$，则 a 的取值范围是_____.

11. 若 $f(3x) = 2^x$，则 $f(9) = $_____.

12. 当 $a > 0$ 且 $a \neq 1$ 时，函数 $f(x) = a^{x-1} - 2$ 必过定点_____.

13. 函数 $y = 2^{\sqrt{1-x}}$ 的定义域是_____.

14. 方程 $5^{x^2+2} = 125$ 的解集是_____.

15. 不等式 $6^{x^2+2x} > \left(\dfrac{1}{6}\right)^{x-4}$ 的解集是_____.

三、解答题

16. 解方程：$\left(\dfrac{1}{5}\right)^{3-2x} = 5^x$.

17. 解不等式：$4^{x^2-3x-4} > 4^{2-4x}$.

18. 已知指数函数 $f(x) = a^x$，且 $f\left(-\dfrac{2}{5}\right) = \sqrt[5]{9}$，求 $f(-3)$ 的值.

§4.3　对数的概念及运算

复习要求

1. 掌握对数的概念，能熟练地进行指数式和对数式的互化.
2. 掌握积、商、幂的对数和对数的换底公式，能用公式进行化简、求值、证明.

知识要点

1. 对数的概念

如果 $a^b = N(a > 0$ 且 $a \neq 1)$，那么 b 叫作以 a 为底 N 的对数，记作 $\log_a N = b$，其中 a 叫作底，N 叫作真数.

特别地，以 10 为底的对数叫作常用对数，$\log_{10} N$ 可简记作 $\lg N$.

以无理数 $e = 2.71828\cdots$ 为底的对数叫作自然对数，$\log_e N$ 可简记作 $\ln N$.

2. 对数的性质

（1）1 的对数等于零，即 $\log_a 1 = 0 (a > 0$ 且 $a \neq 1)$.

（2）底的对数等于 1，即 $\log_a a = 1 (a > 0$ 且 $a \neq 1)$.

（3）零和负数没有对数.

3. 积、商、幂的对数

（1）$\log_a(MN) = \log_a M + \log_a N (a > 0$ 且 $a \neq 1$，$M > 0$，$N > 0)$.

（2）$\log_a \dfrac{M}{N} = \log_a M - \log_a N (a > 0$ 且 $a \neq 1$，$M > 0$，$N > 0)$.

（3）$\log_a M^\alpha = \alpha \log_a M (a > 0$ 且 $a \neq 1$，$M > 0)$.

（4）换底公式：$\log_b N = \dfrac{\log_a N}{\log_a b} (a > 0$，$b > 0$ 且 $a \neq 1$，$b \neq 1$，$N > 0)$.

（5）对数恒等式：$a^{\log_a N} = N (a > 0$ 且 $a \neq 1$，$N > 0)$.

例题解析

【例 1】把下列等式改写成对数等式的形式.

（1）$3^{-2} = \dfrac{1}{9}$　　　（2）$6^0 = 1$

参考答案：（1）$\log_3 \dfrac{1}{9} = -2$　　（2）$\log_6 1 = 0$

评析：根据对数式与指数式互化方法：$x = \log_a y \Leftrightarrow y = a^x (x \in \mathbf{R}, \ y > 0, \ a > 0 \text{且} a \neq 1)$ 解答.

【例2】把下列等式改写成指数等式的形式.

（1）$\log_2 8 = 3$　　　　　　　　　（2）$\log_4 \dfrac{1}{16} = -2$

参考答案：（1）$2^3 = 8$　　　　　（2）$4^{-2} = \dfrac{1}{16}$

评析：根据对数式与指数式互化方法：$x = \log_a y \Leftrightarrow y = a^x (x \in \mathbf{R}, \ y > 0, \ a > 0 \text{且} a \neq 1)$ 解答.

【例3】求值.

（1）$\log_2 \dfrac{1}{16}$

（2）$\log_2 16 - \log_{\frac{1}{3}} 9 - \log_{\sqrt{2}} 4$

（3）$\lg 50 + \lg 20$

（4）$\log_2 \dfrac{1}{125} \cdot \log_3 \dfrac{1}{4} \cdot \log_5 \dfrac{1}{27}$

解：（1）$\log_2 \dfrac{1}{16} = \log_2 2^{-4} = -4$

（2）$\log_2 16 - \log_{\frac{1}{3}} 9 - \log_{\sqrt{2}} 4 = \log_2 2^4 - \log_{\frac{1}{3}} \left(\dfrac{1}{3} \right)^{-2} - \log_{\sqrt{2}} (\sqrt{2})^4 = 4 + 2 - 4 = 2$

（3）$\lg 50 + \lg 20 = \lg(50 \times 20) = \lg 1000 = 3$

（4）$\log_2 \dfrac{1}{125} \log_3 \dfrac{1}{4} \log_5 \dfrac{1}{27} = \dfrac{\lg \dfrac{1}{125}}{\lg 2} \times \dfrac{\lg \dfrac{1}{4}}{\lg 3} \times \dfrac{\lg \dfrac{1}{27}}{\lg 5} = \dfrac{-3\lg 5}{\lg 2} \times \dfrac{-2\lg 2}{\lg 3} \times \dfrac{-3\lg 3}{\lg 5} = -18$

评析：解这些计算题的常用方法：

①对数运算可转化为指数运算；②利用积、商、幂对数运算公式和换底公式；③逆用积，商，幂的对数运算公式.

【例4】设 $3^a = 5^b = \sqrt{15}$，求 $\dfrac{1}{a} + \dfrac{1}{b}$ 的值.

解：由已知得：$a = \log_3 \sqrt{15} = \dfrac{\lg \sqrt{15}}{\lg 3}$，$b = \log_5 \sqrt{15} = \dfrac{\lg \sqrt{15}}{\lg 5}$，

$\therefore \dfrac{1}{a} + \dfrac{1}{b} = \dfrac{1}{\dfrac{\lg \sqrt{15}}{\lg 3}} + \dfrac{1}{\dfrac{\lg \sqrt{15}}{\lg 5}} = \dfrac{\lg 3}{\lg \sqrt{15}} + \dfrac{\lg 5}{\lg \sqrt{15}} = \dfrac{\lg 15}{\lg \sqrt{15}} = 2$.

评析：由 $3^a = 5^b = \sqrt{15}$，求出 a，b，然后代入 $\dfrac{1}{a} + \dfrac{1}{b}$，利用换底公式化简即解.

【例5】求值：（1）$5^{\log_5 9}$　　　　　　　（2）$10^{2-3\lg 2}$

解：（1）$5^{\log_5 9} = 9$　　　　（2）$10^{2-3\lg 2} = 10^2 \times 10^{\lg \frac{1}{8}} = 100 \times \dfrac{1}{8} = \dfrac{25}{2}$

评析：根据对数恒等式 $a^{\log_a N} = N (a > 0 \text{且} a \neq 1, \ N > 0)$ 求解.

同步练习题

一、选择题

1. 将 $3^4 = 81$ 改写成对数形式是（　　）.

　　A．$\log_3 4 = 81$　　　　　　　　　　　B．$\log_4 3 = 27$

　　C．$\log_3 81 = 4$　　　　　　　　　　　D．$\log_{81} 3 = 4$

2. 将 $\log_3 \dfrac{1}{3} = -1$ 改写成指数形式是（　　）.

　　A．$3^{\frac{1}{3}} = -1$　　B．$\left(\dfrac{1}{3}\right)^{-1} = 3$　　C．$3^{-1} = \dfrac{1}{3}$　　D．$(-1)^{\frac{1}{3}} = 3$

3. $\log_9 8 \times \log_4 27 = $（　　）.

　　A．$\dfrac{4}{9}$　　　　　　B．1　　　　　　C．$\dfrac{2}{3}$　　　　　　D．$\dfrac{9}{4}$

4. 已知 $a > 0$，$a \neq 1$，则 $a^{\log_a 3} = $（　　）.

　　A．3　　　　　　　　　　　　　　　B．$\dfrac{1}{3}$

　　C．$\sqrt{3}$　　　　　　　　　　　　　D．与 a 的具体数值有关

5. 如果 $\log_{11}[\log_3(\log_2 x)] = 0$，那么 $x^{\frac{1}{2}}$ 等于（　　）.

　　A．$\dfrac{1}{3}$　　　　　B．$\dfrac{1}{2\sqrt{3}}$　　　　C．$2\sqrt{2}$　　　　D．$3\sqrt{2}$

6. $3^{1+\log_3 9} = $（　　）.

　　A．8　　　　　　B．10　　　　　　C．12　　　　　　D．27

7. 设 $\lg 3 = a$，则 $\log_3 100 = $（　　）.

　　A．$\dfrac{1-a}{a}$　　　　B．$\dfrac{a}{2}$　　　　C．$\dfrac{2}{a}$　　　　D．$\dfrac{a}{1-a}$

8. 如果 $\lg m = c + \lg n$，那么 $m = $（　　）.

　　A．$\dfrac{c}{n}$　　　　　　B．$10^c n$　　　　　　C．$10^c - c$　　　　　　D．$\dfrac{10^c}{n}$

二、填空题

9.（1）化指数式为对数式：$0.5^{-3} = 8$ _____；$27^{\frac{2}{3}} = 9$ _____；$10^4 = 10000$ _____.

（2）化对数式为指数式：$\log_{\frac{2}{3}} \dfrac{3}{2} = -1$ _____；$\lg 100 = 2$ _____.

10. $\log_2 \dfrac{1}{8} = $ ____，$\log_4 16 = $ ____，$\lg 250 + \lg 2 \lg 50 + (\lg 2)^2 = $ _____.

11. 计算：$\log_{\frac{1}{2}} 4 + \log_2 32 - \log_5 \dfrac{1}{25} = $ _____，$\log_5 8 \times \log_4 125 = $ _____.

12. 对数式 $\log_{(a-3)}(6-a) = m$，实数 a 的取值范围是 _____.

13. 若 $\log_a 4 = m$，$\log_a 5 = n$，则 $a^{m+2n} =$ _____ .

14. 若 $\log_2 25 \times \log_3 8 \times \log_5 x = 6$ ，则 $x =$ _____ .

三、解答题

15. 计算：$\log_3 \left(\log_2 64 - \log_2 4 + \log_2 16 \right)$.

16. 化简：$\lg \dfrac{5}{8} + \lg 80 - \lg 5 - \sqrt{\lg^2 7 - \lg 49 + 1}$.

§4.4 对数函数

复习要求

掌握对数函数的图像和性质，能用对数函数的性质来解决实际问题.

知识要点

1. 对数函数：形如 $y = \log_a x\ (a > 0$ 且 $a \neq 1$，$x > 0)$ 的函数我们称为对数函数.

2．对数函数的图像和性质：

函　　数	对 数 函 数	
	$a > 1$	$0 < a < 1$
图　　像		
单 调 性	增函数	减函数
定 义 域	$(0, +\infty)$	
值 域	$(-\infty, +\infty)$	
特 殊 点	$(1, 0)$	
奇 偶 性	非奇非偶函数	

例题解析

【例1】$0 < a < 1$ 时，在同一个坐标系内，函数 $y = a^{-x}$ 与 $y = \log_a x$ 的图像是（　　）．

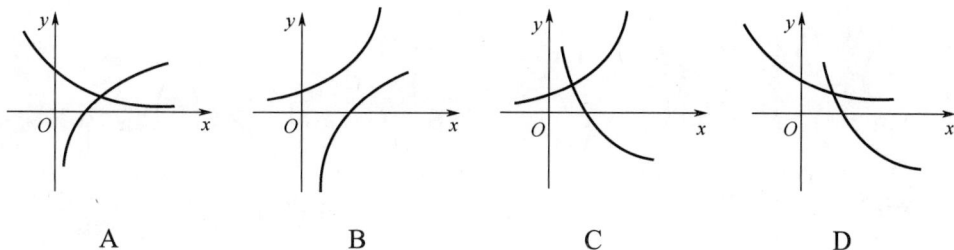

     A   B   C   D

评析：$0 < a < 1$，所以函数 $y = a^{-x}$ 为增函数，$y = \log_a x$ 为减函数，因而选 C．

【例2】求定义域：$y = \log_{\frac{1}{2}}(x^2 - 4)$．

解：要使函数 $y = \log_{\frac{1}{2}}(x^2 - 4)$ 有意义，必须：$x^2 - 4 > 0$，即：$x < -2$ 或 $x > 2$，所以函数的定义域为：$(-\infty, -2) \cup (2, +\infty)$．

【例3】已知：$\log_a 5 > \log_a 4$，求 a 的取值范围．

分析：此题是已知两对数值的大小关系，确定某参数的取值范围，应用的主要知识有对数函数的意义与单调性．

解：$\because \log_a 5 > \log_a 4$，$\therefore$ 根据对数函数意义与单调性得：$a > 1$．

【例4】解对数方程 $\log_2(x - 2) + \log_2 x = \log_2 3$．

解：根据对数运算法则与对数函数的意义得：$\begin{cases} (x-2)x = 3 \\ x - 2 > 0 \\ x > 0 \end{cases}$，解得 $x = 3$．

评析：此题要利用对数的运算法则化简方程，要注意真数的取值范围．

【例5】解对数不等式 $\log_2(x - 1) < 2$．

解：不等式 $\log_2(x - 1) < 2$ 可化为 $\log_2(x - 1) < \log_2 4$，

根据对数函数意义与单调性得：$\begin{cases} x-1<4 \\ x-1>0 \end{cases}$，即 $\begin{cases} x<5 \\ x>1 \end{cases}$.

所以解集为 $(1,\ 5)$.

评析：解对数不等式要先化同底，然后再利用对数函数的意义与单调性，要注意真数要大于 0.

同步练习题

一、选择题

1. 下列命题中属于真命题的是（   ）.

   A. 函数 $y=\log_3 x$，当 $0<x<1$ 时，$y>0$

   B. 函数 $y=\log_3 x$，当 $x>1$ 时，$y>0$

   C. 函数 $y=\log_{\frac{1}{3}} x$，当 $x>1$ 时，$y>0$

   D. 函数 $y=\log_{\frac{1}{3}} x$，当 $0<x<1$ 时，$y<0$

2. 若函数 $f(x)=\log_3 x$，则 $f\left(\dfrac{3}{4}\right)$、$f\left(\dfrac{2}{3}\right)$ 与 $f(4)$ 的大小关系是（   ）.

   A. $f(4)>f\left(\dfrac{3}{4}\right)>f\left(\dfrac{2}{3}\right)$ B. $f(4)>f\left(\dfrac{2}{3}\right)>f\left(\dfrac{3}{4}\right)$

   C. $f\left(\dfrac{2}{3}\right)>f(4)>f\left(\dfrac{3}{4}\right)$ D. $f\left(\dfrac{2}{3}\right)>f\left(\dfrac{3}{4}\right)>f(4)$

3. 若 $a\in(1,\ +\infty)$，则下列不等式中正确的是（   ）.

   A. $a^{2.1}>a^{2.2}$ B. $a^{2.1}<a^{2.2}$

   C. $\log_2 2.1>\log_2 2.2$ D. $\log_a 2.1<0$

4. 下列函数中，定义域为 $(-\infty,\ +\infty)$ 的是（   ）.

   A. $y=\dfrac{1}{2^{x-3}}$ B. $y=\sqrt{3^x-1}$

   C. $y=\ln(x-2)$ D. $y=\ln(-x^2+2)$

5. 设 $a=\log_{\frac{1}{3}} 0.3$，$b=\log_3 0.3$，$c=\log_3 0.2$，则 a、b、c 之间的大小关系是（   ）.

   A. $b>a>c$ B. $c>a>b$

   C. $a>b>c$ D. $c>b>a$

6. 方程 $\lg x+\lg 2=1$ 的解集是（   ）.

   A. $\{5\}$ B. $\left\{\sqrt{5}\right\}$

   C. $\{-5\}$ D. $\left\{-\sqrt{5}\right\}$

7. 设函数 $y=\lg(x^2+2x)$ 的定义域为 M，函数 $y=\lg(x+2)+\lg x$ 的定义域为 N，则（   ）.

   A. $M\bigcup N=N$ B. $M=N$

C. $M \subsetneqq N$　　　　　　　　　　D. $M \supsetneqq N$

8. 函数 $y = \log_2(x-2)$ 的图像与 x 轴的交点坐标为（　　）.

　　A. $(1,\ 0)$　　　　　　　　　　B. $(2,\ 0)$

　　C. $(3,\ 0)$　　　　　　　　　　D. $(4,\ 0)$

9. 若 $\log_2 x < 1$，则 x 的取值范围是（　　）.

　　A. $(0,\ 2)$　　　　　　　　　　B. $(-\infty,\ 2)$

　　C. $(0,\ +\infty)$　　　　　　　　D. $(-\infty,\ 2)\cup(0,\ +\infty)$

10. 函数 $f(x) = \log_5(x^2 - x - 2)$ 的定义域是（　　）.

　　A. $(-\infty,\ -1)$　　　　　　　B. $(2,\ +\infty)$

　　C. $(-1,\ 2)$　　　　　　　　　D. $(-\infty,\ -1)\cup(2,\ +\infty)$

二、填空题

11. 比较大小：$\log_3 3$ _____ $\log_3 3.1$，$\lg \pi$ _____ 0 .

12. 函数 $y = \log_a(1-2x)$ 的图像总是经过点_____ .

13. 函数 $y = \sqrt{\log_{\frac{1}{3}}(x-3)}$ 的定义域是_____ .

14. 方程 $\log_2(\log_2 x) = 1$ 的解是_____ .

15. 不等式 $\log_{\frac{1}{3}}(1-x) \geqslant \log_{\frac{1}{3}} x$ 的解集是_____ .

三、解答题

16. 根据下列各式，确定 a 的取值范围.

（1）$\log_{0.5} a > \log_{0.5} 4$

（2）$\log_a \sqrt{3} > \log_a \sqrt{2}$

17．解对数方程 $\log_2(x-3)+\log_2 x=\log_2 4$．

18．求函数 $y=\lg(x^2+x-2)$ 的定义域．

§4.5　反函数

复习要求

1．理解反函数的概念，掌握反函数的性质．
2．会求简单的反函数．

知识要点

1．反函数

反函数：已知函数 $y=f(x)$，设其定义域为 A，值域为 C，根据 $y=f(x)$ 中 y 与 x 的关系，用 y 表示 x，得 $x=\varphi(y)$．如果对于 y 在 C 中的任何一个值，通过 $x=\varphi(y)$，x 在 A 中都有唯一确定的值和它对应，那么就得到一个定义在 C 上的，以 y 为自变量的新函数 $x=\varphi(y)$，这个新函数叫作函数 $y=f(x)$ 的反函数，通常记作 $x=f^{-1}(y)$．习惯上用 x 表示自变量，用 y 表示因变量，所以 $y=f(x)$ 的反函数记作 $y=f^{-1}(x)$．

2．反函数的性质

（1）反函数的定义域、值域：

	定 义 域	值 域
函数 $y=f(x)$	A	C
函数 $y=f^{-1}(x)$	C	A

（2）函数 $y = f(x)$ 与它的反函数 $y = f^{-1}(x)$ 的图像关于直线 $y=x$ 对称.

（3）原函数的图像过点 (a, b)，则它的反函数的图像必过点 (b, a).

（4）互为反函数的两个函数具有相同的单调性.

3．求反函数的一般步骤

一解：由 $y = f(x)$ 解得 $x = f^{-1}(y)$

二换：对换 x，y 得 $y = f^{-1}(x)$

三注明：注明定义域 $(x \in C)$

例题解析

【例 1】 求下列函数的反函数.

（1）$y = 2x - 4$　　　　　　　（2）$y = x^2 - 2 \, (x \geqslant 0)$

（3）$y = \dfrac{3x-2}{x+3} \, (x \neq -3)$　　　　（4）$y = 2^x$

参考答案：（1）$y = \dfrac{1}{2}x + 2$　　　（2）$y = \sqrt{x+2} \, (x \geqslant -2)$

　　　　　　（3）$y = \dfrac{3x+2}{3-x} \, (x \neq 3)$　　（4）$y = \log_2 x \, (x > 0)$

评析： 求反函数的步骤：①确定原函数的定义域和值域；②在原函数中，用 y 表示 x；③交换 x，y；④写出反函数的定义域.

【例 2】 已知函数 $f(x) = \dfrac{4x-1}{3x-1}$，求 $f^{-1}(2)$.

解： 方法一：令 $y = \dfrac{4x-1}{3x-1}$，求得 $x = \dfrac{y-1}{3y-4}$，故 $f^{-1}(x) = \dfrac{x-1}{3x-4}$，$f^{-1}(2) = \dfrac{2-1}{3 \times 2 - 4} = \dfrac{1}{2}$.

方法二：因为函数 $y = f(x)$ 与它的反函数 $y = f^{-1}(x)$ 的图像关于直线 $y=x$ 对称，所以 $\dfrac{4x-1}{3x-1} = 2$，解得 $x = \dfrac{1}{2}$，即 $f^{-1}(2) = \dfrac{1}{2}$.

评析： 方法一：要求 $f^{-1}(2)$，先求 $f^{-1}(x)$. 方法二：利用反函数 "函数 $y = f(x)$ 与它的反函数 $y = f^{-1}(x)$ 的图像关于直线 $y=x$ 对称" 的性质求解.

【例 3】 已知一次函数 $y = kx + b$ 的图像过点 $(2, 1)$，且其反函数 $f^{-1}(x)$ 的图像过点 $(-2, 3)$，求这个一次函数的解析式.

解： 因为一次函数 $y = kx + b$ 的图像过点 $(2, 1)$，

则有 $2k + b = 1$；

$\because f^{-1}(x)$ 的图像过点 $(-2, 3)$，

则一次函数 $y = kx + b$ 的图像过点 $(3, -2)$，

$\therefore 3k + b = -2$，

联立方程组 $\begin{cases} 2k + b = 1 \\ 3k + b = -2 \end{cases}$，解得 $k = -3$，$b = 7$，

故这个一次函数的解析式为 $y = -3x + 7$.

评析：利用"原函数的图像过点 (a, b)，则它的反函数的图像必过点 (b, a)"的性质求解.

同步练习题

一、选择题

1. 函数 $y = 3x + 1$ 的反函数是（　　）.

  A．$x = 3y - 1$ B．$y = \dfrac{x-1}{3}$

  C．$y = \dfrac{x+1}{3}$ D．$y = \dfrac{3}{x-1}$

2. 已知函数 $f(x)$ 的图像过点 $(2, -3)$，则 $f^{-1}(x)$ 的图像必过点（　　）.

  A．$(2, -3)$ B．$(-2, 3)$

  C．$(-3, 2)$ D．$(3, -2)$

3. 下列函数中，不存在反函数的是（　　）.

  A．$y = 4x$ B．$y = \log_2 x$

  C．$y = x^2$ D．$y = x^2 \ (x \leqslant 0)$

4. 已知 $f(x) = 3^x$，则 $f^{-1}(1)$ 为（　　）.

  A．0   B．1

  C．3   D．$\dfrac{1}{3}$

5. 若函数 $f(x)$ 存在反函数，则 $f(x)$ 一定不是（　　）.

  A．增函数   B．奇函数

  C．减函数   D．偶函数

6. 函数 $y = 3^{x-1} + 2$ 的反函数的图像经过点（　　）.

  A．$(1, 2)$ B．$(3, 1)$

  C．$(1, 3)$ D．$(2, 1)$

7. 函数 $y = a^x$ 与 $y = \log_a x$ 的图像关于直线（　　）对称.

  A．$y = x$ B．$y = -x$

  C．$y = 0$ D．$x = 0$

8. 已知函数 $f(x) = 2^x + 5$，则 $f^{-1}(x)$ 的定义域是（　　）.

  A．$(0, +\infty)$ B．$(5, +\infty)$

  C．$(-\infty, +\infty)$ D．$[0, +\infty)$

二、填空题

9. 已知函数 $f(x) = 10^{x-1}$，则 $f^{-1}(1000) = $ _____.

10. 函数 $y = 2 + \lg(x + 2)$，则 $f^{-1}(x) = $ _____.

11. 已知函数 $f(x) = 4x + b$ 是 $g(x) = \dfrac{x}{4} - 1$ 的反函数，则 $b = $ _____.

12. 已知函数 $f(x)$ 是函数 $y = a^x$ 的反函数，且 $f(x)$ 过点 $(32, 2)$，则 $a = $ _____.

三、解答题

13. 求下列函数的反函数.

（1）$y = \dfrac{4 - x}{3x + 5}$　　　　　　　　　　（2）$y = \log_2 x - 3$

14. 已知函数 $f(x) = a^x - b$ 的图像过点 $(1, 4)$，其反函数 $f^{-1}(x)$ 的图像过点 $(3, 0)$，求函数 $f(x)$ 的解析式.

第四章　指数函数与对数函数近十年高考真题练习

一、选择题

1.（2014 年）下列等式中，正确的是（　　）.

    A．$\lg 7 + \lg 3 = 1$　　　　　　　　　B．$\lg \dfrac{7}{3} = \dfrac{\lg 7}{\lg 3}$

    C．$\log_3 7 = \dfrac{\lg 3}{\lg 7}$　　　　　　　　D．$\lg 3^7 = 7 \lg 3$

2.（2014 年）下列函数在其定义域内单调递减的是（　　）.

    A．$y = \dfrac{1}{2}x$　　　　　　　　　　B．$y = 2^x$

    C．$y = \left(\dfrac{1}{2}\right)^x$　　　　　　　　　D．$y = x^2$

3.（2015 年）设 $a > 0$ 且 $a \neq 1$，x，y 为任意实数，则下列算式错误的是（　　）.

A．$a^0 = 1$

B．$a^x \cdot a^y = a^{x+y}$

C．$\dfrac{a^x}{a^y} = a^{x-y}$

D．$\left(a^x\right)^2 = a^{x^2}$

4．（2016 年）下列函数在其定义域内单调递增的是（　　）．

A．$y = x^2$

B．$y = \left(\dfrac{1}{3}\right)^x$

C．$y = \dfrac{3^x}{2^x}$

D．$y = -\log_3 x$

5．（2017 年）下列运算不正确的是（　　）．

A．$\log_2 10 - \log_2 5 = 1$

B．$\log_2 10 + \log_2 5 = \log_2 15$

C．$2^0 = 1$

D．$2^{10} \div 2^8 = 4$

6．（2017 年）已知函数 $y = e^x$ 的图像与单调递减函数 $y = f(x)(x \in \mathbf{R})$ 的图像相交于点 (a, b)，给出下列四个结论：①$a = \ln b$　②$b = \ln a$　③$f(a) = b$　④当 $x > a$ 时，$f(x) < e^x$．其中正确的结论共有（　　）个．

A．1

B．2

C．3

D．4

7．（2018 年）下列等式正确的是（　　）．

A．$\lg 5 - \lg 3 = \lg 2$

B．$\lg 5 + \lg 3 = \lg 8$

C．$\lg 5 = \dfrac{\lg 10}{\lg 5}$

D．$\lg \dfrac{1}{100} = -2$

8．（2018 年）指数函数 $y = a^x (0 < a < 1)$ 的图像大致是（　　）．

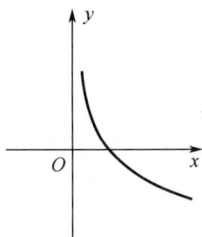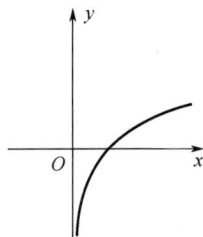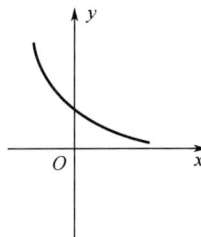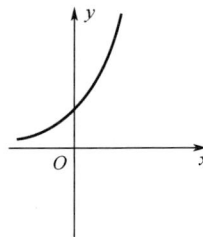

A　　　　　　　　B　　　　　　　　C　　　　　　　　D

9．（2019 年）函数 $y = \lg(x+2)$ 的定义域是（　　）．

A．$(-2, +\infty)$

B．$[-2, +\infty)$

C．$(-\infty, -2)$

D．$(-\infty, -2]$

10．（2020 年）函数 $y = \lg(3x-2)$ 的定义域是（　　）．

A．$\left(-\infty, \dfrac{2}{3}\right)$

B．$\left(-\infty, \dfrac{2}{3}\right]$

C．$\left(\dfrac{2}{3}, +\infty\right)$

D．$\left[\dfrac{2}{3}, +\infty\right)$

11．（2020 年）函数 $y = 2x - 1$ 的反函数为 $g(x)$，则 $g(-3) = $（　　）．

A．-1

B．9

C. 1   D. -9

12.（2021 年）对任意实数 x, y 各式均正确的是（　　）.

    A. $3^x + 3^y = 3^{x+y}$ B. $3^x - 3^y = 3^{x-y}$

    C. $3^x \cdot 3^y = 3^{xy}$ D. $\dfrac{1}{3^x} = 3^{-x}$

13.（2021 年）下列函数在其定义域内单调递增的是（　　）.

    A. $y = \sin x$ B. $y = \cos x$

    C. $y = 2^{-x}$ D. $y = \lg x$

14.（2022 年）已知 $\log_2 a = 3$，则 $a^2 = $（　　）.

    A. 9   B. 36

    C. 64   D. 81

15.（2023 年）已知 $a = 0.8^3$，$b = 3^{0.8}$，$c = \log_3 0.8$，则（　　）.

    A. $a > b > c$ B. $b > a > c$

    C. $c > a > b$ D. $a > c > b$

二、填空题

16.（2023 年）计算：$\log_2 8 = $ _____.

17.（2024 年）计算：$3^2 \times \left(\dfrac{1}{2}\right)^{-2} = $ _____.

第五章

数　列

考试内容

1. 数列的概念.
2. 等差数列.
3. 等比数列.

考试要求

1. 了解数列的概念，理解等差数列、等比数列的定义.
2. 掌握等差中项公式，等差数列的通项公式与前 n 项和公式.
3. 掌握等比中项公式，等比数列的通项公式与前 n 项和公式.
4. 解决简单的数列应用题.

近四年分值占比

年份/年	2021	2022	2023	2024
分值/分	22	22	22	22
分值占比	14.7%	14.7%	14.7%	14.7%

近四年考点对比

年份/年	2021	2022	2023	2024
考点对比	等差数列和等比数列的通项公式及前 n 项和公式、等差数列的性质、数列的通项公式及前 n 项和公式	递推公式、等差数列通项公式、等比数列的定义及前 n 项和公式、数列的前 n 项和公式	递推公式、等差数列定义、通项公式、性质及前 n 项和公式	递推公式、等比数列定义、通项公式及前 n 项和公式

思维导图

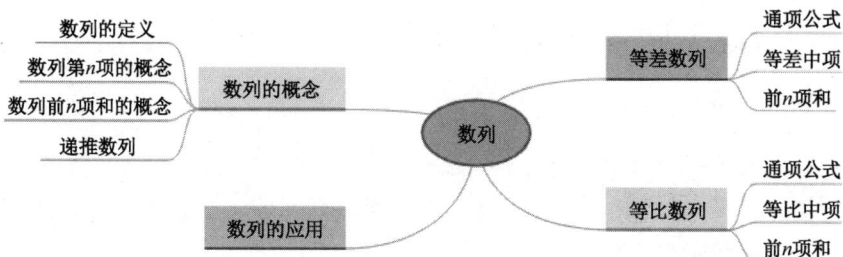

参考课时

10 课时

§ 5.1　数列的概念

复习要求

1. 了解数列的分类.
2. 理解数列的定义；通项公式、递推公式的概念及意义.
3. 能根据数列的首项和递推公式写出数列的任意一项.
4. 能根据数列的前几项归纳出数列的一个通项公式.

知识要点

1. 数列的定义

按照一定次序排列的一列数，叫作数列. 在数列中的每一个数都叫作这个数列的项，各项依次叫作这个数列的第一项（或首项），第二项，…，第 n 项，数列的一般形式写成：a_1，a_2，a_3，…，a_n，…，简记为 $\{a_n\}$.

2. 数列的通项公式

用项数 n 来表示该数列相应项的公式，叫作数列的通项公式. 由此可知，数列的通项公式可记为 $a_n = f(n)(n \in \mathbf{N}^*)$.

【说明】数列的通项公式，在形式上不唯一，如数列 1，-1，1，-1，… 其通项公式可以写成 $a_n = (-1)^{n+1}$ 或 $a_n = (-1)^{n-1}$.

3．数列的递推公式

用含有数列前面若干项的表达式来表示后面某一项的公式，称为数列的递推公式，如 $a_{n+1} = 2a_n + 1$．

已知首项和递推公式，实际上也确定了数列．

4．数列的分类

按项数分：有穷数列（项数有限）、无穷数列（项数无限）．
按项与项的大小分：递增数列（ $a_n < a_{n+1}$ ）、递减数列（ $a_n > a_{n+1}$ ）、常数列、摆动数列．
常数列：数列的所有项都是同一个常数．

5．数列的前 n 项和： $S_n = a_1 + a_2 + a_3 + \cdots + a_n$

数列通项公式 a_n 与前 n 项和 S_n 的关系： $a_n = \begin{cases} S_1, & n = 1, \\ S_n - S_{n-1}, & n \geqslant 2. \end{cases}$

例题解析

【例1】已知数列 $\{a_n\}$ 的通项公式 $a_n = 3^n - 1$ ，求 a_3 ．

解：由 $a_n = 3^n - 1$ 得 $a_3 = 3^3 - 1 = 27 - 1 = 26$ ．

评析：把 $n = 3$ 代入通项公式．

【例2】根据数列的前四项 $\dfrac{1}{2}$, $-\dfrac{1}{4}$, $\dfrac{1}{8}$, $-\dfrac{1}{16}$, $\cdots$ 写出数列的一个通项公式．

参考答案： $a_n = \dfrac{(-1)^{n+1}}{2^n}$ ．

评析：每一项的分母都是项数的 2 倍，确定分母为 2^n ，偶数项为负，奇数项为正，可以用 $(-1)^{n+1}$ 来调整，所以数列的通项公式是 $a_n = \dfrac{(-1)^{n+1}}{2^n}$ ．

【例3】已知数列 $\{a_n\}$ 的前 n 项和 $S_n = \dfrac{n}{2n+1}$ ，求 a_5 ．

解：由 $S_n = \dfrac{n}{2n+1}$ 得到 $S_4 = \dfrac{4}{2 \times 4 + 1} = \dfrac{4}{9}$, $S_5 = \dfrac{5}{2 \times 5 + 1} = \dfrac{5}{11}$ ，

所以， $a_5 = S_5 - S_4 = \dfrac{5}{11} - \dfrac{4}{9} = \dfrac{1}{99}$ ．

评析：关键是理解 $a_n = S_n - S_{n-1}(n \geqslant 2)$ ，由此得 $a_5 = S_5 - S_4$ ，若求 a_1 ，则 $a_1 = S_1$ ．

【例4】已知数列 $\{a_n\}$ 的通项公式 $a_n = \dfrac{1}{n(n+1)}$ ，求数列的前 n 项和 S_n ．

解：由 $a_n = \dfrac{1}{n(n+1)} = \dfrac{1}{n} - \dfrac{1}{n+1}$ 得到 $S_n = a_1 + a_2 + a_3 + \cdots + a_n = \dfrac{1}{1} - \dfrac{1}{2} + \dfrac{1}{2} - \dfrac{1}{3} + \dfrac{1}{3} - \dfrac{1}{4} + \cdots +$

$\dfrac{1}{n} - \dfrac{1}{n+1} = \dfrac{1}{1} - \dfrac{1}{n+1} = \dfrac{n}{n+1}$ ．

评析：本题采用了裂项相消求和法，在求通项公式形如 $\dfrac{1}{n(n+1)}$ 的数列的前 n 项和的时候，可把数列的通项公式拆成两项之差：$\dfrac{1}{n}-\dfrac{1}{n+1}$，在求和时中间的一些项可以互相抵消，从而求得其和.

例题解析

一、选择题

1. 已知数列 $\{a_n\}$ 的通项公式为 $a_n=3n+2$，则 $a_3=$（　　）.

   A．8　　　　　　B．9　　　　　　C．10　　　　　　D．11

2. 已知数列 $\{a_n\}$ 的通项公式为 $a_n=(-1)^n\cdot 2^{n-1}$，则 $a_5=$（　　）.

   A．-8　　　　　B．-16　　　　　C．16　　　　　D．32

3. 已知数列 $\{a_n\}$ 的通项公式为 $a_n=3n-4$，若 $b_n=a_{2n}$，则 $b_n=$（　　）.

   A．$6n-4$　　　　　　　　　　　B．$6n-8$

   C．$3n-8$　　　　　　　　　　　D．$3n^2-4$

4. 数列 $1,-\dfrac{1}{4},\dfrac{1}{9},-\dfrac{1}{16},\cdots$ 的通项公式是（　　）.

   A．$a_n=\dfrac{(-1)^n}{2n}$　　　　　　　　B．$a_n=\dfrac{(-1)^{n+1}}{2n}$

   C．$a_n=\dfrac{(-1)^n}{n^2}$　　　　　　　　D．$a_n=\dfrac{(-1)^{n+1}}{n^2}$

5. 数列 $1,\dfrac{1}{2},\dfrac{1}{2^2},\dfrac{1}{2^3},\cdots$ 的通项公式是（　　）.

   A．$a_n=\dfrac{1}{2n}$　　　　　　　　B．$a_n=\dfrac{1}{n^2}$

   C．$a_n=\dfrac{1}{n^2}$　　　　　　　　D．$a_n=\dfrac{1}{2^{n-1}}$

6. 已知数列 $\{a_n\}$ 的前 n 项和 $S_n=\dfrac{n}{2n+3}$，则 $a_3=$（　　）.

   A．$\dfrac{1}{9}$　　　　　B．$\dfrac{1}{3}$　　　　　C．$\dfrac{1}{21}$　　　　　D．$\dfrac{1}{63}$

7. 已知数列 $\{a_n\}$ 的前 n 项和 $S_n=\dfrac{n}{2n+1}$，则 $a_3+a_4=$（　　）.

   A．$\dfrac{1}{63}$　　　　　B．$\dfrac{2}{45}$　　　　　C．$\dfrac{4}{9}$　　　　　D．$\dfrac{38}{45}$

8. 已知数列 $\{a_n\}$ 的通项公式 $a_n=n(n+1)$，则 $S_4=$（　　）.

   A．8　　　　　B．20　　　　　C．40　　　　　D．70

9. 已知数列 $\{a_n\}$ 的前 n 项和 S_n 满足 $a_1+S_1=1$，则 $a_1=$（　　）.

   A．$\dfrac{1}{2}$　　　　　B．1　　　　　C．0　　　　　D．2

二、填空题

10. 数列 $\dfrac{1}{2}$，$-\dfrac{2}{3}$，$\dfrac{3}{4}$，$-\dfrac{4}{5}$，$\cdots$ 的第 3 项是_____，$-\dfrac{4}{5}$ 对应的项数是_____．

11. 数列 $\dfrac{1}{3}$，$\dfrac{2}{4}$，$\dfrac{3}{5}$，$\dfrac{4}{6}$，$\cdots$ 的一个通项公式是_____．

12. 已知数列 $\{a_n\}$ 的通项公式 $a_n = 3n-1$，则 $a_1 =$_____，$a_{n-1} =$_____．

13. 已知数列 $\{a_n\}$ 的前 n 项和 $S_n = 2n(n-1)$，则 $a_4 =$_____．

14. 已知数列 $\{a_n\}$ 的前 n 项和 $S_n = 3 - \dfrac{1}{3^{n-1}}$，则 $a_1 =$_____，$a_2 =$_____．

三、解答题

15. 已知数列 $\{a_n\}$ 的通项公式是 $a_n = 2^n + 1$，若 $b_n = a_n - 1$，求 b_5．

16. 已知数列 $\{a_n\}$ 的通项公式是 $a_n = \dfrac{1}{2n(n+1)}$，求 S_n．

17. 已知数列 $\{a_n\}$ 的通项公式是 $a_n = \dfrac{1}{(n+1)(n+2)}$，求 S_n．

§5.2　等差数列

复习要求

1．理解等差数列的概念．

2．掌握等差数列的通项公式与前 n 项和公式．

3．掌握等差中项的概念和性质．

4．掌握等差数列的性质．

知识要点

1．等差数列的定义

如果一个数列从第二项起每一项与它的前一项的差都等于同一个常数，则这个数列叫作等差数列，这个常数叫作等差数列的公差，通常用字母 d 表示，即 $a_{n+1}-a_n=d$（$n\in \mathbf{N}^*$）．

2．等差数列通项公式

$a_n=a_1+(n-1)d$ ．

3．等差数列前 n 项和公式

$S_n=\dfrac{n(a_1+a_n)}{2}$ 或 $S_n=na_1+\dfrac{n(n-1)}{2}d$ ．

4．等差中项

如果三个数 a，A，b 成等差数列，则 A 称为 a 与 b 的等差中项，即 $A=\dfrac{a+b}{2}$ ．

5．等差数列的性质

（1）若 $m+n=p+q$ ，则有 $a_m+a_n=a_p+a_q(m$，n，p，$q\in \mathbf{N}^*)$ ．

（2）在等差数列中，$a_n-a_m=(n-m)d$ 即 $a_n=a_m+(n-m)d$ ．

（3）在等差数列中，每隔相同的项抽出来的项按照原来的顺序排列，构成一个新的等差数列．如 a_1，a_3，a_5，$\cdots$ 仍然是等差数列．

（4）在等差数列中，每连续 m 项之和构成的数列仍然是等差数列．如 a_1+a_2，a_3+a_4，a_5+a_6 仍然是等差数列．

【说明】三个数成等差数列，一般设为：$a-d$，a，$a+d$ ．

例题解析

【例1】在等差数列中：

（1）已知 $a_{n+1} = a_n + 3$ ，且 $a_1 = 2$ ，则 $a_n = $＿＿＿＿＿＿．

（2）已知 $a_5 = 15$ ， $a_2 = 6$ ，则 $d = $＿＿＿＿＿＿， $a_n = $＿＿＿＿＿＿．

（3）已知 $a_2 + a_3 = 10$ ， $a_5 + a_6 = 34$ ，则 $a_n = $＿＿＿＿＿＿．

解：（1）由 $a_{n+1} = a_n + 3$ 得到 $a_{n+1} - a_n = 3$ ，即 $d = 3$ ，

所以 $a_n = a_1 + (n-1)d = 2 + (n-1) \times 3 = 3n - 1$ ．

（2）由 $a_5 - a_2 = 3d$ ，得到 $d = \dfrac{a_5 - a_2}{3} = \dfrac{15 - 6}{3} = 3$ ，

因为 $a_1 = a_2 - d = 6 - 3 = 3$ ，所以 $a_n = a_1 + (n-1)d = 3 + (n-1) \times 3 = 3n$ ．

（3）由 $a_2 + a_3 = 10$ ， $a_5 + a_6 = 34$ 得到 $\begin{cases} 2a_1 + 3d = 10, \\ 2a_1 + 9d = 34, \end{cases}$ 解之得 $a_1 = -1$ ， $d = 4$ ，

所以 $a_n = a_1 + (n-1)d = -1 + (n-1) \times 4 = 4n - 5$ ．

评析：（1）理解等差数列定义的表达式 $a_{n+1} - a_n = d$ ．

（2）等差数列通项公式 $a_n = a_m + (n-m)d$ 可化为 $a_n - a_m = (n-m)d$ ．

（3）用等差数列通项公式表示 $a_2 + a_3 = 10$ ， $a_5 + a_6 = 34$ 这两个关系式，构造关于 a_1 与 d 的方程组，求出 a_1 与 d 的值，然后代入等差数列通项公式即可．

【例2】在等差数列 $\{a_n\}$ 中，已知 $a_n = 3n - 2$ ，求数列 $\{a_n\}$ 的前 n 项和 S_n ．

解：方法一：由 $a_n = 3n - 2$ 得到 $a_1 = 3 \times 1 - 2 = 1$ ，

则 $S_n = \dfrac{n(a_1 + a_n)}{2} = \dfrac{n(1 + 3n - 2)}{2} = \dfrac{3n^2 - n}{2}$ ．

方法二：由 $a_n = 3n - 2$ 得到 $a_1 = 3 \times 1 - 2 = 1$ ， $a_2 = 3 \times 2 - 2 = 4$ ，

则 $d = a_2 - a_1 = 4 - 1 = 3$ ，

所以， $S_n = na_1 + \dfrac{n(n-1)}{2}d = n + \dfrac{n(n-1)}{2} \times 3 = \dfrac{3n^2 - n}{2}$ ．

评析：等差数列的前 n 项和 $S_n = \dfrac{n(a_1 + a_n)}{2}$ 或 $S_n = na_1 + \dfrac{n(n-1)}{2}d$ ，知道 a_1 与 a_n 或 a_1 与 d 都可以求出等差数列的前 n 项和．

【例3】已知数列 $\{a_n\}$ 是等差数列，且 $a_1 = -1$ ， $a_1 + a_2 + a_3 = 6$ ．

（1）求数列 $\{a_n\}$ 的通项公式．

（2）设 $b_n = a_{n+1} + 1$ ，求数列 $\{b_n\}$ 的前 n 项和 S_n ．

解：（1）数列 $\{a_n\}$ 是等差数列，由 $a_1 + a_2 + a_3 = 6$ 得到 $3a_1 + 3d = 6$ ，因为 $a_1 = -1$ ，所以 $d = 3$ ，因此数列 $\{a_n\}$ 的通项公式是 $a_n = a_1 + (n-1)d = -1 + (n-1) \times 3 = 3n - 4$ ．

（2）由 $a_n = 3n - 4$ 得到 $a_{n+1} = 3(n+1) - 4 = 3n - 1$ ，

因为 $b_n = a_{n+1} + 1$ ，所以 $b_n = 3(n+1) - 4 + 1 = 3n$ ， $b_{n+1} = 3(n+1) = 3n + 3$ ， $b_1 = 3$ ，

因为 $b_{n+1} - b_n = 3n + 3 - 3n = 3$ ，可知数列 $\{b_n\}$ 是首项为3，公差为3的等差数列，

因此数列 $\{b_n\}$ 的前 n 项和 $S_n = \dfrac{n(b_1 + b_n)}{2} = \dfrac{n(3 + 3n)}{2} = \dfrac{3n^2 + 3n}{2}$.

评析： 通过数列的通项公式求数列的前 n 项和是高职高考的常考题型，合理分析题目已知条件，正确使用前 n 项和公式是解题的关键.

【例4】 在等差数列 $\{a_n\}$ 中，

（1）已知 $a_2 = 3$ ，$a_9 = 27$ ，则 $a_1 + a_{10} =$ _____ .

（2）已知 $a_3 + a_4 + a_{10} + a_{11} = 48$ ，则 $a_7 =$ _____ .

（3）已知 $a_3 + a_8 = 10$ ，则 $S_{10} =$ _____ .

解：（1）因为 $2 + 9 = 1 + 10$ ，根据等差数列的性质有 $a_2 + a_9 = a_1 + a_{10} = 3 + 27 = 30$.

（2）因为 $3 + 11 = 4 + 10 = 7 + 7$ ，根据等差数列的性质有 $a_3 + a_{11} = a_4 + a_{10} = 2a_7$ ，

由于 $a_3 + a_4 + a_{10} + a_{11} = 48$ ，所以 $a_3 + a_{11} = a_4 + a_{10} = 2a_7 = 24$ ，即 $a_7 = 12$.

（3）根据等差数列的前 n 项和公式 $S_n = \dfrac{n(a_1 + a_n)}{2}$ 得到 $S_{10} = \dfrac{10(a_1 + a_{10})}{2}$ ，

因为 $1 + 10 = 3 + 8$ ，则有 $a_1 + a_{10} = a_3 + a_8 = 10$ ，

所以 $S_{10} = \dfrac{10(a_1 + a_{10})}{2} = \dfrac{10 \times 10}{2} = 50$.

评析： 合理运用等差数列的性质，可减少计算量，甚至起到意想不到的效果.

【例5】 在等差数列 $\{a_n\}$ 中，$S_3 = 6$ ，$S_6 = 14$ ，求 S_9 .

解： 因为 $S_3 = a_1 + a_2 + a_3$ ，$S_6 - S_3 = a_4 + a_5 + a_6$ ，$S_9 - S_6 = a_7 + a_8 + a_9$ ，

根据等差数列的性质，S_3 ，$S_6 - S_3$ ，$S_9 - S_6$ 也构成等差数列，

即 $(S_9 - S_6) + S_3 = 2(S_6 - S_3)$ ，解之得 $S_9 - S_6 = 10$ ，

所以 $S_9 = S_6 + 10 = 14 + 10 = 24$.

评析： 在等差数列 $\{a_n\}$ 中，每连续 m 项之和可表示为 S_m ，$S_{2m} - S_m$ ，$S_{3m} - S_{2m}$ ，$\cdots$ ，它们构成的数列仍然是等差数列.

同步练习题

一、选择题

1. 已知数列 $\{a_n\}$ 满足 $a_{n+1} - 2 = a_n$ ，且 $a_1 = 0$ ，则 $a_5 = ($ $)$.

    A. 7   B. 8   C. 9   D. 10

2. 在等差数列 $\{a_n\}$ 中，$a_2 = -1$ ，$a_5 = 2$ ，则公差 $d = ($ $)$.

    A. -1 B. 0   C. 1   D. 2

3. 在等差数列 $\{a_n\}$ 中，$a_3 = 1$ ，$a_8 = 21$ ，则 $a_n = ($ $)$.

    A. $4n - 3$ B. $4n - 11$

    C. $4n + 1$ D. $4n + 14$

4. 在等差数列 $\{a_n\}$ 中，$a_3 = 7$ ，$a_{10} - a_5 = 15$ ，则 $a_n = ($ $)$.

    A. $2n - 2$ B. $2n + 5$

    C. $3n + 7$ D. $3n - 2$

5. 在等差数列 $\{a_n\}$ 中，$a_1 = -33$，$d = 6$，则 $S_n = ($ $)$.

   A．$2n - 13$ B．$6n - 39$

   C．$3n^2 - 36n$ D．$3n^2 - 36$

6. 在等差数列 $\{a_n\}$ 中，$a_n = 2n - 4$，则 $S_n = ($ $)$.

   A．$n^2 - 3n$ B．$n^2 + 3n$

   C．$3n^2 - n$ D．$n - 3$

7. 在等差数列 $\{a_n\}$ 中，$a_4 + a_5 = 16$，$a_7 + a_8 = 28$，则 $S_n = ($ $)$.

   A．$n^2 - n$ B．n^2 C．$n^2 - 5n$ D．$n^2 - 2n$

8. 已知 8 是 x 和 15 的等差中项，则 $x = ($ $)$.

   A．1   B．2   C．3   D．4

9. 已知 a, b, c 三个数成等差数列，且 $a + b + c = 12$，则 $b = ($ $)$.

   A．1   B．2   C．3   D．4

10. 在等差数列 $\{a_n\}$ 中，$a_4 + a_8 = 10$，则 $a_1 + a_{11} = ($ $)$.

   A．5   B．10   C．15   D．20

11. 在等差数列 $\{a_n\}$ 中，$a_2 + a_3 + a_{10} + a_{11} = 48$，则 $a_6 + a_7 = ($ $)$.

   A．16   B．20   C．24   D．28

12. 在等差数列 $\{a_n\}$ 中，$a_6 = 20$，则 $a_5 + a_7 = ($ $)$.

   A．20   B．30   C．40   D．50

13. 在等差数列 $\{a_n\}$ 中，$a_5 + a_{13} = 40$，则 $a_8 + a_9 + a_{10} = ($ $)$.

   A．48   B．60   C．72   D．84

14. 设 $\{a_n\}$ 是等差数列，已知 a_2 和 a_5 是方程 $x^2 - 3x - 7 = 0$ 的两个根，则 $a_3 + a_4 = ($ $)$.

   A．-7 B．-3 C．3   D．7

15. 在等差数列 $\{a_n\}$ 中，$a_3 + a_{18} = 20$，则 $S_{20} = ($ $)$.

   A．140   B．160   C．180   D．200

16. 在等差数列 $\{a_n\}$ 中，$S_{15} = 60$，则 $a_8 = ($ $)$.

   A．2   B．4   C．6   D．8

17. 在等差数列 $\{a_n\}$ 中，$a_5 = 5$，$a_{10} = 15$，则 $a_{25} = ($ $)$.

   A．25   B．35   C．45   D．55

18. 在等差数列 $\{a_n\}$ 中，$S_4 = 1$，$S_8 = 4$，则 $a_9 + a_{10} + a_{11} + a_{12} = ($ $)$.

   A．3   B．5   C．7   D．9

二、填空题

19. 在等差数列 $\{a_n\}$ 中，$a_1 = 1$，$a_3 - a_2 = 2$，则 $a_n = $ _____.

20. 在等差数列 $\{a_n\}$ 中，$a_4 = -1$，$a_7 = 8$，则首项 $a_1 = $ _____，$d = $ _____.

21. 在等差数列 $\{a_n\}$ 中，$a_4 + a_6 = 10$，则 $S_9 = $ _____.

22. 在等差数列 $\{a_n\}$ 中，$a_5 = 4$，$a_9 = 10$，则 $a_{13} = $ _____.

23. 在等差数列 $\{a_n\}$ 中，$S_{10} = 20$，$S_{20} = 60$，则 $S_{30} = $ _____.

三、解答题

24．在等差数列 $\{a_n\}$ 中，已知 $a_6 = 5$，$a_3 + a_8 = 5$，求数列 $\{a_n\}$ 的通项公式 a_n．

25．已知等差数列 $\{a_n\}$ 的通项公式是 $a_n = 5n - 3$，求数列 $\{a_n\}$ 的前 n 项和 S_n．

26．在等差数列 $\{a_n\}$ 中，已知 $a_7 + a_8 = 14$，$a_{12} - a_{10} = -4$．

（1）求数列 $\{a_n\}$ 的通项公式．

（2）设 $b_n = \dfrac{1}{2}a_n - 11$，求数列 $\{b_n\}$ 的前 n 项和 T_n．

§5.3 等比数列

复习要求

1．理解等比数列的概念．
2．掌握等比数列的通项公式与前 n 项和公式．
3．掌握等比中项的概念和性质．
4．掌握等比数列的性质．

知识要点

1．等比数列的定义

如果一个数列从第二项起每一项与它的前一项的比都等于同一个常数，则这个数列叫作等比数列，这个常数叫作公比，通常用字母 $q(q \neq 0)$ 表示，即 $\dfrac{a_{n+1}}{a_n} = q(n \in \mathbf{N}^*)$ ．

2．等比数列通项公式

$a_n = a_1 q^{n-1} \left(q \neq 0 \right)$ ．

3．等比数列前 n 项和公式

$$S_n = \frac{a_1(1-q^n)}{1-q} \text{ 或 } S_n = \frac{a_1 - a_n q}{1-q}(q \neq 1) .$$

【说明】当 $q = 1$ 时，数列为常数列，故 $S_n = na_1$ ，非零常数列既是等差数列又是等比数列，如数列 3，3，3，$\cdots$ 既是等差数列又是等比数列．

4．等比中项

如果在 a 与 b 中间插入一个数 G ，使 a ，G ，b 成等比数列，则称 G 叫作 a 与 b 的等比中项，且 $G^2 = ab$ 或 $G = \pm\sqrt{ab}$ ．

【说明】a 与 b 两个实数必须同号，即 $ab > 0$ 时，a 与 b 才有等比中项．

5．等比数列的性质

（1）若 $m+n = p+q$ ，则 $a_m a_n = a_p a_q (m, n, p, q \in \mathbf{N}^*)$ ．

（2）在等比数列中，$\dfrac{a_n}{a_m} = q^{n-m}$ 即 $a_n = a_m q^{n-m}$ ．

（3）在等比数列中，每连续 m 项之和构成的数列仍然是等比数列．如 $a_1 + a_2$ ，$a_3 + a_4$ ，$a_5 + a_6$ 仍然是等比数列．

（4）在等比数列中，每连续 m 项之积构成的数列仍然是等比数列. 如 a_1a_2, a_3a_4, a_5a_6 仍然是等比数列.

【说明】三个数成等比数列，一般设为：$\dfrac{a}{q}$, a, aq.

例题解析

【例1】在等比数列 $\{a_n\}$ 中，已知 $a_2 = 2$，$a_5 = 54$，求 a_1，q，a_n 和 S_n.

解：由 $a_2 = 2$，$a_5 = 54$ 得到 $\dfrac{a_5}{a_2} = q^3 = \dfrac{54}{2} = 27$，即 $q = 3$.

所以有 $a_1 = \dfrac{a_2}{q} = \dfrac{2}{3}$，$a_n = a_1 q^{n-1} = \dfrac{2}{3} \cdot 3^{n-1} = 2 \cdot 3^{n-2}$，

$$S_n = \dfrac{a_1(1-q^n)}{1-q} = \dfrac{\dfrac{2}{3}(1-3^n)}{1-3} = \dfrac{1}{3}(3^n - 1).$$

评析：知道等比数列的任意两项就可求出数列的其他相关的数据，如：a_1，q，a_n 和 S_n 等.

【例2】在等比数列 $\{a_n\}$ 中：

（1）若 $2x$ 是 2 和 32 的等比中项，则 $x =$ _____.
（2）若 $a_2 = 3$，$a_3 = 9$，则 $a_4 =$ _____.
（3）若 $a_n > 0$，$a_2a_4 + 2a_3a_5 + a_4a_6 = 25$，则 $a_3 + a_5 =$ _____.
（4）若 $a_2a_3 = 2$，$a_4a_5 = 8$，则 $a_8a_9 =$ _____.

解：（1）根据等比数列中项公式得 $(2x)^2 = 2 \times 32$，即 $x = \pm 4$.

（2）由等比中项公式得 $a_3^2 = a_2a_4$，即 $a_4 = \dfrac{a_3^2}{a_2} = \dfrac{9^2}{3} = 27$.

（3）根据等比数列的性质得 $a_2a_4 = a_3a_3$，$a_4a_6 = a_5a_5$，因此 $a_2a_4 + 2a_3a_5 + a_4a_6 = 25$ 可化为 $a_3^2 + 2a_3a_5 + a_5^2 = 25$，即 $(a_3 + a_5)^2 = 25$，因为 $a_n > 0$，所以 $a_3 + a_5 = 5$.

（4）根据等比数列的性质可知 a_2a_3，a_4a_5，a_6a_7，a_8a_9 成等比数列，公比为 $\dfrac{a_4a_5}{a_2a_3} = \dfrac{8}{2} = 4$，因此 $a_8a_9 = a_4a_5 \times 4^2 = 8 \times 16 = 128$.

评析：适当运用等比中项公式、通项公式和等比数列的性质可以大大简化计算过程，加快解题速度.

【例3】在等比数列 $\{a_n\}$ 中，已知 a_2 和 a_5 是方程 $-x^2 + 11x - 9 = 0$ 的两个根，求 $\log_3 a_3 + \log_3 a_4$ 的值.

解：因为 a_2 和 a_5 是方程 $-x^2 + 11x - 9 = 0$ 的两个根，则有 $a_2a_5 = \dfrac{-9}{-1} = 9$，

由等比数列的性质得 $a_2a_5 = a_3a_4$，

所以 $\log_3 a_3 + \log_3 a_4 = \log_3 (a_3a_4) = \log_3 (a_2a_5) = \log_3 9 = 2$.

评析：x_1 和 x_2 是方程 $ax^2 + bx + c = 0$ 的两个根，则有 $x_1 + x_2 = -\dfrac{b}{a}$，$x_1 x_2 = \dfrac{c}{a}$；等比数列的性质与对数的运算可以完美结合.

【例4】已知数列 $\{a_n\}$ 为等比数列，它的前 n 项和为 $S_n = 2^{n+1} + a$，求常数 a 的值.

解：在等比数列中，

$a_1 = S_1 = 2^{1+1} + a = 4 + a$，

$a_2 = S_2 - S_1 = 2^{2+1} + a - (2^{1+1} + a) = 8 + a - 4 - a = 4$，

$a_3 = S_3 - S_2 = 2^{3+1} + a - (2^{2+1} + a) = 16 + a - 8 - a = 8$，

由等比数列的定义得到 $\dfrac{a_3}{a_2} = \dfrac{a_2}{a_1}$，即 $\dfrac{8}{4} = \dfrac{4}{4+a}$，则 $a = -2$.

评析：知道 S_n 求 a_n 或者知道 a_n 求 S_n 是高职高考常考的题型.

同步练习题

一、选择题

1. 在等比数列 $\{a_n\}$ 中，如果 $a_{n+1} = \dfrac{1}{2} a_n (n \geqslant 1)$，则 $q = $（　　）.

　　A. $\dfrac{1}{2}$　　　　　B. 0　　　　　　C. 1　　　　　　D. 2

2. 在等比数列 $\{a_n\}$ 中，$a_2 = 1$，$a_5 = 27$，则 $q = $（　　）.

　　A. 1　　　　　　B. 3　　　　　　C. 9　　　　　　D. 27

3. 在等比数列 $\{a_n\}$ 中，$a_3 = 1$，$a_5 = 4$，则 $a_9 = $（　　）.

　　A. 8　　　　　　B. 16　　　　　　C. 32　　　　　　D. 64

4. 在等比数列 $\{a_n\}$ 中，$a_n = 2^{n-1}$，则 $q = $（　　）.

　　A. 1　　　　　　B. 2　　　　　　C. 3　　　　　　D. 4

5. 在等比数列 $\{a_n\}$ 中，$a_1 = 2$，$q = 3$，则 $S_n = $（　　）.

　　A. $3^n - 1$　　　　　　　　　　B. $1 - 3^n$

　　C. $2^n - 1$　　　　　　　　　　D. $1 - 2^n$

6. 在等比数列 $\{a_n\}$ 中，$a_3 = 5$，$a_4 = 20$，则 $S_n = $（　　）.

　　A. $-\dfrac{1}{3}(1 - 4^n)$　　　　　　　B. $\dfrac{1}{3}(1 - 4^n)$

　　C. $\dfrac{5}{48}(1 - 4^n)$　　　　　　　D. $\dfrac{5}{48}(4^n - 1)$

7. $1 + \dfrac{1}{3} + \dfrac{1}{3^2} + \dfrac{1}{3^3} + \dfrac{1}{3^4} + \cdots + \dfrac{1}{3^{n-1}} = $（　　）.

　　A. $\dfrac{3}{2}(1 - 3^{-n})$　　B. $\dfrac{2}{3}(1 - 3^n)$　　C. $\dfrac{3}{2}(1 - 3^n)$　　D. $\dfrac{2}{3}(1 - 3^{-n})$

8. 在等比数列 $\{a_n\}$ 中，$a_3 = 3$，$a_5 = 12$，则 $q = $（　　）.

　　A. 2　　　　　　B. ± 2　　　　　　C. 4　　　　　　D. ± 4

9. 在等比数列 $\{a_n\}$ 中，满足 $a_n > 0 (n \in \mathbf{N}^*)$，$a_2 = 2$，$a_4 = 8$，则 $q = $（　　）.

　　A. 2　　　　　　B. ± 2　　　　　　C. 4　　　　　　D. ± 4

10. 在等比数列 $\{a_n\}$ 中，$a_3 = 4$，$a_5 = 12$，则 $a_2 a_6 = $（　　）.

　　A. 16　　　　　B. 32　　　　　C. 48　　　　　D. 64

11. 在等比数列 $\{a_n\}$ 中，满足 $a_n > 0 (n \in \mathbf{N}^*)$，且 $a_2 a_8 = 16$，则 $a_5 = $（　　）.

　　A. -4　　　　B. 4　　　　　C. ± 4　　　　D. ± 16

12. 在等比数列 $\{a_n\}$ 中，若 a_1 和 a_9 是方程 $2x^2 - 7x + 2 = 0$ 的两个根，则 $a_4 a_6 = $（　　）.

　　A. 5　　　　　B. $\dfrac{5}{2}$　　　　　C. 2　　　　　D. 1

13. 在等比数列 $\{a_n\}$ 中，满足 $a_n > 0 (n \in \mathbf{N}^*)$，且 $a_6 a_7 = 4$，则 $\log_2 a_5 + \log_2 a_8 = $（　　）.

　　A. -1　　　　B. 1　　　　　C. 2　　　　　D. 4

14. 在等比数列 $\{a_n\}$ 中，若 $a_2 + a_3 = 1$，$a_4 + a_5 = 3$，则 $a_8 + a_9 = $（　　）.

　　A. 3　　　　　B. 9　　　　　C. 27　　　　　D. 81

15. 在等比数列 $\{a_n\}$ 中，若 $a_4 a_5 a_6 = 1$，$a_7 a_8 a_9 = 8$，则 $a_1 a_2 a_3 = $（　　）.

　　A. $\dfrac{1}{8}$　　　　B. 1　　　　　C. 2　　　　　D. 4

16. 已知数列 $\{a_n\}$ 是等比数列，前 n 项和为 $S_n = 5^{n+1} + a$，则 $a = $（　　）.

　　A. -5　　　　B. -11　　　　C. 1　　　　　D. 5

17. 设等比数列 $\{a_n\}$ 的前 n 项和为 $S_n = 4 - \dfrac{1}{4^{n-1}}$，则数列 $\{a_n\}$ 的公比 $q = $（　　）.

　　A. $\dfrac{1}{4}$　　　　B. $\dfrac{1}{3}$　　　　C. 1　　　　　D. 4

18. 已知数列 $\{a_n\}$ 是等差数列，且 $a_1 = 3$，$d = 3$，若 a_1，a_3，a_k 成等比数列，则 $k = $（　　）.

　　A. 5　　　　　B. 6　　　　　C. 8　　　　　D. 9

19. 数列 $a^2 - 1$，3，$a + 1$ 既是等差数列又是等比数列，则 $\dfrac{a^2 - 1}{a + 1} = $（　　）.

　　A. 1　　　　　B. 2　　　　　C. 3　　　　　D. 4

二、填空题

20. 在等比数列 $\{a_n\}$ 中，$a_1 = 2$，$q = 3$，则 $S_n = $＿＿＿＿＿＿.

21. x 是 4 和 9 的等比中项，那么 x 的值是＿＿＿＿＿＿.

22. 在等比数列 $\{a_n\}$ 中，满足 $a_n > 0 (n \in \mathbf{N}^*)$，$a_5$ 和 a_9 是方程 $x^2 + 15x + 9 = 0$ 的两个根，则 $a_7 = $＿＿＿＿＿＿.

23. 在等比数列 $\{a_n\}$ 中，$a_2 + a_3 = 4$，$a_4 + a_5 = 8$，则 $a_6 + a_7 = $＿＿＿＿＿＿.

24. 在等比数列 $\{a_n\}$ 中，$a_2 a_3 a_4 = \dfrac{1}{2}$，$a_5 a_6 a_7 = 2$，则 $a_8 a_9 a_{10} = $＿＿＿＿＿＿.

25. 数列 a^2，4，$a + 2$ 既是等差数列又是等比数列，则 $a = $＿＿＿＿＿＿.

三、解答题

26. 已知数列 $\{a_n\}$ 的前 n 项和 S_n，且满足 $a_1 = 1$，$a_{n+1} = S_n + 1(n \in \mathbf{N}^*)$.

（1）求数列 $\{a_n\}$ 的通项公式.

（2）设 $b_n = \log_{\frac{1}{2}} a_n (n \in \mathbf{N}^*)$，求数列 $\{b_n\}$ 的前 n 项和 T_n.

27. 已知等比数列 $\{a_n\}$ 中，$a_2 = 2$，$a_5 = 128$. 若 $b_n = \log_2 a_n$，数列 $\{b_n\}$ 的前 n 项和为 S_n.

（1）求数列 $\{b_n\}$ 的前 n 项和 S_n.

（2）求不等式 $S_n < 2b_n$ 的解集.

第五章 数列近十年高考真题练习

一、选择题

1.（2014年）已知数列 $\{a_n\}$ 的前 n 项和 $S_n = \dfrac{n}{n+1}$，则 $a_5 = $（   ）.

A. $\dfrac{1}{42}$ B. $\dfrac{1}{30}$ C. $\dfrac{4}{5}$ D. $\dfrac{5}{6}$

2.（2015年）在各项为正数的等比数列 $\{a_n\}$ 中，若 $a_1 \cdot a_4 = \dfrac{1}{3}$，则 $\log_3 a_2 + \log_3 a_3 = $（   ）.

A. -1 B. 1   C. -3 D. 3

3.（2016年）在等比数列 $\{a_n\}$ 中，已知 $a_3 = 7$，$a_6 = 56$，则该等比数列的公比是（   ）.

A. 2   B. 3   C. 4   D. 8

4.（2017年）已知数列 $\{a_n\}$ 为等差数列，且 $a_1=2$，公差 $d=2$，若 a_1，a_2，a_k 成等比数列，则 $k=$（　　）.

  A．4   B．6   C．8   D．10

5.（2018年）$1+\dfrac{1}{2}+\dfrac{1}{2^2}+\dfrac{1}{2^3}+\dfrac{1}{2^4}+\cdots+\dfrac{1}{2^{n-1}}=$（　　）.

  A．$2\left(1-2^n\right)$ B．$2\left(1-2^{-n}\right)$

  C．$2\left(1-2^{1-n}\right)$ D．$2\left(1-2^{n-1}\right)$

6.（2018年）已知数列 $\{a_n\}$ 为等比数列，前 n 项和 $S_n=3^{n+1}+a$，则 $a=$（　　）.

  A．-6 B．-3 C．0   D．3

7.（2019年）若等差数列 $\{a_n\}$ 的前 n 项和 $S_n=n^2+a\left(a\in\mathbf{R}\right)$，则 $a=$（　　）.

  A．-1 B．2   C．1   D．0

8.（2020年）已知等差数列 $\{a_n\}$ 中，$a_1=2$，a_1，a_2，a_4 成等比数列，则数列 $\{a_n\}$ 的公差为（　　）.

  A．2   B．1   C．4   D．-2

9.（2021年）已知数列 $\{a_n\}$ 满足 $a_{n+1}+2a_n=0$，$a_3=1$，则 $a_8=$（　　）.

  A．-32 B．-8 C．8   D．32

10.（2022年）数列 $\{a_n\}$ 满足 $a_1=1,a_n=3a_{n-1}-1(n>1)$，则 $a_4=$（　　）.

  A．2   B．5   C．14   D．41

11.（2023年）数列 $\{a_n\}$ 满足 $a_1=1,a_n=2a_{n-1}+1(n>1)$，则 $a_4=$（　　）.

  A．15   B．13   C．11   D．9

12.（2024年）已知数列 $\{a_n\}$ 满足 $a_{n+1}=3a_n$，$a_1=1$，则 $a_3=$（　　）.

  A．1   B．3   C．6   D．9

二、填空题

13.（2014年）已知等比数列 $\{a_n\}$ 满足 $a_n>0(n\in\mathbf{N}^*)$，且 $a_5a_7=9$，则 $a_6=$ _____.

14.（2015年）若等比数列 $\{a_n\}$ 满足 $a_1=4$，$a_2=20$，则 $\{a_n\}$ 的前 n 项和 $S_n=$ _____.

15.（2016年）已知 $\{a_n\}$ 为等差数列，且 $a_4+a_8+a_{10}=50$，则 $a_2+2a_{10}=$ _____.

16.（2017年）设等比数列 $\{a_n\}$ 的前 n 项和 $S_n=3-\dfrac{1}{3^{n-1}}$，则 $\{a_n\}$ 的公比 $q=$ _____.

17.（2019年）设数列 $x,2,y$ 既是等差数列又是等比数列，则 $\dfrac{y}{x}=$ _____.

18.（2020年）已知数列 $\{a_n\}$ 为等差数列，且 $a_2+a_8=1$，则 $2^{a_3}\cdot2^{a_7}=$ _____.

19.（2021年）已知数列 $\{a_n\}$ 的前 n 项和 $S_n=n(n+1)$，则 $a_{10}=$ _____.

20.（2022年）已知数列 $\{a_n\}$ 的通项公式为 $a_n=\sqrt{n}-\sqrt{n+1}$，则 $\{a_n\}$ 的前 8 项和为 _____.

21.（2023年）在等差数列 $\{a_n\}$ 中，若 $a_1+a_2+a_3+a_4=14$，则 $a_2+a_3=$ _____.

22.（2024年）已知数列 $\{a_n\}$ 满足 $a_{n+1}=2a_n+1$，$a_1=1$，若 $a_n=7$，则 $n=$ _____.

三、解答题

23.（2015 年）在等差数列 $\{a_n\}$ 中，已知 $a_4 = 9$，$a_6 + a_7 = 28$.

（1）求数列 $\{a_n\}$ 的通项公式；

（2）求 $\{a_n\}$ 的前 n 项和 S_n；

（3）若 $b_n = \dfrac{1}{a_n^{\,2} - 1}(n \in \mathbf{N}^*)$，数列 $\{b_n\}$ 的前 n 项和为 T_n，证明：$T_n < \dfrac{1}{4}$.

24.（2016 年）已知数列 $\{a_n\}$ 的前 n 项和 S_n 满足 $a_n + S_n = 1(n \in \mathbf{N}^*)$.

（1）求数列 $\{a_n\}$ 的通项公式；

（2）设 $b_n = \log_2 a_n(n \in \mathbf{N}^*)$，求数列 $\{b_n\}$ 的前 n 项和 T_n.

25.（2017 年）已知数列 $\{a_n\}$ 是等差数列，S_n 是 $\{a_n\}$ 的前 n 项和，若 $a_7 = 16$，$a_{12} = 26$.

（1）求 a_n 和 S_n；

（2）设 $b_n = \dfrac{1}{S_n + 2}$，求数列 $\{b_n\}$ 的前 n 项和 T_n.

26.（2018 年）已知数列 $\{a_n\}$ 是等差数列，$a_1 + a_2 + a_3 = 6$，$a_5 + a_6 = 25$．

（1）求 $\{a_n\}$ 的通项公式；

（2）若 $b_n = a_{2_n}$，求数列 $\{b_n\}$ 的前 n 项和 T_n．

27.（2019 年）已知 S_n 为等差数列 $\{a_n\}$ 的前 n 项和，且 $S_5 = 35$，$S_8 = 104$．

（1）求数列 $\{a_n\}$ 的通项公式；

（2）若数列 $\{b_n\}$ 为等比数列，且 $b_1 = a_2$，$b_2 = a_3 + 2$，求公比 q 及数列 $\{b_n\}$ 的前 n 项和 T_n．

28.（2020 年）已知等差数列 $\{a_n\}$ 中，$a_1 = -2$，$a_{12} = 20$．

（1）求数列 $\{a_n\}$ 的通项公式 a_n；

（2）令 $b_n = \dfrac{a_1 + a_2 + a_3 + \cdots + a_n}{n}$，求数列 $\{3^{b_n}\}$ 的前 n 项和 T_n．

29.（2021 年）已知等差数列 $\{a_n\}$ 中，$a_1 = 2$，其前 3 项和 $S_3 = 18$，数列 $\{b_n\}$ 是等比数列，且 $b_1 = a_3$，$b_2 = a_8$．

（1）求数列 $\{a_n\}$ 的通项公式 a_n 及其前 n 项和 S_n；

（2）求数列 $\{b_n\}$ 的前 n 项和 T_n．

30．（2022年）已知等差数列$\{a_n\}$满足$a_1 + a_2 + a_3 = 9$，$a_1 \cdot a_2 = 6$.

（1）求数列$\{a_n\}$的通项公式；

（2）设$b_n = \dfrac{3^{a_n}}{6^{n+1}}$，求数列$\{b_n\}$的前$n$项和$S_n$.

31．（2023年）已知等差数列$\{a_n\}$满足$a_1 = 1$，$a_2 + a_4 = 10$.

（1）求数列$\{a_n\}$的通项公式；

（2）设$b_n = \dfrac{a_n + 1}{2}$，求数列$\{b_n\}$的前10项和.

32．（2024年）在各项为正数的等比数列$\{a_n\}$中，$a_1 = \dfrac{1}{2}$，$a_3 = \dfrac{1}{8}$.

（1）求a_5；

（2）若$b_n = \dfrac{1}{a_n}$，求数列$\{b_n\}$的前n项和.

第六章 ◀

三 角 函 数

考试内容

1. 角的概念的推广及其度量、弧度制；任意角的三角函数值.
2. 同角三角函数的基本关系式；正弦、余弦、正切的诱导公式.
3. 和角公式与倍角公式.
4. 正弦函数、余弦函数、正切函数的图像与性质.
5. 正弦定理、余弦定理及其应用.

考试要求

1. 理解正角、负角、零角的概念，理解弧度制的意义，能进行角度与弧度的换算.
2. 理解任意角的正弦、余弦、正切的定义.
3. 掌握三角函数值的符号，掌握特殊角的正弦、余弦、正切的值；理解同角三角函数的基本关系式，$\sin^2\alpha + \cos^2\alpha = 1$，$\dfrac{\sin\alpha}{\cos\alpha} = \tan\alpha$ 和正弦、余弦的诱导公式，能由已知三角函数值求指定区间内的角的大小.
4. 掌握两角和的正弦、余弦公式；了解两角和的正切公式；了解二倍角的正弦、余弦、正切公式.
5. 能正确运用三角公式进行简单三角函数式的化简、求值.
6. 掌握正弦函数的图像和性质，了解函数的周期性和最小正周期的意义；了解余弦函数的图像和性质.
7. 理解正弦定理和余弦定理，会解斜三角形的简单应用题.

近四年分值占比

年份/年	2021	2022	2023	2024
分值/分	22	27	27	27
分值占比	14.7%	18%	18%	18%

近四年考点对比

年份/年	2021	2022	2023	2024
考点对比	倍角公式、正弦函数的图像与性质、同角三角函数的基本关系式、正弦定理、余弦定理、诱导公式	任意角三角函数、同角三角函数的基本关系式、诱导公式、和角公式、倍角公式、正弦函数的图像与性质、正弦定理	特殊角三角函数，同角三角函数的基本关系式、和角公式、正弦函数的图像与性质、正弦定理、余弦定理	特殊角三角函数值、同角三角函数的基本关系式、正弦定理、余弦定理

思维导图

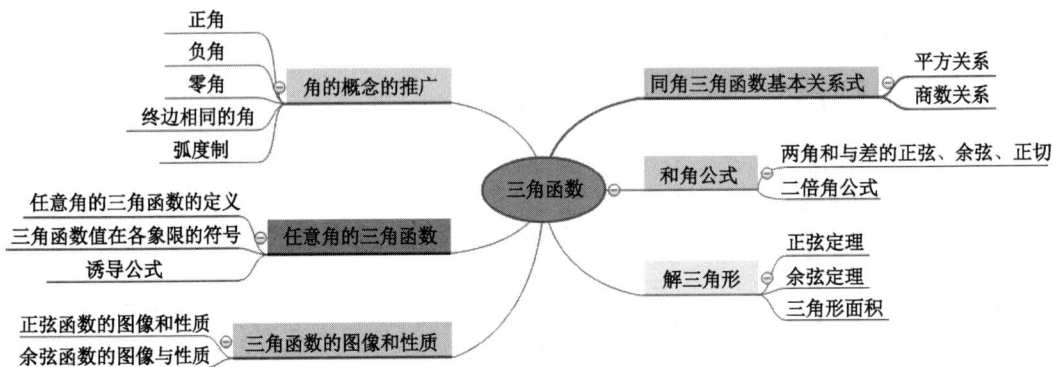

参考课时

20 课时

§6.1 角的概念推广

复习要求

1. 了解正角、负角、零角的概念.
2. 理解象限角和终边相同的角的概念，会写出终边相同的角的集合.
3. 会判断所给角的象限.

知识要点

1. 角的概念

一条射线 OA 绕着它的端点 O，旋转到另一位置 OB 而形成的图形，叫作角. OA 叫作角的始边，*OB* 叫作角的终边．

2．正角、负角、零角

规定：一条射线按逆时针方向旋转所形成的角叫作正角，按顺时针方向旋转所形成的角叫作负角，当射线没有做任何旋转时，也认为形成了一个角，此角为零角．

3．终边相同的角

具有共同的始边与终边的角，叫作终边相同的角．其差值必定是 $360°$ 的整数倍，所以对于给定的角，所有与角有相同终边的角，有无穷多个，可用一个集合来表示．

与角 α 终边相同的角的集合可写成为 $\beta = \{\beta \mid \beta = \alpha + k \cdot 360°, k \in \mathbf{Z}\}$．

4．象限角与轴线角的概念

把角的顶点与原点重合，角的始边在 x 轴的正半轴上，当角的终边落在第几象限时，就称该角为第几象限角．例如：$30°$ 角为第一象限角，$130°$ 角为第二象限角，$330°$ 角为第四象限角．

【说明】要注意"锐角""$0°$ 到 $90°$ 的角""小于 $90°$ 的角"的区别；"象限角""轴线角"的表示方法．

（1）"锐角"表示为 $\{\alpha \mid 0° < \alpha < 90°\}$，"$0°$ 到 $90°$ 的角"表示为 $\{\alpha \mid 0° \leqslant \alpha < 90°\}$，"小于 $90°$ 的角"表示为 $\{\alpha \mid \alpha < 90°\}$．

（2）"象限角"：

第一象限角：$\{\alpha \mid k \cdot 360° < \alpha < k \cdot 360° + 90°, k \in \mathbf{Z}\}$

第二象限角：$\{\alpha \mid k \cdot 360° + 90° < \alpha < k \cdot 360° + 180°, k \in \mathbf{Z}\}$

第三象限角：$\{\alpha \mid k \cdot 360° + 180° < \alpha < k \cdot 360° + 270°, k \in \mathbf{Z}\}$

第四象限角：$\{\alpha \mid k \cdot 360° + 270° < \alpha < k \cdot 360° + 360°, k \in \mathbf{Z}\}$

（3）"轴线角"即终边在坐标轴上的角：

终边在 x 轴上的角表示为 $\{\alpha \mid \alpha = k \cdot 180°, k \in \mathbf{Z}\}$．

终边在 y 轴上的角表示为 $\{\alpha \mid \alpha = k \cdot 180° + 90°, k \in \mathbf{Z}\}$．

终边在坐标轴上的角表示为 $\{\alpha \mid \alpha = k \cdot 90°, k \in \mathbf{Z}\}$．

例题解析

【例1】下列各命题正确的是（　　）．

  A．终边相同的角一定相等　　　　B．第一象限的角都是锐角

  C．锐角都是第一象限的角　　　　D．小于 $90°$ 的角都是锐角

参考答案：C．

评析：锐角是集合 $\{\alpha \mid 0° < \alpha < 90°\}$ 中的角，可以看出锐角在第一象限，

【例2】在 $0° \sim 360°$ 范围内，找出与下列各角终边相同的角，并分别判断各角是哪个象限的角．

  （1）$-120°$　　　　（2）$1563°$

解：（1）∵ $-120° = 240° - 360°$，

∴ $-120°$ 与 $240°$ 的角终边相同，它是第三象限的角.

（2）∵ $1563° = 123° + 4 \times 360°$

∴ $123°$ 与 $1563°$ 的角终边相同，它是第二象限的角.

评析：由于 $0° \sim 360°$ 之间的角的象限容易确定，故确定任意角的象限一般是找在 $0° \sim 360°$ 之间与已知角终边相同的角，即将所给角 x 写成 $x = \alpha + k \cdot 360° (0° \leqslant x < 360°, k \in \mathbf{Z})$ 的形式，可用带余除法完成，如确定 $1563°$ 的象限.

$$\begin{array}{r} 4 \\ 360° \overline{)1563°} \\ 1440° \\ \hline 123° \end{array}$$

故 $1563° = 123° + 4 \times 360°$，即 $123°$ 与 $1563°$ 的角终边相同，$1563°$ 角是第二象限的角.

同步练习题

一、选择题

1. 下列说法中，正确的是（　　）.

    A．第二象限角一定是钝角   B．钝角一定是第二象限角

    C．第一象限角一定是正角   D．第四象限角一定是负角

2. $-690°$ 角是（　　）.

    A．第一象限角   B．第二象限角

    C．第三象限角   D．第四象限角

3. $180° + k \cdot 360° (k \in \mathbf{Z})$ 表示（　　）.

    A．第二象限角   B．第三象限角

    C．第四象限角   D．界限角

4. 下列各对角中，终边相同的是（　　）.

    A．$180°$ 与 $90°$ B．$153°$ 与 $207°$ C．$36°$ 与 $396°$ D．$81°$ 与 $261°$

5. 与角 $-330°$ 终边相同的角是（　　）.

    A．$s = \{\alpha \mid \alpha = 30° + k \cdot 180°, k \in \mathbf{Z}\}$

    B．$s = \{\alpha \mid \alpha = -30° + k \cdot 360°, k \in \mathbf{Z}\}$

    C．$s = \{\alpha \mid \alpha = 30° + k \cdot 360°, k \in \mathbf{Z}\}$

    D．$s = \{\alpha \mid \alpha = 30° + 2k \cdot 360°, k \in \mathbf{Z}\}$

6. 终边在 y 轴正半轴上的角的集合是（　　）.

    A．$\{\alpha \mid \alpha = k \cdot 180°, k \in \mathbf{Z}\}$ B．$\{\alpha \mid \alpha = 90° + k \cdot 360°, k \in \mathbf{Z}\}$

    C．$\{\alpha \mid \alpha = k \cdot 360°, k \in \mathbf{Z}\}$ D．$\{\alpha \mid \alpha = (k+1) \cdot 180°, k \in \mathbf{Z}\}$

7. 在直角坐标系中，角 α 与角 $\alpha + 180°$ 的终边（　　）.

    A．一定关于 x 轴对称   B．一定关于 y 轴对称

    C．一定关于原点对称   D．对称关系随 α 大小确定

二、填空题

8．分针每分钟转过_____度；经过两小时，时针转了_____度．

9．与 –30° 的终边相同的角的集合是_____．

10．在 0°～360° 范围内，与 –510° 终边相同的角是_____，它是第_____象限角．

11．2321° 角所在的象限为_____．

12．第二象限的角的集合是_____．

三、解答题

13．在直角坐标系中画出下列各角，并指出它们属于哪个象限．

（1）780°．　　（2）–220°55′．　　（3）1330°．

§6.2　弧度制

复习要求

1．了解弧度制的意义．

2．能熟练进行角度制与弧度制的换算．

3．掌握弧长公式和扇形的面积公式．

知识要点

1．弧度制

（1）角度制：圆周角的 $\dfrac{1}{360}$ 叫作 1 度的角，记为 1°．

（2）弧度制：长度等于半径长的圆弧所对的圆心角叫作 1 弧度的角，记为 1 弧度（或 1rad），以"弧度"作为单位来度量角的制度叫作弧度制．

【说明】① 弧度可简记为符号：rad．

② 弧度（rad）也可省略不写，如 $\alpha = 2$ ，表示 $\alpha = 2$ rad .

③ 同一个表达式中，度与弧度一般不同时出现.

（3）角度制与弧度制的换算.

圆周角 $= 360° = 2\pi$ 弧度，平角 $= 180° = \pi$ 弧度.

$1° = \dfrac{\pi}{180} \approx 0.017453$ 弧度，1 弧度 $= \left(\dfrac{180}{\pi}\right)° \approx 57°18'$.

（4）在掌握角度制与弧度制换算的基础上，熟记一些特殊角的角度与弧度的互化对应表：

度	0°	30°	45°	60°	90°	120°	135°	150°	180°	210°	240°	270°	360°
弧　度	0	$\dfrac{\pi}{6}$	$\dfrac{\pi}{4}$	$\dfrac{\pi}{3}$	$\dfrac{\pi}{2}$	$\dfrac{2\pi}{3}$	$\dfrac{3\pi}{4}$	$\dfrac{5\pi}{6}$	π	$\dfrac{7\pi}{6}$	$\dfrac{4\pi}{3}$	$\dfrac{3\pi}{2}$	2π

（5）扇形的弧长公式：$l = |\alpha| \cdot r$ （ α 为弧度数）.

（6）扇形的面积公式：$S_{扇形} = \dfrac{1}{2} lr = \dfrac{1}{2} |\alpha| \cdot r^2$（ α 为弧度数）.

例题解析

【例1】 将下列各角由角度转化为弧度.

（1）60° .（2）-45° .（3）36° .（4）-100° .

解：（1）$60° = 60 \times \dfrac{\pi}{180} = \dfrac{\pi}{3}$.

（2）$-45° = -45 \times \dfrac{\pi}{180} = -\dfrac{\pi}{4}$.

（3）$36° = 36 \times \dfrac{\pi}{180} = \dfrac{\pi}{5}$.

（4）$-100° = -100 \times \dfrac{\pi}{180} = -\dfrac{5\pi}{9}$.

评析： 角度 α 转化为弧度时，角度 α 乘 $\dfrac{\pi}{180}$ 得到弧度，弧度的单位 rad 可以省略不写.

【例2】 将下列各角由弧度转化为角度.

（1）$\dfrac{5\pi}{4}$.（2）$-\dfrac{3\pi}{5}$.（3）$\dfrac{26\pi}{3}$.（4）$-\dfrac{17\pi}{4}$.

解：（1）$\dfrac{5\pi}{4} = \dfrac{5\pi}{4} \times \left(\dfrac{180}{\pi}\right)° = 225°$.

（2）$-\dfrac{3\pi}{5} = -\dfrac{3\pi}{5} \times \left(\dfrac{180}{\pi}\right)° = -108°$.

（3）$\dfrac{26\pi}{3} = \dfrac{26\pi}{3} \times \left(\dfrac{180}{\pi}\right)° = 1560°$.

（4）$-\dfrac{17\pi}{4} = -\dfrac{17\pi}{4} \times \left(\dfrac{180}{\pi}\right)° = -765°$.

评析：弧度转化为角度时，弧度乘 $\left(\dfrac{180}{\pi}\right)^{\circ}$ 得到弧度．

【例3】角 $\dfrac{31\pi}{4}$ 是第（ ）象限角．

A．一　　　　　B．二　　　　　C．三　　　　　D．四

解：答案选 D．

因为 $\dfrac{31\pi}{4}=6\pi+\dfrac{7\pi}{4}$，$\dfrac{7\pi}{4}$ 为第四象限角，

所以 $\dfrac{31\pi}{4}$ 也是第四象限角．

评析：判断角 α 是第几象限角，需将角 α 写成 $\alpha=\beta+2k\pi$（其中 $k\in \mathbf{Z}$，$0\leqslant\beta<2\pi$）的形式，那么 β 所在的象限即为角 α 所在的象限．

【例4】已知扇形的圆心角为 150°，半径为 $24\,\mathrm{cm}$，则扇形的弧长、面积各为多少？（结果保留 π）

解：圆心角 $\alpha=150^{\circ}=\dfrac{5\pi}{6}$，

由弧长公式得 $l=|\alpha|\cdot r=\dfrac{5\pi}{6}\cdot 24=20\pi\,\mathrm{cm}$，

由扇形面积公式得 $S=\dfrac{1}{2}lr=\dfrac{1}{2}\cdot 20\pi\cdot 24=240\pi\,\mathrm{cm}^2$．

答：扇形的弧长、面积分别为 $20\pi\,\mathrm{cm}$ 和 $240\pi\,\mathrm{cm}^2$．

评析：看清角的度量制，选用相应的公式，求出扇形的弧长和面积．

同步练习题

一、选择题

1. 将 $67^{\circ}30'$ 化为弧度是（ ）．

A．$\dfrac{3\pi}{8}$　　　　　B．$\dfrac{4\pi}{8}$　　　　　C．$\dfrac{5\pi}{8}$　　　　　D．$\dfrac{3\pi}{4}$

2. 将 $-\dfrac{2\pi}{5}$ 弧度化为度是（ ）．

A．72°　　　　　B．-450°　　　　　C．-72°　　　　　D．-78°

3. 第一象限角的集合可以表示为（ ）．

A．$\left\{\alpha\left|0^{\circ}<\alpha<\dfrac{\pi}{2}\right.\right\}$　　　　　B．$\left\{x\left|0^{\circ}\leqslant\alpha\leqslant 90^{\circ}\right.\right\}$

C．$\left\{\alpha\left|\alpha<90^{\circ}\right.\right\}$　　　　　D．$\left\{\alpha\left|2k\pi<\alpha<2k\pi+\dfrac{\pi}{2},\ k\in\mathbf{Z}\right.\right\}$

4. $-\dfrac{13\pi}{6}$ 是第（ ）象限的角．

A．一　　　　　B．二　　　　　C．三　　　　　D．四

5．钝角的集合可以表示为（　　　）．

A．$\left[0, \dfrac{\pi}{2}\right]$　　　　B．$\left(0, \dfrac{\pi}{2}\right)$　　　　C．$\left[\dfrac{\pi}{2}, \pi\right]$　　　　D．$\left(\dfrac{\pi}{2}, \pi\right)$

6．将分针拨慢 15 分钟，则分针转过的度数、弧度数分别是（　　　）．

A．$60°, \dfrac{\pi}{2}$　　　B．$90°, \dfrac{\pi}{2}$　　　C．$180°, \pi$　　　D．$90°, \pi$

7．如果角 α 是第三象限角，则 $\dfrac{3\pi}{2} - \alpha$ 在（　　　）．

A．第一象限　　　B．第二象限　　　C．第三象限　　　D．第四象限

8．设圆的半径为 r，则弧长为 $\dfrac{1}{4}r$ 的圆弧所对的圆心角为（　　　）．

A．$\dfrac{55°}{\pi}$　　　B．$55°$　　　C．$\dfrac{45°}{\pi}$　　　D．$45°$

9．若扇形的半径为 10 cm，圆心角为 45°，则扇形的弧长 l 为（　　　）．

A．$\dfrac{5\pi}{2}$　　　B．5π　　　C．$\dfrac{2\pi}{5}$　　　D．2π

二、填空题

10．$-900° = $ _____ 弧度．

11．$\dfrac{10\pi}{3} = $ _____ 度．

12．与 $-\dfrac{\pi}{6}$ 的终边相同的角的集合是 _____．

13．已知扇形的半径长为 3 cm，面积为 9 cm²，则这个扇形的圆心角的弧度数是 _____．

三、解答题

14．将下列各角由角度转化为弧度．

（1）37.5°．（2）−105°．（3）540°．（4）−1230°．

15．将下列各角由弧度转化为角度．

（1）$\dfrac{7\pi}{4}$．（2）$-\dfrac{4\pi}{3}$．（3）$\dfrac{40\pi}{6}$．（4）-6π．

16. 写出与角 $\dfrac{5\pi}{6}$ 终边相同的角的集合，并判断其所在象限.

17. 已知 $\beta = 900°$.

（1）把 β 写成 $\alpha + 2k\pi$，$k \in \mathbf{Z}$，$\alpha \in [0, 2\pi)$ 的形式.

（2）求 θ，使 θ 与 β 的终边相同，且 $\theta \in (-2\pi, 0]$.

18. 某种蒸汽机上的飞轮直径为 1.2 m，每分钟按逆时针方向旋转 300 转，求：

（1）飞轮每分钟转过的弧度数.

（2）飞轮圆周上的一点每秒钟经过的弧长.

§6.3 任意角的三角函数

1. 掌握任意角的三角函数的定义.
2. 掌握三角函数在各象限的符号.
3. 树立映射观点，正确理解三角函数是以角为自变量的函数.

▮ 知识要点

1. 任意角的三角函数的定义

定义：在平面直角坐标系中，设 $P(x, y)$ 是角 α 终边上任一点，且该点到原点的距离为 r ，如图 6-3-1 所示，则：$r = \sqrt{x^2 + y^2} > 0$. $\sin \alpha = \dfrac{y}{r}$，$\cos \alpha = \dfrac{x}{r}$，$\tan \alpha = \dfrac{y}{x}$，分别叫作角 α 的正弦、余弦、正切.

【说明】

（1）三角函数是以角为自变量，"比值"为函数值的函数.

（2）三角函数值只与角的大小有关，与点 P 在终边上的位置无关.

（3）角是"任意角"，即凡是终边相同的角的三角函数值相等.

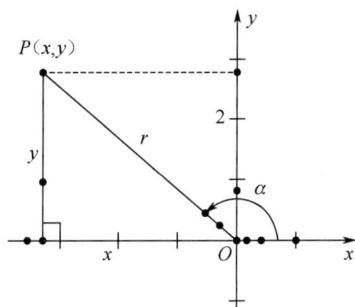

图 6-3-1

2. 三角函数的定义域

三 角 函 数	定 义 域
$\sin \alpha$	**R**
$\cos \alpha$	**R**
$\tan \alpha$	$\left\{ \alpha \mid \alpha \neq \dfrac{\pi}{2} + k\pi,\ k \in \mathbf{Z} \right\}$

3. 三角函数在各象限的符号

口诀：一全正，二正弦，三正切，四余弦. 如图 6-3-2 所示.

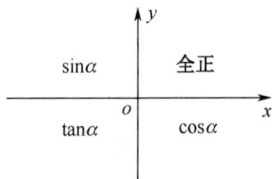

图 6-3-2

4．特殊角的三角函数值

	角度	0°	30°	45°	60°	90°	120°	135°	150°	180°	270°	360°
α	弧度	0	$\dfrac{\pi}{6}$	$\dfrac{\pi}{4}$	$\dfrac{\pi}{3}$	$\dfrac{\pi}{2}$	$\dfrac{2\pi}{3}$	$\dfrac{3\pi}{4}$	$\dfrac{5\pi}{6}$	π	$\dfrac{3\pi}{2}$	2π
三角函数值	$\sin\alpha$	0	$\dfrac{1}{2}$	$\dfrac{\sqrt{2}}{2}$	$\dfrac{\sqrt{3}}{2}$	1	$\dfrac{\sqrt{3}}{2}$	$\dfrac{\sqrt{2}}{2}$	$\dfrac{1}{2}$	0	−1	0
	$\cos\alpha$	1	$\dfrac{\sqrt{3}}{2}$	$\dfrac{\sqrt{2}}{2}$	$\dfrac{1}{2}$	0	$-\dfrac{1}{2}$	$-\dfrac{\sqrt{2}}{2}$	$-\dfrac{\sqrt{3}}{2}$	−1	0	1
	$\tan\alpha$	0	$\dfrac{\sqrt{3}}{3}$	1	$\sqrt{3}$	/	$-\sqrt{3}$	−1	$-\dfrac{\sqrt{3}}{3}$	0	/	0

例题解析

【例1】已知角 α 终边上一点 $P(12, 5)$，求角 α 的正弦、余弦、正切值.

解：$\because r = |OP| = \sqrt{12^2 + 5^2} = 13$，

$\therefore \sin\alpha = \dfrac{y}{r} = \dfrac{5}{13}$，$\cos\alpha = \dfrac{x}{r} = \dfrac{12}{13}$，$\tan\alpha = \dfrac{y}{x} = \dfrac{5}{12}$.

评析：求出 $r = |OP|$，由三角函数定义可求出函数值.

【例2】如果 $\sin\alpha < 0$ 且 $\cos\alpha > 0$，则 α 是第_____象限的角.

解：$\because \sin\alpha < 0$，$\therefore \alpha$ 是第三或者第四象限的角或终边落在 y 轴负半轴的角，

$\because \cos\alpha > 0$，$\therefore \alpha$ 是第一或者第四象限的角或终边落在 x 轴正半轴的角.

$\therefore \alpha$ 是第四象限的角.

评析：第一步分别判断三角函数值的正负号，确定角所在象限，第二步找出角所在的共同象限，即确定答案.

【例3】已知 $\alpha = 45°$，$\beta = 30°$，则 $\dfrac{1}{\cos\beta - \sin\alpha}$ 的值为_____.

解：$\because \alpha = 45°$，$\beta = 30°$，

$\therefore \dfrac{1}{\cos\beta - \sin\alpha} = \dfrac{1}{\cos 30° - \sin 45°}$

$= \dfrac{1}{\dfrac{\sqrt{3}}{2} - \dfrac{\sqrt{2}}{2}} = \dfrac{2}{\sqrt{3} - \sqrt{2}} = \dfrac{2(\sqrt{3} + \sqrt{2})}{(\sqrt{3} - \sqrt{2})(\sqrt{3} + \sqrt{2})} = 2(\sqrt{3} + \sqrt{2})$.

评析：特殊角的三角函数值，注意分母有理化.

同步练习题

一、选择题

1．已知角 α 终边经过点 $P(3, -4)$，则 $\cos\alpha = $（　　　）.

A．$\dfrac{3}{5}$ 　　　　　　B．$-\dfrac{3}{5}$ 　　　　　　C．$\dfrac{4}{5}$ 　　　　　　D．$-\dfrac{4}{5}$

2. 如果 $\sin\alpha<0$ 且 $\cos\alpha<0$，则 α 是第（   ）象限角.

    A. 一   B. 二

    C. 三   D. 四

3. 如果 $\sin\alpha\cdot\tan\alpha>0$，则 α 是第（   ）象限角.

    A. 一、三   B. 二、四

    C. 二、三   D. 一、四

4. 若 $P(x,2)$ 是角 α 终边上一点，且 $\sin\alpha=\dfrac{2}{3}$，则 x 的值一定是（   ）.

    A. 5   B. $\sqrt{5}$ C. $-\sqrt{5}$ D. $\pm\sqrt{5}$

5. 计算 $\sin 60°\tan 60°-\tan 45°\cos 90°+\tan 30°\cos 30°=$（   ）.

    A. 1   B. -1 C. 3   D. 2

6. 设 $0\leqslant\theta\leqslant 2\pi$，如果 $\sin\theta<0$，且 $\cos\theta<0$，那么 θ 的取值范围是（   ）.

    A. $\dfrac{\pi}{2}<\theta<\pi$ B. $\dfrac{\pi}{2}\leqslant\theta\leqslant\pi$

    C. $\pi<\theta<\dfrac{3\pi}{2}$ D. $\pi\leqslant\theta\leqslant\dfrac{3\pi}{2}$

7. 已知 $P(-1,2)$ 是角 α 终边上一点，在下列等式中，正确的是（   ）.

    A. $\sin\alpha=-\dfrac{1}{\sqrt{5}}$ B. $\sin\alpha=\dfrac{2}{\sqrt{5}}$

    C. $\cos\alpha=-\dfrac{2}{\sqrt{5}}$ D. $\cos\alpha=\dfrac{1}{\sqrt{5}}$

8. 已知角 θ 的顶点为坐标原点，始边为 x 轴的正半轴，若 $P(3,4)$ 是角 θ 终边上的一点，则 $\tan\theta=$（   ）.

    A. $\dfrac{3}{5}$ B. $\dfrac{4}{5}$

    C. $\dfrac{4}{3}$ D. $\dfrac{3}{4}$

9. 已知角 θ 终边上一点为 $(2a,3a)(a<0)$，则 $\cos\theta=$（   ）.

    A. $\dfrac{\sqrt{3}}{13}$ B. $\dfrac{2\sqrt{3}}{13}$

    C. $-\dfrac{3\sqrt{3}}{13}$ D. $-\dfrac{2\sqrt{13}}{13}$

二、填空题

10. 若 $\sin\theta=\dfrac{4}{5}$，$\tan\theta>0$，则 $\cos\theta=$ _____.

11. 已知 θ 是第二象限角，若 $\sin\theta=\dfrac{3}{5}$，则 $\cos\theta$ 的值是 _____.

12. 计算：$4\sin\dfrac{3\pi}{2}+3\cos 0-2\tan\pi=$ _____.

三、解答题

13. 若 $P(-3, -4)$ 是角 α 终边上一点，求 $\sin\alpha, \cos\alpha, \tan\alpha$.

14. 若 $P(x, 6)$ 是角 α 终边上一点，且 $\sin\alpha = \dfrac{3}{5}$，求 x 的值.

15. 已知角 α 的终边经过点 $P(-3m, 4m)$，且 $m > 0$，求 $2\sin\alpha + 3\cos\alpha$ 的值.

§6.4 同角三角函数的基本关系式

复习要求

1. 掌握同角三角函数的基本关系式.
2. 能利用基本关系式进行求值、化简、证明.

知识要点

1. 同角的三角函数基本关系式

（1）平方关系：$\sin^2\alpha + \cos^2\alpha = 1$.

（2）商数关系：$\tan\alpha = \dfrac{\sin\alpha}{\cos\alpha}$.

注："同角"是三角函数关系式应用的前提，同角与角的表达形式无关.

如：$\sin^2\dfrac{\alpha}{2} + \cos^2\dfrac{\alpha}{2} = 1$. $\qquad$ $\sin^2 2\alpha + \cos^2 2\alpha = 1$.

$\sin^2(\alpha+\beta) + \cos^2(\alpha+\beta) = 1$. $\qquad$ $\tan 2\alpha = \dfrac{\sin 2\alpha}{\cos 2\alpha}$.

2. 平方关系的变式表达

$\sin^2\alpha + \cos^2\alpha = 1 \Rightarrow \sin^2\alpha = 1 - \cos^2\alpha \Rightarrow \sin\alpha = \pm\sqrt{1 - \cos^2\alpha}$

$\sin^2\alpha + \cos^2\alpha = 1 \Rightarrow \cos^2\alpha = 1 - \sin^2\alpha \Rightarrow \cos\alpha = \pm\sqrt{1 - \sin^2\alpha}$

注：开方时要注意正、负号的选取（选取依据是角所在的象限位置）

例题解析

【例1】已知 $\sin\alpha = \dfrac{4}{5}$，且 α 为第二象限角，求 $\cos\alpha$，$\tan\alpha$ 的值.

解：由 $\sin^2\alpha + \cos^2\alpha = 1$ 得 $\cos\alpha = \pm\sqrt{1 - \sin^2\alpha}$.

$\because \alpha$ 为第二象限角，$\therefore \cos\alpha < 0$，

$\therefore \cos\alpha = -\sqrt{1 - \left(\dfrac{4}{5}\right)^2} = -\dfrac{3}{5}$，$\tan\alpha = \dfrac{\sin\alpha}{\cos\alpha} = \dfrac{\dfrac{4}{5}}{-\dfrac{3}{5}} = -\dfrac{4}{3}$.

评析：先用平方关系式求出 $\cos\alpha$，再用商数关系求出 $\tan\alpha$.

【例2】已知 $\tan\alpha = \dfrac{4}{3}$，且 $\alpha \in \left(\pi, \dfrac{3\pi}{2}\right)$，求 $\sin\alpha, \cos\alpha$ 的值.

解：方法一： 由同角三角函数的基本关系式联立方程组

由 $\begin{cases} \sin^2\alpha + \cos^2\alpha = 1 \\ \tan\alpha = \dfrac{\sin\alpha}{\cos\alpha} = \dfrac{4}{3} \end{cases}$ 得 $\begin{cases} \sin^2\alpha + \cos^2\alpha = 1 \\ \sin\alpha = \dfrac{4}{3}\cos\alpha \end{cases}$，

将 $\sin\alpha = \dfrac{4}{3}\cos\alpha$ 代入 $\sin^2\alpha + \cos^2\alpha = 1$ 得

$\cos^2\alpha = \dfrac{9}{25}$，$\cos\alpha = \pm\dfrac{3}{5}$，

$\because \alpha \in \left(\pi, \dfrac{3\pi}{2}\right)$ 即 α 为第三象限的角，

$\therefore \cos\alpha = -\dfrac{3}{5}$，

$\therefore \sin\alpha = \dfrac{4}{3}\cos\alpha = \dfrac{4}{3} \times \left(-\dfrac{3}{5}\right) = -\dfrac{4}{5}$.

方法二： 在角 α 的终边上取一点，利用任意角三角函数定义求解.

$\because \tan\alpha = \dfrac{4}{3}$，且 $\alpha \in \left(\pi, \dfrac{3\pi}{2}\right)$，即 α 为第三象限的角，

$\therefore$ 在角 α 的终边上取一点 $P(-3a, -4a)$，且 $a > 0$，

则 $r = \sqrt{(-3a)^2 + (-4a)^2} = 5a$，

$\therefore \cos\alpha = \dfrac{x}{r} = \dfrac{-3a}{5a} = -\dfrac{3}{5}$，

$\sin\alpha = \dfrac{y}{r} = \dfrac{-4a}{5a} = -\dfrac{4}{5}$.

评析： 方法一：利用同角三角函数的基本关系求解.

方法二：在角 α 的终边上取一点，利用任意角的三角函数定义求解，此方法计算量少，能快速得出正确答案.

【例3】已知 $\tan\alpha = 3$，求（1）$\dfrac{4\sin\alpha - 3\cos\alpha}{5\sin\alpha + 3\cos\alpha}$，（2）$3\sin^2\alpha + \sin\alpha\cos\alpha - 5\cos^2\alpha$.

解：（1）解法一： $\because \tan\alpha = 3$，$\therefore \cos\alpha \neq 0$，

$\therefore \dfrac{4\sin\alpha - 3\cos\alpha}{5\sin\alpha + 3\cos\alpha} = \dfrac{4\dfrac{\sin\alpha}{\cos\alpha} - 3\dfrac{\cos\alpha}{\cos\alpha}}{5\dfrac{\sin\alpha}{\cos\alpha} + 3\dfrac{\cos\alpha}{\cos\alpha}} = \dfrac{4\tan\alpha - 3}{5\tan\alpha + 3} = \dfrac{9}{18} = \dfrac{1}{2}$.

解法二： $\because \tan\alpha = 3$，$\therefore \sin\alpha = 3\cos\alpha$，

$\therefore \dfrac{4\sin\alpha - 3\cos\alpha}{5\sin\alpha + 3\cos\alpha} = \dfrac{12\cos\alpha - 3\cos\alpha}{15\cos\alpha + 3\cos\alpha} = \dfrac{9\cos\alpha}{18\cos\alpha} = \dfrac{1}{2}$.

（2）$3\sin^2\alpha + \sin\alpha\cos\alpha - 5\cos^2\alpha = \dfrac{3\sin^2\alpha + \sin\alpha\cos\alpha - 5\cos^2\alpha}{1}$

$= \dfrac{3\sin^2\alpha + \sin\alpha\cos\alpha - 5\cos^2\alpha}{\sin^2\alpha + \cos^2\alpha}$

$= \dfrac{3\dfrac{\sin^2\alpha}{\cos^2\alpha} + \dfrac{\sin\alpha\cos\alpha}{\cos^2\alpha} - \dfrac{5\cos^2\alpha}{\cos^2\alpha}}{\dfrac{\sin^2\alpha}{\cos^2\alpha} + \dfrac{\cos^2\alpha}{\cos^2\alpha}}$

$= \dfrac{3\tan^2\alpha + \tan\alpha - 5}{\tan^2\alpha + 1}$

$= \dfrac{3\times 3^2 + 3 - 5}{3^2 + 1}$

$= \dfrac{25}{10} = \dfrac{5}{2}.$

【例4】 已知 $\sin\alpha + \cos\alpha = \dfrac{1}{3}$，求 $\sin\alpha\cdot\cos\alpha$ 的值.

解： 由 $\sin\alpha + \cos\alpha = \dfrac{1}{3}$，等式两边平方得 $(\sin\alpha + \cos\alpha)^2 = \left(\dfrac{1}{3}\right)^2$.

展开得 $\sin^2\alpha + 2\sin\alpha\cdot\cos\alpha + \cos^2\alpha = \dfrac{1}{9}$，

$\sin^2\alpha + \cos^2\alpha + 2\sin\alpha\cdot\cos\alpha = \dfrac{1}{9}$，

$1 + 2\sin\alpha\cdot\cos\alpha = \dfrac{1}{9}$，

$2\sin\alpha\cdot\cos\alpha = \dfrac{1}{9} - 1$，

$\therefore \sin\alpha\cdot\cos\alpha = -\dfrac{4}{9}.$

评析： 本题主要考查的是同角三角函数的平方关系的灵活运用. 已知条件涉及的是 $\sin\alpha + \cos\alpha$，而问题涉及的是 $\sin\alpha\cdot\cos\alpha$，可用完全平方公式把两者联系起来.

【例5】 化简 $\sqrt{1 + 2\sin\alpha\cos\alpha}$，$\alpha\in\left(0, \dfrac{\pi}{2}\right)$.

解： 原式 $= \sqrt{\sin^2\alpha + \cos^2\alpha + 2\sin\alpha\cos\alpha}$

$= \sqrt{(\sin\alpha + \cos\alpha)^2}$

$= |\sin\alpha + \cos\alpha|.$

$\because \alpha\in\left(0, \dfrac{\pi}{2}\right)$，$\therefore \sin\alpha > 0$，$\cos\alpha > 0$，则 $\sin\alpha + \cos\alpha > 0$，

原式 $= \sin\alpha + \cos\alpha.$

评析： 用了同角三角函数的平方关系、完全平方和公式、算术平方根进行解题，解题时注意题目的条件.

同步练习题

一、选择题

1. 已知 $\sin\alpha = \dfrac{3}{5}$，且 $\alpha \in \left(\dfrac{\pi}{2},\ \pi\right)$，则 $\cos\alpha =$（　　）.

 A. $\dfrac{3}{5}$ B. $-\dfrac{3}{5}$ C. $\dfrac{4}{5}$ D. $-\dfrac{4}{5}$

2. 已知 $\sin\alpha = \dfrac{3}{5}$ 且 $\cos\alpha < 0$，则 $\tan\alpha =$（　　）.

 A. $\dfrac{3}{4}$ B. $-\dfrac{3}{4}$ C. $\dfrac{4}{3}$ D. $-\dfrac{4}{3}$

3. 已知 $\sin\alpha = \dfrac{4}{5}$ 且 $\tan\alpha > 0$，则 $\cos\alpha =$（　　）.

 A. $\dfrac{3}{5}$ B. $-\dfrac{3}{5}$ C. $\dfrac{4}{5}$ D. $-\dfrac{4}{5}$

4. 已知 $\sin\alpha + \cos\alpha = \dfrac{1}{5}$，则 $\sin\alpha \cdot \cos\alpha =$（　　）.

 A. $\dfrac{12}{25}$ B. $-\dfrac{12}{25}$ C. $\dfrac{24}{25}$ D. $-\dfrac{24}{25}$

5. 已知 $\sin\alpha = \dfrac{3}{5}$，且 $\alpha \in \left(\dfrac{\pi}{2},\ \pi\right)$，则 $\sin\alpha - \cos\alpha =$（　　）.

 A. $\dfrac{1}{5}$ B. $-\dfrac{1}{5}$ C. $\dfrac{7}{5}$ D. $-\dfrac{7}{5}$

6. 已知 $\tan\alpha = \dfrac{1}{3}$，则 $\dfrac{\sin\alpha + 2\cos\alpha}{\sin\alpha - 2\cos\alpha} =$（　　）.

 A. $\dfrac{1}{5}$ B. $-\dfrac{1}{5}$ C. $\dfrac{7}{5}$ D. $-\dfrac{7}{5}$

7. 若 $\cos\theta = \dfrac{2}{5}$，则 $\sin\theta =$（　　）.

 A. $\pm\dfrac{3}{5}$ B. $-\dfrac{3}{5}$ C. $\pm\dfrac{\sqrt{21}}{5}$ D. $-\dfrac{\sqrt{21}}{5}$

8. 若角 θ 是第四象限角，则 $\sqrt{1-\cos^2\theta} =$（　　）.
 A. $\sin\theta$ B. $-\sin\theta$
 C. $\pm\sin\theta$ D. $\pm|\sin\theta|$

9. $(1+\cos^2\alpha)\tan^2\alpha - \dfrac{1}{\cos^2\alpha}$ 的最简形式是（　　）.
 A. $\cos^2\alpha$ B. $-\cos^2\alpha$
 C. $\sin^2\alpha$ D. $-\sin^2\alpha$

10．化简 $\dfrac{\sin\theta-\cos\theta}{\tan\theta-1}=$ （   ）．

    A．1   B．-1 C．$\cos\theta$ D．$\sin\theta$

11．若 $f(\cos x)=\cos 2x$，则 $f(\cos 75°)=$ （   ）．

    A．$-\dfrac{1}{2}$ B．$\dfrac{1}{2}$ C．$-\dfrac{\sqrt{3}}{2}$ D．$\dfrac{\sqrt{3}}{2}$

12．若 $a=\dfrac{1-\cos\alpha}{\sin\alpha}$，$b=\dfrac{1+\cos\alpha}{\sin\alpha}$，则 $ab=$ （   ）．

    A．0   B．1   C．-1 D．$\sqrt{2}$

二、填空题

13．已知 $\sin\theta=-\dfrac{4}{5}$，$\tan\theta<0$，则 $\cos\theta=$ _____．

14．已知 θ 是第四象限角，若 $\sin\theta=-\dfrac{3}{5}$，则 $\cos\theta=$ _____．

15．已知 $\sin\alpha+\cos\alpha=\dfrac{1}{2}$，则 $\sin\alpha\cdot\cos\alpha=$ _____．

16．已知 $\tan\alpha=\dfrac{3}{4}$，且 $\alpha\in\left(\pi,\dfrac{3\pi}{2}\right)$，则 $\sin\alpha=$ _____，$\cos\alpha=$ _____．

17．若 $\tan\alpha=4$，则（1）$\sin^2\alpha-\sin\alpha\cos\alpha-\cos^2\alpha=$ _____．

（2）$\dfrac{2\sin\alpha+\cos\alpha}{\sin\alpha-3\cos\alpha}=$ _____．

三、解答题

18．已知 $\sin\alpha=\dfrac{12}{13}$，且 α 为第二象限角，求 $\cos\alpha$，$\tan\alpha$．

19．已知方程 $2x^2-(\sqrt{3}+1)x+m=0$ 的两个根分别是 $\sin\theta$，$\cos\theta$，求 $\dfrac{\sin^2\theta}{\sin\theta-\cos\theta}+\dfrac{\cos^2\theta}{\cos\theta-\sin\theta}$ 的值．

§6.5 诱导公式

复习要求

熟练掌握诱导公式，能利用诱导公式进行求值化简.

知识要点

1. 角 $2k\pi + \alpha(k \in \mathbf{Z})$、$-\alpha$、$\pi + \alpha$、$\pi - \alpha$ 的诱导公式

$$\sin(2k\pi + \alpha) = \sin\alpha \qquad \sin(-\alpha) = -\sin\alpha$$
$$\cos(2k\pi + \alpha) = \cos\alpha \qquad \cos(-\alpha) = \cos\alpha$$
$$\tan(2k\pi + \alpha) = \tan\alpha \qquad \tan(-\alpha) = -\tan\alpha$$
$$\sin(\pi + \alpha) = -\sin\alpha \qquad \sin(\pi - \alpha) = \sin\alpha$$
$$\cos(\pi + \alpha) = -\cos\alpha \qquad \cos(\pi - \alpha) = -\cos\alpha$$
$$\tan(\pi + \alpha) = \tan\alpha \qquad \tan(\pi - \alpha) = -\tan\alpha$$

记忆口诀："函数名不变，符号看象限."其中，把 α 看成是锐角，则 $2k\pi + \alpha(k \in \mathbf{Z})$ 是第一象限角，$-\alpha$ 是第四象限角，$\pi + \alpha$ 是第三象限角，$\pi - \alpha$ 是第二象限角.

2. 角 $\dfrac{\pi}{2} + \alpha$、$\dfrac{\pi}{2} - \alpha$、$\dfrac{3\pi}{2} + \alpha$、$\dfrac{3\pi}{2} - \alpha$ 的诱导公式

$$\sin\left(\frac{\pi}{2} + \alpha\right) = \cos\alpha \qquad \sin\left(\frac{\pi}{2} - \alpha\right) = \cos\alpha$$
$$\cos\left(\frac{\pi}{2} + \alpha\right) = -\sin\alpha \qquad \cos\left(\frac{\pi}{2} - \alpha\right) = \sin\alpha$$
$$\sin\left(\frac{3\pi}{2} + \alpha\right) = -\cos\alpha \qquad \sin\left(\frac{3\pi}{2} - \alpha\right) = -\cos\alpha$$
$$\cos\left(\frac{3\pi}{2} + \alpha\right) = \sin\alpha \qquad \cos\left(\frac{3\pi}{2} - \alpha\right) = -\sin\alpha$$

记忆口诀："函数名改变，符号看象限."其中，把 α 看成是锐角，则 $\dfrac{\pi}{2} + \alpha$ 是第二象限角，$\dfrac{\pi}{2} - \alpha$ 是第一象限角，$\dfrac{3\pi}{2} + \alpha$ 是第四象限角，$\dfrac{3\pi}{2} - \alpha$ 是第三象限角.

3. 互补的角有"正弦值相等，余弦值相反，正切值相反"，所以可以把特殊的锐角和相应钝角结合起来记忆

（1）$\sin 30° = \sin 150° = \dfrac{1}{2}$，$\sin 60° = \sin 120° = \dfrac{\sqrt{3}}{2}$.

（2） $\cos 30° = \dfrac{\sqrt{3}}{2}$ ，$\cos 150° = -\dfrac{\sqrt{3}}{2}$.

$\cos 60° = \dfrac{1}{2}$ ，$\cos 120° = -\dfrac{1}{2}$.

（3） $\tan 30° = \dfrac{\sqrt{3}}{3}$ ，$\tan 150° = -\dfrac{\sqrt{3}}{3}$ ，

$\tan 60° = \sqrt{3}$ ，$\tan 120° = -\sqrt{3}$.

例题解析

【例1】求（1） $\cos 600°$.（2） $\tan 405°$.（3） $\cos(-420°)$.（4） $\sin\left(-\dfrac{8\pi}{3}\right)$.

分析： 求值的关键是将角进行合理的转换，然后应用诱导公式求值.

解：（1） $\cos 600° = \cos(360° + 240°) = \cos 240° = \cos(180° + 60°) = -\cos 60° = -\dfrac{1}{2}$

（2） $\tan 405° = \tan(360° + 45°) = \tan 45° = 1$

（3） $\cos(-420°) = \cos 420° = \cos(360° + 60°) = \cos 60° = \dfrac{1}{2}$

（4） $\sin(-\dfrac{8}{3}\pi) = -\sin\left(2\pi + \dfrac{2}{3}\pi\right) = -\sin\dfrac{2}{3}\pi = -\sin\left(\pi - \dfrac{\pi}{3}\right) = -\sin\dfrac{\pi}{3} = -\dfrac{\sqrt{3}}{2}$

【例2】已知 $\cos\alpha = \dfrac{1}{5}$ ，$\alpha \in \left(0, \dfrac{\pi}{2}\right)$ ，则（1） $\sin\left(\dfrac{\pi}{2} + \alpha\right) = $ _____ ，（2） $\sin\left(\dfrac{3\pi}{2} - \alpha\right)$ = _____ .

解：（1） $\sin\left(\dfrac{\pi}{2} + \alpha\right) = \cos\alpha = \dfrac{1}{5}$.

（2） $\sin\left(\dfrac{3\pi}{2} - \alpha\right) = -\cos\alpha = -\dfrac{1}{5}$.

【例3】化简 $\dfrac{\sin(2\pi - \alpha)\cos(\pi + \alpha)}{\cos(\pi - \alpha)\tan(3\pi - \alpha)}$.

解： $\dfrac{\sin(2\pi - \alpha)\cos(\pi + \alpha)}{\cos(\pi - \alpha)\tan(3\pi - \alpha)} = \dfrac{\sin(-\alpha)(-\cos\alpha)}{-\cos\alpha(-\tan\alpha)}$

$= \dfrac{-\sin\alpha(-\cos\alpha)}{-\cos\alpha(-\tan\alpha)}$

$= \dfrac{\sin\alpha\cos\alpha}{\cos\alpha\tan\alpha} = \cos\alpha$.

评析： 化简要求：①能求出值的应求出值；②使三角函数种数尽量少；③使项数尽量少.

同步练习题

一、选择题

1. 计算：$\cos 390° = $（ ）.

   A. $\dfrac{\sqrt{3}}{2}$　　　B. $-\dfrac{\sqrt{3}}{2}$　　　C. $\dfrac{1}{2}$　　　D. $-\dfrac{1}{2}$

2. 计算：$\sin 120° + \cos 225° = $（ ）.

   A. $\dfrac{\sqrt{2}-\sqrt{3}}{2}$　　　　　　B. $\dfrac{\sqrt{3}-\sqrt{2}}{2}$

   C. $-\dfrac{\sqrt{3}-\sqrt{2}}{2}$　　　　　　D. $\dfrac{\sqrt{3}+\sqrt{2}}{2}$

3. 计算：$\tan 330° = $（ ）.

   A. $-\dfrac{\sqrt{3}}{3}$　　　B. $\dfrac{\sqrt{3}}{3}$　　　C. $\sqrt{3}$　　　D. $-\sqrt{3}$

4. 计算：$\sin\left(-\dfrac{4\pi}{3}\right) = $（ ）.

   A. $\dfrac{\sqrt{3}}{2}$　　　B. $-\dfrac{\sqrt{3}}{2}$　　　C. $\dfrac{1}{2}$　　　D. $-\dfrac{1}{2}$

5. 计算：$\sin\dfrac{\pi}{3}\tan\dfrac{\pi}{3} - \tan\dfrac{\pi}{4}\cos\dfrac{\pi}{2} + \tan\dfrac{\pi}{6}\cos\dfrac{\pi}{6} = $（ ）.

   A. 1　　　B. -1　　　C. 3　　　D. 2

6. 已知 $\sin\alpha = \dfrac{1}{3}$，$\alpha \in \left(0, \dfrac{\pi}{2}\right)$，则 $\cos\left(\dfrac{\pi}{2}+\alpha\right) = $（ ）.

   A. $\dfrac{1}{3}$　　　B. $-\dfrac{1}{3}$　　　C. $\dfrac{1}{2}$　　　D. $-\dfrac{1}{2}$

7. 设 α 为任意角，则下列等式中，错误的是（ ）.

   A. $\sin\left(\dfrac{\pi}{2}+\alpha\right) = \cos\alpha$　　　　　　B. $\sin\left(\dfrac{\pi}{2}-\alpha\right) = \cos\alpha$

   C. $\cos\left(\dfrac{\pi}{2}+\alpha\right) = \sin\alpha$　　　　　　D. $\cos\left(\dfrac{\pi}{2}-\alpha\right) = \sin\alpha$

8. 化简：$\sin\left(\dfrac{3\pi}{2}+\alpha\right) = $（ ）.

   A. $\cos\alpha$　　　B. $-\cos\alpha$　　　C. $\sin\alpha$　　　D. $-\sin\alpha$

9. 已知 $\cos\theta = -\dfrac{12}{13}$，则 $\cos(\pi+\theta) = $（ ）.

   A. $-\dfrac{12}{13}$　　　B. $\dfrac{12}{13}$　　　C. $-\dfrac{5}{13}$　　　D. $\dfrac{5}{13}$

10. 化简：$\sqrt{1-\sin^2 100°} = $（ ）.

    A. $-\sin 10°$　　　B. $\sin 10°$　　　C. $-\cos 10°$　　　D. $\cos 10°$

11. 若 A、B、C 是 $\triangle ABC$ 的三个内角，则（　　）.

    A. $\sin A = \sin(B + C)$ B. $\cos A = \cos(B + C)$

    C. $\tan A = \tan(B + C)$ D. $\sin A = -\sin(B + C)$

二、填空题

12. 若 $\sin\theta = \dfrac{4}{5}$，$\tan\theta > 0$，则 $\cos(3\pi + \theta) =$ _____.

13. 若 $\sin\theta = \dfrac{3}{5}$，$\theta \in \left(\dfrac{\pi}{2}, \pi\right)$，则 $\cos\left(\dfrac{\pi}{2} + \theta\right) =$ _____.

14. 计算：$\sin\dfrac{5\pi}{3} + \tan\dfrac{3\pi}{4}\cos\dfrac{8\pi}{3} =$ _____.

15. 若 $\sin\left(\dfrac{5\pi}{2} - \alpha\right) = \dfrac{3}{5}$，则 $\cos(\pi - \alpha) =$ _____.

16. 计算：$\cos\dfrac{19\pi}{4} =$ _____，$\tan\left(-\dfrac{4\pi}{3}\right) =$ _____.

17. 若 $\cos(\pi + \alpha) = -\dfrac{1}{3}$，那么 $\cos(2\pi - \alpha) =$ _____.

三、解答题

18. 计算：$\sin\dfrac{4\pi}{3} \cdot \cos\dfrac{5\pi}{6} \cdot \tan\left(-\dfrac{4\pi}{3}\right)$.

19. 若 $\tan\alpha = 2$，求 $\dfrac{\sin(\pi + \alpha) + \sin(-\alpha)}{\cos(2\pi + \alpha) + \cos(-\alpha)}$ 的值.

§6.6 和角公式

复习要求

1. 理解两角和的正弦、余弦公式；了解两角和的正切公式.
2. 了解二倍角的正弦、余弦、正切公式.
3. 能正确运用三角函数公式进行简单三角函数式的化简、求值.

知识要点

1. 和、差角公式

$$\cos(\alpha \pm \beta) = \cos\alpha\cos\beta \mp \sin\alpha\sin\beta$$

$$\sin(\alpha \pm \beta) = \sin\alpha\cos\beta \pm \cos\alpha\sin\beta$$

$$\tan(\alpha \pm \beta) = \frac{\tan\alpha \pm \tan\beta}{1 \mp \tan\alpha\tan\beta}$$

【说明】注意公式的逆向变换及有关变形，在运用两角和与差公式时，将未知角用已知角表示出来，使之能直接运用公式——角的代换，常见的角的代换有：$\alpha = (\alpha+\beta)-\beta$，$\alpha = \beta-(\beta-\alpha)$，$\alpha+\beta = (2\alpha+\beta)-\alpha$，$2\alpha = (\alpha+\beta)+(\alpha-\beta)$.

2. 二倍角公式

$$\sin 2\alpha = 2\sin\alpha\cos\alpha$$

$$\cos 2\alpha = \cos^2\alpha - \sin^2\alpha = 2\cos^2\alpha - 1 = 1 - 2\sin^2\alpha$$

$$\tan 2\alpha = \frac{2\tan\alpha}{1 - \tan^2\alpha}$$

【说明】①在和角公式中，令 $\alpha = \beta$，即得到二倍角公式.

②要灵活掌握"二倍角"的含义. 二倍角公式不仅限于 2α 是 α 的二倍的形式，其他如 4α 是 2α 的二倍，$\frac{\alpha}{2}$ 是 $\frac{\alpha}{4}$ 的二倍，3α 是 $\frac{3\alpha}{2}$ 的二倍等，所有这些均可以应用二倍角公式.

例题解析

【例1】求值：

（1）$\cos 105°$.

（2）$\sin 82°\cos 52° - \cos 82°\sin 52°$.

（3）$\cos(\theta+13°)\cos(\theta-17°) + \sin(\theta+13°)\sin(\theta-17°)$.

（4）$\dfrac{\sqrt{3}-\tan 15°}{1+\sqrt{3}\tan 15°}$.

解：（1）$\cos 105° = \cos(45°+60°) = \cos 45° \cos 60° - \sin 45° \sin 60°$

$$= \dfrac{\sqrt{2}}{2}\times\dfrac{1}{2} - \dfrac{\sqrt{2}}{2}\times\dfrac{\sqrt{3}}{2} = \dfrac{\sqrt{2}-\sqrt{6}}{4} .$$

（2）$\sin 82° \cos 52° - \cos 82° \sin 52° = \sin(82°-52°) = \sin 30° = \dfrac{1}{2}$.

（3）$\cos(\theta+13°)\cos(\theta-17°) + \sin(\theta+13°)\sin(\theta-17°)$

$$= \cos[(\theta+13°)-(\theta-17°)] = \cos 30° = \dfrac{\sqrt{3}}{2} .$$

（4）$\dfrac{\sqrt{3}-\tan 15°}{1+\sqrt{3}\tan 15°} = \dfrac{\tan 60° - \tan 15°}{1+\tan 60° \tan 15°} = \tan(60°-15°) = \tan 45° = 1$.

评析：本题主要巩固对和角公式的正用、逆用、变形用.

【例2】（1）若 $\sin x - \cos x = \dfrac{1}{3}$，求 $\sin 2x$ 的值.

（2）已知 $\sin\alpha = 2\cos\alpha$，求 $\tan 2\alpha$ 的值.

（3）已知 α 是第三象限角，若 $\sin\alpha = -\dfrac{3}{5}$，求 $\cos 2\alpha$ 的值.

解：（1）$(\sin x - \cos x)^2 = \sin^2 x + \cos^2 x - 2\sin x \cos x = 1 - 2\sin x \cos x = 1 - \sin 2x = \dfrac{1}{9}$，即

$\sin 2x = \dfrac{8}{9}$.

（2）由 $\sin\alpha = 2\cos\alpha$ 得 $\tan\alpha = 2$，所以 $\tan 2\alpha = \dfrac{2\tan\alpha}{1-\tan^2\alpha} = \dfrac{2\times 2}{1-2^2} = -\dfrac{4}{3}$.

（3）方法一：因为 $\sin^2\alpha + \cos^2\alpha = 1$，所以 $\cos^2\alpha = 1 - \sin^2\alpha = 1 - \left(-\dfrac{3}{5}\right)^2 = \dfrac{16}{25}$，

所以 $\cos\alpha = \pm\dfrac{4}{5}$，又因为 α 是第三象限角，所以 $\cos\alpha = -\dfrac{4}{5}$，

所以 $\cos 2\alpha = \cos^2\alpha - \sin^2\alpha = \left(-\dfrac{4}{5}\right)^2 - \left(-\dfrac{3}{5}\right)^2 = \dfrac{7}{25}$.

方法二：$\cos 2\alpha = 1 - 2\sin^2\alpha = 1 - 2\times\left(-\dfrac{3}{5}\right)^2 = \dfrac{7}{25}$.

评析：本题主要考查同角三角函数的关系及二倍角公式. 对于第（1）题，$\sin\alpha+\cos\alpha$，$\sin\alpha-\cos\alpha$，$\sin\alpha\cos\alpha$ 三者知其一，可求其二，常用的方法是平方，在解答过程中需注意符号的选取.

【例3】化简：

（1）$\sin(\alpha-\beta)\cos\beta + \cos(\alpha-\beta)\sin\beta$.

（2）$\sin\dfrac{x}{2}\cos\dfrac{x}{2}$.

（3）$\sqrt{3}\sin x + \cos x$.

解：（1） $\sin(\alpha-\beta)\cos\beta+\cos(\alpha-\beta)\sin\beta=\sin(\alpha-\beta+\beta)=\sin\alpha$.

（2） $\sin\dfrac{x}{2}\cos\dfrac{x}{2}=\dfrac{1}{2}\times 2\sin\dfrac{x}{2}\cos\dfrac{x}{2}=\dfrac{1}{2}\sin x$.

（3） $\sqrt{3}\sin x+\cos x=2\left(\dfrac{\sqrt{3}}{2}\sin x+\dfrac{1}{2}\cos x\right)=2\left(\cos\dfrac{\pi}{6}\sin x+\sin\dfrac{\pi}{6}\cos x\right)=2\sin\left(x+\dfrac{\pi}{6}\right)$.

评析：本题主要考查和角公式和二倍角公式的逆用．

【例4】已知 $\cos\alpha=\dfrac{3}{5}$ ， $\alpha\in\left(0,\dfrac{\pi}{2}\right)$.

（1）求 $\tan\alpha$ 的值．（2）求 $\sin\left(2\alpha+\dfrac{\pi}{4}\right)$ 的值．

解：（1）因为 $\cos\alpha=\dfrac{3}{5}$ ， $\alpha\in\left(0,\dfrac{\pi}{2}\right)$ ， $\sin\alpha=\sqrt{1-\cos^2\alpha}=\dfrac{4}{5}$ ，所以 $\tan\alpha=\dfrac{\sin\alpha}{\cos\alpha}=\dfrac{4}{3}$.

（2）由（1）知， $\cos\alpha=\dfrac{3}{5}$ ， $\sin\alpha=\dfrac{4}{5}$ ，

所以 $\sin 2\alpha=2\sin\alpha\cos\alpha=\dfrac{24}{25}$ ， $\cos 2\alpha=2\cos^2\alpha-1=-\dfrac{7}{25}$ ，

所以 $\sin\left(2\alpha+\dfrac{\pi}{4}\right)=\sin 2\alpha\cos\dfrac{\pi}{4}+\cos 2\alpha\sin\dfrac{\pi}{4}=\dfrac{17\sqrt{2}}{50}$.

评析：本题是同角三角函数的关系、和角公式及二倍角公式的综合运用．

同步练习题

一、选择题

1. 求值： $\sin 15°=$ （　　）．

A． $\dfrac{\sqrt{6}-\sqrt{2}}{4}$ 　　　B． $\dfrac{\sqrt{6}+\sqrt{2}}{4}$ 　　　C． $\dfrac{\sqrt{3}+1}{2}$ 　　　D． $\dfrac{\sqrt{3}-1}{2}$

2. 求值： $\cos 75°\sin 15°-\sin 75°\cos 15°=$ （　　）．

A． $-\dfrac{1}{2}$ 　　　B． $\dfrac{1}{2}$ 　　　C． $-\dfrac{\sqrt{3}}{2}$ 　　　D． $\dfrac{\sqrt{3}}{2}$

3. 已知 $\cos\left(\dfrac{\pi}{6}+\alpha\right)=\dfrac{1}{2}\sin\alpha$ ，则 $\tan\alpha=$ （　　）．

A． $\dfrac{\sqrt{3}}{6}$ 　　　B． $\dfrac{\sqrt{3}}{2}$ 　　　C． $\dfrac{1}{6}$ 　　　D． $\dfrac{1}{2}$

4. 若 $\tan\left(\dfrac{\pi}{4}+A\right)=2$ ，则 $\tan A=$ （　　）．

A． 2　　　B． 3　　　C． $\dfrac{1}{3}$ 　　　D． $\dfrac{1}{2}$

5. 若 $\cos\theta=\dfrac{1}{5}$ ，且 $\dfrac{3\pi}{2}<\theta<2\pi$ ，则 $\cos\left(\theta-\dfrac{\pi}{3}\right)=$ （　　）．

A. $\dfrac{1-6\sqrt{2}}{10}$ B. $\dfrac{1+6\sqrt{2}}{10}$

C. $\dfrac{1-6\sqrt{2}}{5}$ D. $\dfrac{1+6\sqrt{2}}{5}$

6. 求值：$1-2\sin^2 15° = $（　　）.

A. $\dfrac{\sqrt{2}}{2}$ B. $-\dfrac{\sqrt{3}}{2}$ C. $\dfrac{\sqrt{3}}{2}$ D. $\dfrac{1}{2}$

7. 若 $\cos\alpha = \dfrac{1}{2}$，那么 $\cos 2\alpha = $（　　）.

A. $-\dfrac{1}{2}$ B. $\dfrac{1}{2}$ C. $-\dfrac{\sqrt{3}}{2}$ D. $\dfrac{\sqrt{3}}{2}$

8. 若 $\sin\alpha = \dfrac{4}{5}$，且 $\alpha \in \left(\dfrac{\pi}{2}, \pi\right)$，则 $\sin 2\alpha = $（　　）.

A. $-\dfrac{12}{25}$ B. $\dfrac{12}{25}$ C. $\dfrac{24}{25}$ D. $-\dfrac{24}{25}$

9. 化简：$2\sin\left(2x+\dfrac{\pi}{3}\right)\cos\left(2x+\dfrac{\pi}{3}\right) = $（　　）.

A. $\sin\left(4x+\dfrac{2\pi}{3}\right)$ B. $\sin\left(x+\dfrac{\pi}{6}\right)$

C. $\cos\left(4x+\dfrac{2\pi}{3}\right)$ D. $\cos\left(x+\dfrac{\pi}{6}\right)$

10. 在 $\triangle ABC$ 中，若 $\cos A\cos B - \sin A\sin B = \dfrac{3}{5}$，则 $\cos C = $（　　）.

A. $\dfrac{3}{5}$ B. $-\dfrac{3}{5}$ C. $\dfrac{4}{5}$ D. $-\dfrac{4}{5}$

11. 在 $\triangle ABC$ 中，若 $C = \dfrac{2\pi}{3}$，则 $\sin A\cos B + \cos A\sin B = $（　　）.

A. $-\dfrac{\sqrt{3}}{2}$ B. $\dfrac{\sqrt{3}}{2}$ C. $-\dfrac{\sqrt{3}}{3}$ D. $\dfrac{\sqrt{3}}{3}$

12. 在 $\triangle ABC$ 中，$\cos A\cos B > \sin A\sin B$，则 $\triangle ABC$ 为（　　）.

A. 锐角三角形　　B. 直角三角形　　C. 钝角三角形　　D. 无法判定

二、填空题

13. 化简：$(\sin 2x + \cos 2x)^2 = $ _____.

14. 求值：$\cos^4\dfrac{\pi}{12} - \sin^4\dfrac{\pi}{12} = $ _____.

15. $\dfrac{1-\tan 15°}{1+\tan 15°} = $ _____.

16. 已知 $\sin\alpha = \dfrac{3}{5}$，且 $\dfrac{\pi}{2} < \alpha < \pi$，则 $\cos\left(\alpha + \dfrac{\pi}{6}\right) = $ _____.

17. 设 $\tan(\alpha+\beta) = 2$，$\tan(\alpha-\beta) = 3$，则 $\tan 2\alpha = $ _____.

三、解答题

18. 设 $\sin(\pi-\alpha)=\dfrac{3}{5}$，且 α 是锐角.

（1）求 $\cos\alpha$ 的值.（2）求 $\tan\left(\alpha+\dfrac{\pi}{4}\right)$ 的值.

19. 在钝角 $\triangle ABC$ 中，角 C 为钝角，且 $\sin C=\dfrac{4}{5}$，求 $\cos(A+B)+\sin 2C$ 的值.

§6.7 三角函数的图像与性质

复习要求

1. 熟练掌握正弦函数的图像和性质，了解余弦函数的图像和性质.

2. 会用"五点（画图）法"画出正弦函数、余弦函数在 $[0, 2\pi]$ 上的简图.

3. 了解函数的周期性和最小正周期的意义.

4. 了解正弦型函数 $y=A\sin(\omega x+\varphi)+k(A>0, \omega>0)$ 和余弦型函数 $y=A\cos(\omega x+\varphi)+k(A>0, \omega>0)$ 的性质.

5. 了解三角函数的初等变换.

📖 **知识要点**

1．正弦函数、余弦函数的图像

函数 $y = \sin x$ 叫作正弦函数，正弦函数的图像叫作正弦曲线，如图 6-7-1 所示.

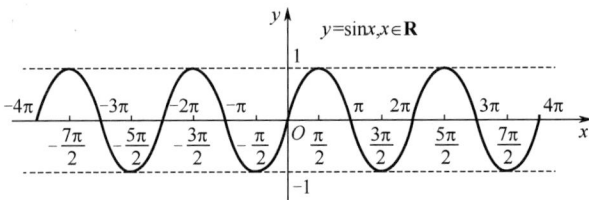

图 6-7-1

函数 $y = \cos x$ 叫作余弦函数，余弦函数的图像叫作余弦曲线，如图 6-7-2 所示.

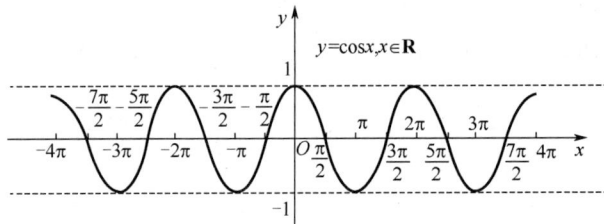

图 6-7-2

我们常用"五点（画图）法"来画正弦函数与余弦函数在$[0, 2\pi]$上的简图.

画函数 $y = \sin x$，$x \in [0, 2\pi]$ 图像的五个关键点是：$(0, 0)$, $\left(\dfrac{\pi}{2}, 1\right)$, $(\pi, 0)$, $\left(\dfrac{3\pi}{2}, -1\right)$, $(2\pi, 0)$.

画函数 $y = \cos x$，$x \in [0, 2\pi]$ 图像的五个关键点是：$(0, 1)$, $\left(\dfrac{\pi}{2}, 0\right)$, $(\pi, -1)$, $\left(\dfrac{3\pi}{2}, 0\right)$, $(2\pi, 1)$.

2．正弦函数、余弦函数的性质

（1）周期性：对于函数 $f(x)$，如果存在一个非零常数 T，使得当 x 取定义域内的每一个值时，都有 $f(x+T) = f(x)$，那么函数 $f(x)$ 就叫作周期函数. 非零常数 T 叫作这个函数的周期.

由诱导公式 $\sin(x + 2k\pi) = \sin x$，$\cos(x + 2k\pi) = \cos x (k \in \mathbf{Z})$ 可知，正弦函数、余弦函数都是周期函数，任何一个常数 $2k\pi (k \in \mathbf{Z}$ 且 $k \neq 0)$ 都是它们的周期.

如果在周期函数 $f(x)$ 的所有周期中存在一个最小的正数，那么这个最小正数就叫作函数 $f(x)$ 的最小正周期. 正弦函数、余弦函数的最小正周期都是 2π.

特别说明：今后涉及的周期，如果不加特别说明，一般都是指函数的最小正周期.

（2）正弦函数、余弦函数的主要性质

函　数	$y=\sin x$	$y=\cos x$
图　像		
定义域	**R**	**R**
值　域	$[-1,\ 1]$ $y_{\max}=1$，$y_{\min}=-1$	$[-1,\ 1]$ $y_{\max}=1$，$y_{\min}=-1$
周期性	最小正周期 $T=2\pi$	最小正周期 $T=2\pi$
奇偶性	正弦函数的图像关于原点 O 对称 $\sin(-x)=-\sin x$ 奇函数	余弦函数的图像关于 y 轴对称 $\cos(-x)=\cos x$ 偶函数
单调性	在 $\left[-\dfrac{\pi}{2}+2k\pi,\ \dfrac{\pi}{2}+2k\pi\right)(k\in\mathbf{Z})$ 上是增函数； 在 $\left[\dfrac{\pi}{2}+2k\pi,\ \dfrac{3\pi}{2}+2k\pi\right)(k\in\mathbf{Z})$ 上是减函数	在 $[-\pi+2k\pi,\ 2k\pi](k\in\mathbf{Z})$ 上是增函数； 在 $[2k\pi,\ \pi+2k\pi](k\in\mathbf{Z})$ 上是减函数

3．正弦型函数 $y=A\sin(\omega x+\varphi)+k(A>0，\omega>0)$ 的性质

（1）最大值 $y_{\max}=A+k$，最小值 $y_{\min}=-A+k$．

（2）最小正周期 $T=\dfrac{2\pi}{\omega}$．

注意：函数 $y=A\sin\omega x$ 是奇函数．

4．余弦型函数 $y=A\cos(\omega x+\varphi)+k(A>0，\omega>0)$ 的性质

（1）最大值 $y_{\max}=A+k$，最小值 $y_{\min}=-A+k$．

（2）最小正周期 $T=\dfrac{2\pi}{\omega}$．

注意：函数 $y=A\cos\omega x$ 是偶函数．

5．辅助公式

形如 $y=a\sin\omega x+b\cos\omega x(\omega>0)$ 的函数，可化为：

$$y=\sqrt{a^2+b^2}\sin(\omega x+\varphi)\ (\text{其中}\ \omega>0,\tan\varphi=\frac{b}{a})$$

函数最大值 $y_{\max}=\sqrt{a^2+b^2}$，最小值 $y_{\min}=-\sqrt{a^2+b^2}$；最小正周期 $T=\dfrac{2\pi}{\omega}$．

例题解析

【例1】画出下列函数的简图，并写出函数的最大值和最小值：

（1） $y=1+\sin x$ ， $x\in[0,\ 2\pi]$.

（2） $y=-\cos x$ ， $x\in[0,\ 2\pi]$.

解：（1）按五个关键点列表：

x	0	$\dfrac{\pi}{2}$	π	$\dfrac{3\pi}{2}$	2π
$\sin x$	0	1	0	−1	0
$1+\sin x$	1	2	1	0	1

描点并将它们用光滑的曲线连接起来（图6-7-3）.

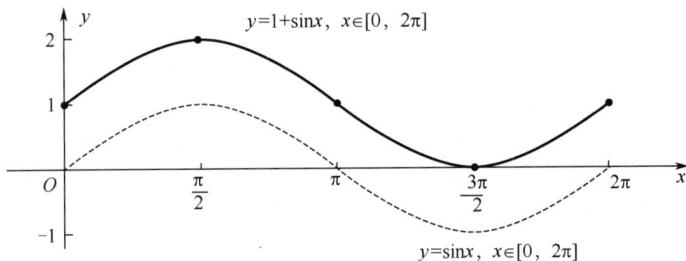

图 6-7-3

当 $\sin x=1$ 时，有 $y_{\max}=2$ ；当 $\sin x=-1$ 时，有 $y_{\min}=0$.

（2）按五个关键点列表：

x	0	$\dfrac{\pi}{2}$	π	$\dfrac{3\pi}{2}$	2π
$\cos x$	1	0	−1	0	1
$-\cos x$	−1	0	1	0	−1

描点并将它们用光滑的曲线连接起来（图6-7-4）.

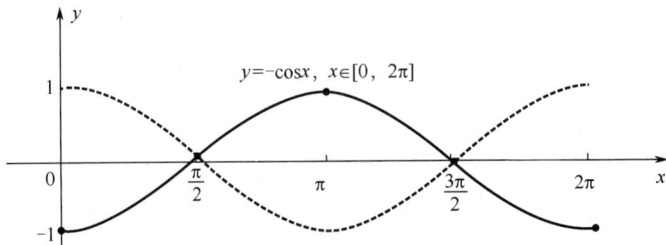

图 6-7-4

当 $\cos x=-1$ 时，有 $y_{\max}=1$ ；当时 $\cos x=1$ ，有 $y_{\min}=-1$.

评析：一般用正弦函数、余弦函数的"五点（画图）法"来画出函数的图像，即取五个关键点，求出相应的函数值，然后画出图像. 由图像就可以看出函数的最大值和最小值.

【**例2**】写出下列函数的最大值、最小值以及最小正周期.

（1）$f(x) = 3\sin\left(4x + \dfrac{\pi}{6}\right) - 2$.

（2）$f(x) = 2\cos\left(2x + \dfrac{\pi}{6}\right) + 2$.

（3）$f(x) = 2\sin\left(2x + \dfrac{\pi}{4}\right)\cos\left(2x + \dfrac{\pi}{4}\right)$.

（4）$f(x) = 3\sin 2x - 4\cos 2x$.

解：（1）函数最大值为 3−2=1，最小值为−3−2=−5，最小正周期为 $T = \dfrac{2\pi}{4} = \dfrac{\pi}{2}$.

（2）函数最大值为 2+2=4，最小值为−2+2=0，最小正周期为 $T = \dfrac{2\pi}{2} = \pi$.

（3）$\because f(x) = 2\sin\left(2x + \dfrac{\pi}{4}\right)\cos\left(2x + \dfrac{\pi}{4}\right) = \sin\left(4x + \dfrac{\pi}{2}\right)$，

$\therefore$ 函数最大值为 1，最小值为−1，最小正周期为 $T = \dfrac{2\pi}{4} = \dfrac{\pi}{2}$.

（4）由辅助公式可得：$\sqrt{a^2 + b^2} = \sqrt{3^2 + (-4)^2} = 5$，

$\therefore$ 函数最大值为 5，最小值为−5，最小正周期为 $T = \dfrac{2\pi}{2} = \pi$.

评析：利用正弦型函数、余弦型函数的性质或辅助公式解答. 非正弦型、余弦型函数可利用和角公式、倍角公式将函数转换为正弦型函数或余弦型函数.

【**例3**】（1）已知函数 $f(x) = A\sin\omega x\,(A > 0,\ \omega > 0)$ 的最小值为−4，最小正周期为 π，则函数 $f(x) = $ _____.

（2）已知函数 $f(x) = a\cos\left(2x + \dfrac{\pi}{3}\right)$ 的图像经过点 $\left(\dfrac{\pi}{2},\ -1\right)$，则 $a = $ _____.

解：（1）$\because$ 函数 $f(x) = A\sin\omega x\,(A > 0,\ \omega > 0)$ 的最小值为−A，由已知可得 $A = 4$，函数最小正周期 $T = \dfrac{2\pi}{\omega} = \pi \Rightarrow \omega = 2$，$\therefore f(x) = 4\sin 2x$.

（2）由已知可得：$f\left(\dfrac{\pi}{2}\right) = a\cos\left(2 \times \dfrac{\pi}{2} + \dfrac{\pi}{3}\right) = a\cos\left(\pi + \dfrac{\pi}{3}\right) = -a\cos\dfrac{\pi}{3} = -\dfrac{a}{2} = -1$，$\therefore a = 2$.

评析：结合正弦型函数性质求 A，ω，综合诱导公式，特殊角的三角函数值解答问题.

【**例4**】（1）函数 $f(x) = \sin 3x\cos 3x$ 是（　　）.

    A. 最小正周期为 $\dfrac{2\pi}{3}$ 的偶函数　　　　　　B. 最小正周期为 $\dfrac{\pi}{3}$ 的偶函数

    C. 最小正周期为 $\dfrac{2\pi}{3}$ 的奇函数　　　　　　D. 最小正周期为 $\dfrac{\pi}{3}$ 的奇函数

（2）函数 $f(x) = \cos 3x\cos x + \sin 3x\sin x$ 是（　　）.

    A. 最小正周期为 2π 的偶函数　　　　　　B. 最小正周期为 π 的偶函数

    C. 最小正周期为 2π 的奇函数　　　　　　D. 最小正周期为 π 的奇函数

参考答案：（1）D.（2）B.

评析：非正弦型、余弦型函数可利用和角公式、倍角公式将函数转换为正弦型函数或余弦型函数，再结合正弦型函数、余弦型函数的性质求最小正周期。奇偶性由正弦函数、余弦函数的奇偶性可以解答。

【例5】 不求值，试比较大小：

（1） $\sin\dfrac{\pi}{7}$ _____ $\sin\dfrac{3\pi}{7}$.

（2） $\cos 20°$ _____ $\cos 70°$.

（3） $\sin 45°$ _____ $\cos 10°$.

解：（1）∵ 正弦函数 $y=\sin x$ 在 $\left[0,\dfrac{\pi}{2}\right]$ 上是增函数，且 $0<\dfrac{\pi}{7}<\dfrac{3\pi}{7}<\dfrac{\pi}{2}$, ∴ $\sin\dfrac{\pi}{7}<\sin\dfrac{3\pi}{7}$.

（2）∵ 余弦函数 $y=\cos x$ 在 $[0°,90°]$ 上是减函数，且 $0°<20°<70°<90°$, ∴ $\cos 20°>\cos 70°$.

（3）∵ $\sin 45°=\cos 45°$ ，余弦函数 $y=\cos x$ 在 $[0°,90°]$ 上是减函数，且 $0°<10°<45°<90°$, ∴ $\cos 45°<\cos 10°$ ，即 $\sin 45°<\cos 10°$.

评析： 利用正弦函数、余弦函数的单调性比较两个同名三角函数值的大小，一般情况下，可利用诱导公式把三角函数值化到用 $[0°,90°]$ 范围内的角来表示。若是不同名的三角函数比较值的大小，可以用诱导公式将它们化成同名的三角函数，再比较大小。

【例6】（1）函数 $y=\sin x$ 在区间 $\left[\dfrac{\pi}{3},\dfrac{5\pi}{6}\right]$ 上的最大值为_____，最小值为_____.

（2）函数 $y=\sin\left(\dfrac{\pi}{2}-x\right)$ 在区间 $\left[\dfrac{\pi}{3},\dfrac{5\pi}{6}\right]$ 上的最大值为_____，最小值为_____.

解：（1）观察正弦函数 $y=\sin x$ 在 $\left[\dfrac{\pi}{3},\dfrac{5\pi}{6}\right]$ 上的图像可知，当 $x=\dfrac{\pi}{2}$ 时，有 $y_{\max}=1$ ；当 $x=\dfrac{5\pi}{6}$ 时，有 $y_{\min}=\dfrac{1}{2}$.

（2）∵ $y=\sin\left(\dfrac{\pi}{2}-x\right)=\cos x$ ，观察余弦函数 $y=\cos x$ 在 $\left[\dfrac{\pi}{3},\dfrac{5\pi}{6}\right]$ 上的图像可知，当 $x=\dfrac{\pi}{3}$ 时，有 $y_{\max}=\dfrac{1}{2}$ ；当 $x=\dfrac{5\pi}{6}$ 时，有 $y_{\min}=-\dfrac{\sqrt{3}}{2}$.

评析： 求正弦函数、余弦函数在给定区间上的最大值和最小值，一般采用数形结合的方法，画出正弦函数、余弦函数在给定区间上的图像，观察出最大值和最小值。

同步练习题

一、选择题

1．函数 $y=3-2\sin x$ 的最大值和最小值分别是（　　）.

　　A．1，–1　　　　　B．5，1　　　　　C．3，–2　　　　　D．5，3

2．下列函数中，最大值为3的是（　　）.

　　A． $y=3+2\cos x$ 　　　　　　　　　B． $y=1-2\cos x$

C. $y = 3\cos x - 2$ D. $y = 3 - 2\cos x$

3. 函数 $y = 2\sin\left(3x + \dfrac{\pi}{12}\right) - 3$ 的最大值和最小正周期分别为（   ）.

 A. -1，$\dfrac{2\pi}{3}$ B. 2，$\dfrac{3\pi}{4}$ C. 2，$\dfrac{2\pi}{3}$ D. 1，$\dfrac{\pi}{3}$

4. 函数 $y = 2\sin\left(2x + \dfrac{\pi}{4}\right)\cos\left(2x + \dfrac{\pi}{4}\right)$ 的最小值和最小正周期是（   ）.

 A. 2，π B. -1，$\dfrac{\pi}{2}$ C. -1，π D. 1，$\dfrac{\pi}{2}$

5. 函数 $f(x) = (\sin 2x + \cos 2x)^2$ 的最小正周期及最大值分别是（   ）.

 A. π，1 B. π，2 C. $\dfrac{\pi}{2}$，2 D. $\dfrac{\pi}{2}$，3

6. 函数 $f(x) = \cos 2x \cos 4x - \sin 2x \sin 4x$ 的最小正周期及最小值分别是（   ）.

 A. $\dfrac{\pi}{2}$，-1 B. $\dfrac{\pi}{3}$，-1 C. π，$-\sqrt{3}$ D. $\dfrac{\pi}{3}$，$-\sqrt{3}$

7. 函数 $y = \sqrt{3}\sin x + \cos x$ 的最大值和最小正周期分别是（   ）.

 A. 2，2π B. $\sqrt{3}$，π C. 4，2π D. $\sqrt{2}$，$\dfrac{\pi}{2}$

8. 函数 $f(x) = 2\sin\omega x\,(\omega > 0)$ 的最小正周期为 4π，则 $\omega =$（   ）.

 A. $\dfrac{1}{4}$ B. $\dfrac{1}{2}$ C. 1 D. 2

9. 已知函数 $f(x) = a\sin x + \cos x\,(x \in \mathbf{R})$ 的最大值是 2，则 a 的值为（   ）.

 A. $\sqrt{3}$ B. $\pm\sqrt{3}$ C. 1 D. 2

10. 下列函数中，为偶函数的是（   ）.

 A. $f(x) = \cos x$，$x \in [0, +\infty)$ B. $f(x) = x + \sin x$，$x \in \mathbf{R}$

 C. $f(x) = x^2 + \sin x$，$x \in \mathbf{R}$ D. $f(x) = x\sin x$，$x \in \mathbf{R}$

11. 函数 $f(x) = 1 - 3\cos\dfrac{x}{2}\,(x \in \mathbf{R})$ 是（   ）.

 A. 最小正周期为 4π 的偶函数   B. 最小正周期为 π 的偶函数

 C. 最小正周期为 4π 的奇函数   D. 最小正周期为 π 的奇函数

12. 函数 $f(x) = 3\sin 2x \cos 2x$ 是（   ）.

 A. 最小正周期为 $\dfrac{\pi}{2}$ 的偶函数   B. 最小正周期为 π 的偶函数

 C. 最小正周期为 $\dfrac{\pi}{2}$ 的奇函数   D. 最小正周期为 π 的奇函数

13. 函数 $f(x) = \sin 3x \cos x - \cos 3x \sin x$ 是（   ）.

 A. 最小正周期为 2π 的偶函数   B. 最小正周期为 π 的偶函数

 C. 最小正周期为 2π 的奇函数   D. 最小正周期为 π 的奇函数

14. 下列不等式中正确的是（   ）.

 A. $\sin\dfrac{\pi}{5} > \sin\dfrac{2\pi}{5}$ B. $\cos\dfrac{\pi}{5} > \cos\dfrac{2\pi}{5}$

C.　$\sin\dfrac{\pi}{5} > \cos\dfrac{\pi}{4}$　　　　　　　　D.　$\cos\dfrac{\pi}{5} < \sin\dfrac{\pi}{4}$

15．当 $x\in\left(0,\dfrac{\pi}{2}\right)$ 时，下列不等式成立的是（　　）.

A.　$\dfrac{1}{\cos x} > \tan x > \sin x$　　　　　　B.　$\tan x > \dfrac{1}{\cos x} > \sin x$

C.　$\sin x > \tan x > \dfrac{1}{\cos x}$　　　　　　D.　$\dfrac{1}{\cos x} > \sin x > \tan x$

二、填空题

16．若 $\sin x = 2a - 1$，则实数 a 的取值范围是_____.

17．若 $2\cos x = m - 1$，则实数 m 的取值范围是_____.

18．函数 $y = 6\sin\omega x + 8\cos\omega x\,(\omega > 0)$ 的最小正周期为 $\dfrac{\pi}{2}$，则 ω 的值为_____，函数的最小值为_____.

19．函数 $y = \sin 2x - \cos 2x$ 的最大值是_____，最小正周期是_____.

20．函数 $y = (\cos x - \sin x)^2$ 的最小正周期为_____.

21．函数 $y = \cos^2 x - \sin^2 x$ 的最小正周期为_____.

22．函数 $y = 1 + \sin x\cos x$ 的最小正周期是_____，最大值为_____.

23．已知函数 $f(x) = A\sin\omega x\,(A > 0,\ \omega > 0)$ 的最小值为 -3，最小正周期为 3π，则函数 $f(x) = $ _____.

24．已知函数 $f(x) = a\sin\left(3x + \dfrac{\pi}{3}\right)$ 的图像经过点 $\left(\dfrac{\pi}{3},\ -\sqrt{3}\right)$，则 $a = $ _____.

25．比较大小：（1）$\sin\dfrac{4\pi}{7}$ _____ $\sin\dfrac{6\pi}{7}$；　　（2）$\cos\dfrac{\pi}{7}$ _____ $\cos\dfrac{3\pi}{7}$；

（3）$\cos 35°$ _____ $\cos 135°$；　　（4）$\sin 75°$ _____ $\cos 75°$.

26．函数 $y = \cos\left(\dfrac{\pi}{2} - x\right)\left(\dfrac{\pi}{3} \leqslant x \leqslant \dfrac{2\pi}{3}\right)$ 的最大值是_____，最小值是_____.

27．函数 $y = \cos x\left(-\dfrac{\pi}{3} \leqslant x \leqslant \dfrac{\pi}{3}\right)$ 的最大值是_____，最小值是_____.

三、解答题

28．画出下列函数的简图，并写出函数的最大值和最小值.

（1）$y = 1 - \sin x$，$x\in[0,\ 2\pi]$.　　　　　　（2）$y = 1 + \cos x$，$x\in[0,\ 2\pi]$.

29. 已知函数 $f(x) = A\sin\left(\omega x + \dfrac{\pi}{4}\right)(A > 0,\ \omega > 0)$ 的最大值为 2，最小正周期为 2π．

（1）求常数 A 和 ω 的值．

（2）若 $\angle A$ 为 $\triangle ABC$ 的一个内角，且 $f\left(A - \dfrac{\pi}{4}\right) = \sqrt{3}$，求 $\angle A$．

30. 已知函数 $f(x) = A\sin(\omega x + \varphi)\left(A > 0,\ \omega > 0,\ 0 < \varphi < \dfrac{\pi}{2}\right)$ 的最小值为 -2，最小正周期为 π，且其图像经过点 $\left(\dfrac{\pi}{2},\ -\sqrt{3}\right)$．

（1）求函数 $f(x)$ 的解析式．

（2）若 $\sin\theta = \dfrac{4}{5}$，$0 < \theta < \dfrac{\pi}{2}$，求 $f\left(\theta - \dfrac{\pi}{6}\right)$ 的值．

§6.8 解斜三角形

复习要求

1. 理解余弦定理，能熟练运用余弦定理解已知"边，角，边"和"边，边，边"两类三角形．

2. 理解正弦定理，能熟练运用正弦定理求解三角形的边角问题．

3. 掌握三角形面积公式．

4. 会解斜三角形的简单应用题．

§6.8.1　余弦定理

知识要点

1．三角形的基本性质

（1）$\angle A + \angle B + \angle C = 180°$．

（2）三角形任意两边之和大于第三边，任意两边之差小于第三边．

（3）大边对大角，大角对大边，且 $\sin A > \sin B \Leftrightarrow a > b \Leftrightarrow \angle A > \angle B$．

（4）三角形的任何一个外角等于和它不相邻的两个内角之和．

（5）$\sin C = \sin(A+B)$，$\cos C = -\cos(A+B)$．

2．余弦定理

三角形任意一边的平方等于其余两边的平方和减去这两边长与其夹角的余弦乘积的 2 倍，即：$a^2 = b^2 + c^2 - 2bc\cos A$，$b^2 = a^2 + c^2 - 2ac\cos B$，$c^2 = a^2 + b^2 - 2ab\cos C$．

变形：$\cos A = \dfrac{b^2+c^2-a^2}{2bc}$，$\cos B = \dfrac{a^2+c^2-b^2}{2ac}$，$\cos C = \dfrac{a^2+b^2-c^2}{2ab}$．

3．利用余弦定理可解决的三角形问题

（1）已知两边及一角，求第三边．

（2）已知三边或三边关系式，求三角．

（3）判断三角形的形状．

例题解析

【例1】（1）在 $\triangle ABC$ 中，$\angle A = 60°$，$b = 3$，$c = 4$，求 a 的值．

（2）a, b, c 为 $\triangle ABC$ 的三边长，其中 $b = 5$，$c = \sqrt{5}$，且 $\cos C = \dfrac{9}{10}$，求 a 的长．

（3）在 $\triangle ABC$ 中，$a = 2$，$b = 2\sqrt{2}$，$c = 2$，求 $\angle C$ 的大小．

（4）在 $\triangle ABC$ 中，$a^2 + b^2 - c^2 + ab = 0$，求 $\angle C$ 的大小．

解：（1）因为 $a^2 = b^2 + c^2 - 2bc\cos A = 3^2 + 4^2 - 2\times3\times4\times\cos60° = 13$，所以 $a = \sqrt{13}$．

（2）由余弦定理得 $c^2 = a^2 + b^2 - 2ab\cos C$，所以 $5 = a^2 + 25 - 2\times a\times5\times\dfrac{9}{10}$，化简得 $a^2 - 9a + 20 = 0$，解得 $a = 4$ 或 $a = 5$．

（3）因为 $\cos C = \dfrac{a^2+b^2-c^2}{2ab} = \dfrac{2^2+(2\sqrt{2})^2-2^2}{2\times2\times2\sqrt{2}} = \dfrac{\sqrt{2}}{2}$，所以 $\angle C = 45°$．

（4）因为 $c^2 = a^2 + b^2 + ab$，所以 $-2\cos C = 1$，$\cos C = -\dfrac{1}{2}$，又因为 $\angle C \in (0, \pi)$，所以 $\angle C = 120°$．

评析：本题主要训练利用余弦定理求边、求角．运用公式时，要注意边角的对应关系．

【例2】（1）在 $\triangle ABC$ 中，$a=\sqrt{3}$，$b=2$，$c=\sqrt{5}$，判断该三角形的形状．

（2）在 $\triangle ABC$ 中，$a:b:c=2\sqrt{2}:\sqrt{2}:2$，判断该三角形的形状．

解：（1）因为三角形中大边对大角，因此 c 边所对的 $\angle C$ 最大．

由余弦定理得 $\cos C=\dfrac{a^2+b^2-c^2}{2ab}=\dfrac{3+4-5}{2\times\sqrt{3}\times 2}=\dfrac{1}{2\sqrt{3}}>0$，

所以 $\angle C$ 为锐角，所以 $\triangle ABC$ 为锐角三角形．

（2）因为三角形中大边对大角，因此 a 边所对的 $\angle A$ 最大．

设 $a=2\sqrt{2}r$，$b=\sqrt{2}r$，$c=2r$，则

$$\cos A=\dfrac{b^2+c^2-a^2}{2bc}=\dfrac{2r^2+4r^2-8r^2}{4\sqrt{2}r^2}=-\dfrac{1}{2\sqrt{2}}<0,$$

所以 $\angle A$ 为钝角，所以 $\triangle ABC$ 为钝角三角形．

评析：此类题目，只要判断最大角是锐角、直角或者钝角，即可确定三角形的形状．由（1）题求 $\cos C$ 的过程可知，只要判断 $a^2+b^2-c^2$ 的符号就可以确定 $\triangle ABC$ 的形状．当 $a^2+b^2-c^2>0$ 时，$\angle C$ 为锐角，因而 $\triangle ABC$ 为锐角三角形；当 $a^2+b^2-c^2=0$ 时，$\angle C$ 为直角，因而 $\triangle ABC$ 为直角三角形；当 $a^2+b^2-c^2<0$ 时，$\angle C$ 为钝角，因而 $\triangle ABC$ 为钝角三角形．

【例3】（1）已知 $\triangle ABC$ 的三个内角 $\angle A$、$\angle B$、$\angle C$ 成等差数列，且 $BC=6$，$AB=2$，求 AC 的值．

（2）在 $\triangle ABC$ 中，边长 a 和 b 是方程 $x^2-2\sqrt{3}x+2=0$ 的两根，且 $\cos C=\dfrac{1}{2}$，求边长 c．

解：（1）因为三个内角 $\angle A$、$\angle B$、$\angle C$ 成等差数列，所以 $2\angle B=\angle A+\angle C$，又因为 $\angle A+\angle B+\angle C=180°$，所以 $\angle B=60°$，由余弦定理得

$$AC^2=AB^2+BC^2-2AB\cdot BC\cdot\cos B=4+36-2\times 2\times 6\times\dfrac{1}{2}=28，\text{所以 }AC=2\sqrt{7}.$$

（2）因为 a 和 b 是方程 $x^2-2\sqrt{3}x+2=0$ 的两根，所以 $\begin{cases}a+b=2\sqrt{3}\\ab=2\end{cases}$，

所以 $(a+b)^2=a^2+b^2+2ab=12$，$a^2+b^2=8$，

由余弦定理得 $c^2=a^2+b^2-2ab\cos C=8-2\times 2\times\dfrac{1}{2}=6$，所以 $c=\sqrt{6}$．

评析：已知三角形边或角的关系，可用余弦定理解决问题．

【例4】在 $\triangle ABC$ 中，$\angle A$、$\angle B$、$\angle C$ 所对的边分别为 a、b、c，且 $a=2$，$b=5$，$\cos C=\dfrac{1}{5}$，

（1）求 $\triangle ABC$ 的周长．（2）求 $\cos(A+B)$ 的值．

解：（1）在 $\triangle ABC$ 中，由余弦定理得

$$c^2=a^2+b^2-2ab\cos C=2^2+5^2-2\times 2\times 5\times\dfrac{1}{5}=25,$$

因为 $c>0$，所以 $c=5$，$\triangle ABC$ 的周长：$a+b+c=2+5+5=12$．

（2）在 $\triangle ABC$ 中，$\cos(A+B)=\cos(\pi-C)=-\cos C=-\dfrac{1}{5}$．

评析：本题主要考查利用余弦定理解决三角形问题.

【例5】如图 6-8-1 所示，位于 A 处的信息中心获悉：在其正东方向相距 40 海里的 B 处有一艘渔船遇险，在原地等待救援. 信息中心立即把消息告知在其南偏西30°、相距 20 海里的 C 处的乙船，命乙船到达 B 处开展营救工作.

（1）求 B、C 两处间的距离.

（2）如果乙船的速度是 $15\sqrt{7}$ 海里/时，试问经过多长时间乙船能到达营救处？

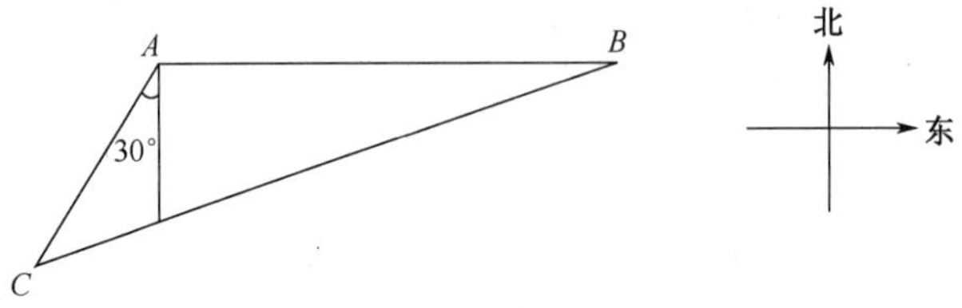

图 6-8-1

解：（1）由题意得 $AB = 40$ 海里，$AC = 20$ 海里，$\angle CAB = 30° + 90° = 120°$，由余弦定理得 $BC^2 = AC^2 + AB^2 - 2AC \cdot AB \cdot \cos A = 20^2 + 40^2 - 2 \times 20 \times 40 \times \left(-\dfrac{1}{2}\right) = 2800$，故 $BC = 20\sqrt{7}$ 海里.

（2）由题意得乙船的速度 $v = 15\sqrt{7}$ 海里/时，B、C 的距离 $s = 20\sqrt{7}$ 海里，所以时间 $t = \dfrac{s}{v} = \dfrac{20\sqrt{7}}{15\sqrt{7}} = \dfrac{4}{3}$（小时）.

答：B、C 之间的距离为 $20\sqrt{7}$ 海里；经过 $\dfrac{4}{3}$ 小时乙船能到达营救处.

评析：余弦定理适合的是已知两边及其夹角的三角形，或者是已知三边的三角形，在解题时要理解好已知条件的关系.

同步练习题

一、选择题

1. 在 $\triangle ABC$ 中，$\sin C = \dfrac{\sqrt{3}}{2}$，$\angle A = 30°$，则 $\angle B = $（　　）.

A．90°　　　　　　　　　　　　B．30°

C．60°或90°　　　　　　　　　D．30°或90°

2. 设 $\angle A$、$\angle B$、$\angle C$ 分别是 $\triangle ABC$ 的三个内角，若 $\cos(A+B) = \dfrac{2}{3}$，则 $\cos C = $（　　）.

A．$\dfrac{1}{3}$　　　　B．$\dfrac{2}{3}$　　　　C．$-\dfrac{1}{3}$　　　　D．$-\dfrac{2}{3}$

3. 若 $\triangle ABC$ 的三个内角满足 $2\angle B = \angle A + \angle C$，则 $\angle B = $（　　）.

A．30°　　　　　B．60°　　　　　C．90°　　　　　D．45°

4. 在 $\triangle ABC$ 中，$\angle B = 60°$，$AB = 2$，$BC = 1$，则 $AC = $（　　）.

A. $\sqrt{3}$ B. 2   C. 3   D. $3\sqrt{3}$

5. 在 $\triangle ABC$ 中，若 $a=6$，$b=6\sqrt{3}$，$\angle A=30°$，则 $c=$（ ）.

     A. 6   B. 12   C. 6 或 12   D. $6\sqrt{3}$

6. 在 $\triangle ABC$ 中，$\angle A$、$\angle B$、$\angle C$ 所对的边分别为 a、b、c，若 $a=4$，$b=2$，且 $A+B=\dfrac{\pi}{3}$，则 $c=$（ ）.

     A. $2\sqrt{7}$ B. 28   C. 38   D. $\sqrt{38}$

7. 在 $\triangle ABC$ 中，已知 $a=1$，$b=1$，$c=\sqrt{3}$，则 $\angle C=$（ ）.

     A. 30°   B. 60°   C. 120°   D. 45°

8. $\triangle ABC$ 三边分别为 $a=\sqrt{7}$，$b=2$，$c=1$，则此三角形的最大角为（ ）.

     A. 30°   B. 60°   C. 120°   D. 45°

9. 在 $\triangle ABC$ 中，已知 $a=5$，$b=6$，$c=9$，则 $\triangle ABC$ 为（ ）三角形.

     A. 直角   B. 钝角

     C. 锐角   D. 不能确定

10. 在 $\triangle ABC$ 中，$a^2>b^2+c^2$，则此三角形的形状为（ ）.

     A. 直角三角形   B. 钝角三角形

     C. 锐角三角形   D. 不能确定

11. 在 $\triangle ABC$ 中，$a^2=b^2+c^2+\sqrt{3}bc$，则 $\angle A=$（ ）.

     A. 30°   B. 60°   C. 120°   D. 150°

12. 在 $\triangle ABC$ 中，如果 $a^2-b^2=c(b+c)$，则 $\angle A=$（ ）.

     A. 30°   B. 60°

     C. 120°   D. 150°

13. $\triangle ABC$ 的三个内角 $\angle A$、$\angle B$、$\angle C$ 成等差数列，且 $a=6$，$c=2$，则 $b=$（ ）.

     A. $2\sqrt{7}$ B. $\sqrt{26}$

     C. $\sqrt{14}$ D. $\sqrt{13}$

14. 在 $\triangle ABC$ 中，边长 $a=4$，$c=5$，$\cos B$ 是方程 $x^2-x+\dfrac{1}{4}=0$ 的根，则 $b=$（ ）.

     A. $2\sqrt{5}$ B. $\sqrt{21}$

     C. $\sqrt{22}$ D. $\sqrt{61}$

二、填空题

15. 在 $\triangle ABC$ 中，已知 $a=6$，$b=3$，$\angle C=120°$，则 $\triangle ABC$ 的周长为_____.

16. 在 $\triangle ABC$ 中，$\angle A$、$\angle B$、$\angle C$ 的对边分别为 a、b、c，若 $a=\sqrt{3}$，$b=1$，$\angle A=\dfrac{\pi}{3}$，则 $c=$_____.

17. 在 $\triangle ABC$ 中，若 $b=6$，$c=7$，$\angle A=60°$，则 $\cos B=$_____.

18. 在 $\triangle ABC$ 中，$a:b:c=3:5:7$，则最大内角是角_____，大小为_____.

19. 在 $\triangle ABC$ 中，已知 $b^2+c^2-a^2=\sqrt{3}bc$，则 $\angle A=$_____.

20. 在 $\triangle ABC$ 中，已知三角形三边之比 $a:b:c=\sqrt{3}:3:2\sqrt{3}$，则最小内角是角_____，大小为_____.

三、解答题

21．设 $\triangle ABC$ 的内角 $\angle A$、$\angle B$、$\angle C$ 的对边分别为 a、b、c，已知 $a=2$，$b=3$，$c=\sqrt{5}$，求 $\sin C$ 的值．

22．在 $\triangle ABC$ 中，若 $\angle A$、$\angle B$、$\angle C$ 成等差数列，a，c 是方程 $x^2-7x+12=0$ 的两根，求 b 的值．

23．如图 6-8-2 所示，足球门的左右门柱分别立在 A、B 处，假定足球门的宽度 AB 为 7 米，在距离右门柱 15 米的 C 处，一名球员带球沿与门线 AC 呈 $28°$ 角的方向 CD 以平均 6.5 米/秒的速度推进，2 秒后到达点 D 处射门．问：

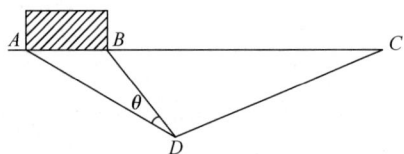

（1）D 点到左右门柱的距离分别为多少米？

（2）此时射门张角 θ 为多少？（$\cos 28°\approx\dfrac{23}{26}$）

图 6-8-2

§6.8.2　正弦定理及三角形面积公式

知识要点

1．正弦定理

在一个三角形中，各边和它所对的角的正弦的比值相等，即

$$\frac{a}{\sin A}=\frac{b}{\sin B}=\frac{c}{\sin C}=2R\quad（R\text{ 为三角形外接圆的半径}）．$$

【说明】正弦定理可以变形为：$a:b:c=\sin A:\sin B:\sin C$，进行边角转换．

2．利用正弦定理可解决的三角形问题

（1）已知两角及一边，求其他元素．
（2）已知两边及一角，求其他元素．
（3）利用 $a:b:c=\sin A:\sin B:\sin C$，进行边角转换．

3．三角形面积公式

（1）$S_{\triangle ABC}=\dfrac{1}{2}\times 底\times 高$．

（2）任意一个三角形的面积，等于任意两边及其夹角正弦值乘积的一半，即

$$S_{\triangle ABC}=\dfrac{1}{2}ab\sin C=\dfrac{1}{2}ac\sin B=\dfrac{1}{2}bc\sin A.$$

例题解析

【例1】（1）在 $\triangle ABC$ 中，已知 $c=10$，$\angle A=45°$，$\angle C=30°$，求 a，$\angle B$．
（2）已知 $\triangle ABC$ 中，$\angle A=30°$，$a=16$，$b=16\sqrt{3}$，求 $\angle B$．
（3）已知 $\triangle ABC$ 中，$\angle C=60°$，$a=\sqrt{2}$，$c=\sqrt{3}$，求 $\angle A$．

解：（1）由 $\dfrac{a}{\sin A}=\dfrac{c}{\sin C}$，得 $\dfrac{a}{\sin 45°}=\dfrac{10}{\sin 30°}$，求得 $a=10\sqrt{2}$；$\angle B=180°-(\angle A+\angle C)=105°$．

（2）由 $\dfrac{a}{\sin A}=\dfrac{b}{\sin B}$，得 $\dfrac{16}{\sin 30°}=\dfrac{16\sqrt{3}}{\sin B}$，求得 $\sin B=\dfrac{\sqrt{3}}{2}$，因为 $0°<\angle B<180°$，所以 $\angle B=60°$ 或 $120°$．

（3）由 $\dfrac{a}{\sin A}=\dfrac{c}{\sin C}$，得 $\dfrac{\sqrt{2}}{\sin A}=\dfrac{\sqrt{3}}{\sin 60°}$，求得 $\sin A=\dfrac{\sqrt{2}}{2}$，所以 $\angle A=45°$ 或 $135°$，因为 $60°+135°>180°$，所以 $\angle A=45°$．

评析：本题主要考查正弦定理及其应用：求边、求角．应用正弦定理求角时，得出两解，要根据题意，注意解的取舍情况．方法是把得出的角加上题目已知的角，若所得的值大于或等于180°，则舍去．

【例2】（1）已知 $\triangle ABC$ 的内角 $\angle A$、$\angle B$、$\angle C$ 的对边分别为 a、b、c，已知 $2a=3c$，$\angle A=2\angle C$，则 $\cos C=$（　　）．

  A．3   B．4   C．$\dfrac{3}{4}$ D．$\dfrac{4}{3}$

（2）在 $\triangle ABC$ 中，$\angle A$、$\angle B$ 所对的边分别是 a、b，且 $b\sin B=a\sin A$，则 $\triangle ABC$ 是（　　）．

  A．等腰三角形   B．直角三角形
  C．等边三角形   D．等腰直角三角形

解：（1）由 $\dfrac{a}{\sin A}=\dfrac{c}{\sin C}$，得 $\dfrac{\frac{3c}{2}}{\sin 2C}=\dfrac{c}{\sin C}$，即 $\dfrac{\frac{3c}{2}}{2\sin C\cos C}=\dfrac{c}{\sin C}$，所以 $\cos C=\dfrac{3}{4}$，

故选 C 项.

（2）因为 $b\sin B = a\sin A$，所以 $\dfrac{b}{a} = \dfrac{\sin A}{\sin B}$；由正弦定理得 $\dfrac{a}{\sin A} = \dfrac{b}{\sin B}$，所以 $\dfrac{b}{a} = \dfrac{\sin B}{\sin A}$，所以 $\sin^2 A = \sin^2 B$，又因为 $\angle A$、$\angle B$ 是三角形的内角，所以 $\angle A = \angle B$，故 $a = b$，故选 A.

评析： 本题主要巩固对三角形的基本性质、正弦定理、二倍角公式的综合运用.

【例3】（1）$\triangle ABC$ 的内角 $\angle A$、$\angle B$、$\angle C$ 的对边分别为 a、b、c，已知 $\sin A : \sin B : \sin C = 3 : 5 : 7$，且最大边长为 14，求另外两条边的长度.

（2）已知 $\triangle ABC$ 三边之比为 $\sin A : \sin B : \sin C = 4 : 5 : 6$，且周长为 7.5，求 a、b、c 的边长.

解：（1）依题意 $\sin A : \sin B : \sin C = 3 : 5 : 7$，即 $a : b : c = 3 : 5 : 7$，所以 $c = 14$，$a = 6$，$b = 10$.

（2）依题意 $\sin A : \sin B : \sin C = 4 : 5 : 6$，即 $a : b : c = 4 : 5 : 6$，设 $a = 4x$，$b = 5x$，$c = 6x$，则 $4x + 5x + 6x = 7.5$，即 $x = 0.5$，所以 $a = 2$，$b = 2.5$，$c = 3$.

评析： 本题主要考查利用 $a : b : c = \sin A : \sin B : \sin C$，进行边角转换.

【例4】（1）在 $\triangle ABC$ 中，已知 $a = 4$，$c = 1$，$\angle B = 30°$，求 $\triangle ABC$ 的面积.

（2）在锐角 $\triangle ABC$ 中，已知 $a = 6$，$c = 2\sqrt{3}$，三角形的面积是 $3\sqrt{3}$，求 $\angle B$.

解：（1）$S_{\triangle ABC} = \dfrac{1}{2}ac\sin B = \dfrac{1}{2} \times 4 \times 1 \times \dfrac{1}{2} = 1$.

（2）$S_{\triangle ABC} = \dfrac{1}{2}ac\sin B = \dfrac{1}{2} \times 6 \times 2\sqrt{3} \times \sin B = 3\sqrt{3} \Rightarrow \sin B = \dfrac{1}{2}$，又因为 $\triangle ABC$ 为锐角三角形，所以 $\angle B = 30°$.

评析： 本题主要考查三角形面积公式的运用. 运用公式时，要注意边角的对应关系.

【例5】 $\triangle ABC$ 的内角 $\angle A$、$\angle B$、$\angle C$ 的对边分别为 a、b、c，且 $a = 2$，$\cos B = \dfrac{3}{5}$.

（1）若 $b = 4$，求 $\sin(B + C)$ 的值.

（2）若三角形的面积 $S_{\triangle ABC} = 4$，求 b、c 的长.

解： 因为 $\cos B = \dfrac{3}{5} > 0$，且 $0 < B < \pi$，所以 $\sin B = \dfrac{4}{5}$.

（1）由正弦定理 $\dfrac{a}{\sin A} = \dfrac{b}{\sin B}$，得 $\dfrac{2}{\sin A} = \dfrac{4}{\frac{4}{5}}$，求得 $\sin A = \dfrac{2}{5}$，所以 $\sin(B + C) = \sin A = \dfrac{2}{5}$.

（2）$S_{\triangle ABC} = \dfrac{1}{2}ac\sin B = \dfrac{1}{2} \times 2 \times c \times \dfrac{4}{5} = 4$，所以 $c = 5$.

又由余弦定理得 $b^2 = a^2 + c^2 - 2ac\cos B = 2^2 + 5^2 - 2 \times 2 \times 5 \times \dfrac{3}{5} = 17$，所以 $b = \sqrt{17}$.

评析： 三角形的面积公式往往会与同角三角函数的平方关系式、余弦定理、正弦定理一起运用. 解题时要注意三角形中的隐藏条件：$\sin C = \sin(A + B)$，$\cos C = -\cos(A + B)$.

【例6】 如图 6-8-3 所示，灯塔 PO 与地平线 AO 互相垂直，在 A 点处测得塔顶 P 的仰角 $\angle PAO = 45°$，沿 AO 方向前进至 B 点，测得仰角 $\angle PBO = 75°$，测得 A、B 两点间相距 44 米，求灯塔的高度.

解：$\angle APB = \angle PBO - \angle A = 75° - 45° = 30°$，在 $\triangle ABP$ 中，根据

正弦定理有 $\dfrac{PB}{\sin A} = \dfrac{AB}{\sin \angle APB}$，$PB = \dfrac{44}{\dfrac{1}{2}} \times \dfrac{\sqrt{2}}{2} = 44\sqrt{2}$，在 $\mathrm{Rt}\triangle POB$

中，$\sin \angle PBO = \dfrac{PO}{PB}$，所以 $PO = \sin \angle PBO \cdot PB = \sin 75° \times 44\sqrt{2} =$

$\sin(30° + 45°) \times 44\sqrt{2} = (\sin 30° \cos 45° + \cos 30° \sin 45°) \times 44\sqrt{2} =$

$\left(\dfrac{1}{2} \times \dfrac{\sqrt{2}}{2} + \dfrac{\sqrt{3}}{2} \times \dfrac{\sqrt{2}}{2} \right) \times 44\sqrt{2} = 22(\sqrt{3}+1)$．所以灯塔的高度为

$22(\sqrt{3}+1)$ 米．

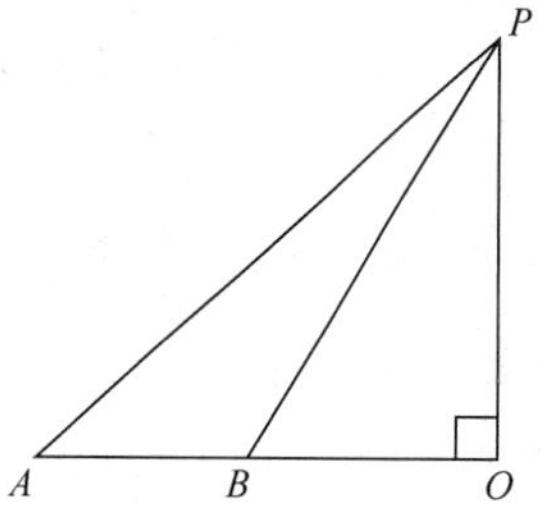

图 6-8-3

同步练习题

一、选择题

1. 在 $\triangle ABC$ 中，下列各式正确的是（　　）．

    A．$\dfrac{a}{b} = \dfrac{\sin B}{\sin A}$　　　　　　　　　　B．$a\sin A = b\sin B$

    C．$a\sin B = c\sin B$　　　　　　　　　　D．$a\sin B = b\sin A$

2. 设角 A，B，C 分别是 $\triangle ABC$ 的三个内角，若 $\sin(A+B) = \dfrac{3}{5}$，则 $\sin C =$（　　）．

    A．$\dfrac{3}{5}$　　　　　B．$\dfrac{4}{5}$　　　　　C．$-\dfrac{3}{5}$　　　　　D．$-\dfrac{4}{5}$

3. 在 $\triangle ABC$ 中，已知 $A = 2B$，则 $a =$（　　）．

    A．$2b\sin A$　　　　B．$2b\cos A$　　　　C．$2b\sin B$　　　　D．$2b\cos B$

4. 在 $\triangle ABC$ 中，已知 $b = 6$，$\angle A = 30°$，$\angle B = 60°$，则 $a =$（　　）．

    A．$2\sqrt{2}$　　　　B．$2\sqrt{3}$　　　　C．$3\sqrt{3}$　　　　D．6

5. 在 $\triangle ABC$ 中，已知 $\angle B = \dfrac{\pi}{6}$，$\cos C = \dfrac{3}{5}$，$c = 8$，则 $b =$（　　）．

    A．$\dfrac{40}{3}$　　　　B．10　　　　C．$\dfrac{20}{3}$　　　　D．5

6. 在 $\triangle ABC$ 中，若 $a = 2$，$b = \sqrt{6}$，$\angle A = \dfrac{\pi}{4}$，则 $\angle B =$（　　）．

    A．$\dfrac{\pi}{6}$　　　　B．$\dfrac{\pi}{3}$　　　　C．$\dfrac{\pi}{6}$ 或 $\dfrac{5\pi}{6}$　　　　D．$\dfrac{\pi}{3}$ 或 $\dfrac{2\pi}{3}$

7. 已知 $\triangle ABC$ 中，$b = \sqrt{3}$，$c = 1$，$\angle B = 60°$，则 $\angle C =$（　　）．

    A．$30°$　　　　B．$60°$　　　　C．$30°$ 或 $150°$　　　　D．$60°$ 或 $120°$

8. 在 $\triangle ABC$ 中，若 $\dfrac{\sin A}{a} = \dfrac{\cos B}{b}$，则 $\angle B =$（　　）．

    A．$90°$　　　　B．$60°$　　　　C．$45°$　　　　D．$30°$

9. 在 $\triangle ABC$ 中，若 $b = 2a\sin B$，则 $\angle A =$（　　）．

A．30°或60°   B．45°或60°   C．30°或150°   D．60°或120°

10．在△ABC中，若 $\sin A=\sin B$ ，则这个三角形是（   ）．

    A．等腰三角形   B．直角三角形

    C．锐角三角形   D．钝角三角形

11．在△ABC中，若 $\sin A:\sin B:\sin C=1:2:3$ ，则三边的比 $a:b:c=$ （   ）．

    A．$1:2:3$ B．$2:1:3$ C．$3:2:1$ D．$3:1:2$

12．在△ABC中，已知 $\angle A=150°$ ， $AB=4$ ， $AC=3$ ，则 $S_{\triangle ABC}=$ （   ）．

    A．3   B．$3\sqrt{3}$ C．6   D．$6\sqrt{3}$

13．在△ABC中，已知 $b=3$ ， $A=\dfrac{\pi}{6}$ ， $S_{\triangle ABC}=6\sqrt{3}$ ，则边 $c=$ （   ）．

    A．12   B．$8\sqrt{3}$ C．$24\sqrt{3}$ D．$12\sqrt{3}$

二、填空题

14．在△ABC中，已知边 $BC=2$ ， $\angle B=60°$ ， $\angle C=75°$ ，则 $\angle A=$ ＿＿＿＿＿，边 $AC=$ ＿＿＿＿＿．

15．在△ABC中， $a=5$ ， $\angle B=105°$ ， $\angle A=45°$ ，则此三角形最小边长度为＿＿＿＿＿．

16．在△ABC中，已知 $a=5\sqrt{2}$ ， $c=10$ ， $\angle A=30°$ ，则 $\angle C=$ ＿＿＿＿＿．

17．在△ABC中， $\angle A:\angle B:\angle C=1:2:3$ ，则三边的比 $a:b:c=$ ＿＿＿＿＿．

18．在△ABC中，已知 $a=3$ ， $b=5$ ，当三角形的面积 $S_{\triangle ABC}$ 最大时， $\angle C=$ ＿＿＿＿＿．

三、解答题

19．已知△ABC为锐角三角形，角 A ， B ， C 所对的边为 a ， b ， c ，且 $\angle B=45°$ ， $b=\sqrt{2}$ ， $c=\sqrt{3}$ ．

（1）求 $\angle C$ ．（2）求△ABC的面积．

20．在△ABC中， $\angle A$ 、 $\angle B$ 、 $\angle C$ 的对边分别为 a 、 b 、 c ，且 $a=1$ ， $b=\sqrt{3}$ ， $\angle B=\dfrac{2\pi}{3}$ ．

（1）求 $\cos A$ 的值．（2）求 c 的值．

21. 如图 6-8-4 所示，在 △ABC 中，点 D 在边 BC 上，且 BD=2，DC=1，∠B = 60°，∠ADC = 150°．

（1）求 AC 的长．

（2）求三角形 ABC 的面积 $S_{\triangle ABC}$．

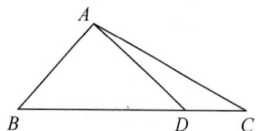

图 6-8-4

第六章 三角函数近十年高考真题练习

1. （2014 年）函数 $f(x) = 4\sin x \cos x (x \in \mathbf{R})$ 的最大值是（　　）．

    A. 1   B. 2   C. 4   D. 8

2. （2014 年）已知角 θ 的顶点为坐标原点，始边为 x 轴的正半轴，若 $P(4, 3)$ 是角 θ 终边上的一点，则 $\tan \theta =$（　　）．

    A. $\dfrac{3}{5}$ B. $\dfrac{4}{5}$ C. $\dfrac{4}{3}$ D. $\dfrac{3}{4}$

3. （2015 年）函数 $f(x) = 2\sin \omega x$ 的最小正周期为 3π，则 $\omega =$（　　）．

    A. $\dfrac{1}{3}$ B. $\dfrac{2}{3}$ C. 1   D. 2

4. （2016 年）函数 $y = \cos\left(\dfrac{\pi}{2} - x\right)$ 在区间 $\left[\dfrac{\pi}{3}, \dfrac{5\pi}{6}\right]$ 上的最大值是（　　）．

    A. $\dfrac{1}{2}$ B. $\dfrac{\sqrt{2}}{2}$ C. $\dfrac{\sqrt{3}}{2}$ D. 1

5. （2016 年）函数 $y = (\sin 2x - \cos 2x)^2$ 的最小正周期是（　　）．

    A. $\dfrac{\pi}{2}$ B. π C. 2π D. 4π

6. （2017 年）已知角 θ 的顶点与原点重合，始边为 x 轴的非负半轴，如果 θ 的终边与单位圆的交点为 $P\left(\dfrac{3}{5}, -\dfrac{4}{5}\right)$，则下列等式正确的是（　　）．

    A. $\sin \theta = \dfrac{3}{5}$ B. $\cos \theta = -\dfrac{4}{5}$ C. $\tan \theta = -\dfrac{4}{3}$ D. $\tan \theta = -\dfrac{3}{4}$

7. （2017 年）函数 $f(x) = \cos 3x \cos x - \sin 3x \sin x$ 的最小正周期是（　　）．

    A. $\dfrac{\pi}{2}$ B. $\dfrac{2\pi}{3}$ C. π D. 2π

8.（2018年）已知 $\triangle ABC$，$BC=\sqrt{3}$，$AC=\sqrt{6}$，$\angle C=90°$，则（　　）.

A. $\sin A=\dfrac{\sqrt{2}}{2}$　　B. $\cos A=\dfrac{\sqrt{6}}{3}$　　C. $\tan A=\sqrt{2}$　　D. $\cos(A+B)=1$

9.（2019年）已知 $\sin\alpha=\dfrac{1}{2}$，$\alpha\in\left(\dfrac{\pi}{2},\pi\right)$，则 $\cos(\pi+\alpha)=$（　　）.

A. $-\dfrac{\sqrt{3}}{2}$　　B. $-\dfrac{1}{2}$　　C. $\dfrac{\sqrt{3}}{2}$　　D. $\dfrac{1}{2}$

10.（2020年）已知角 α 的顶点与原点重合，始边与 x 轴正半轴重合，终边经过点 $(3,4)$，则 $\sin\alpha=$（　　）.

A. $\dfrac{4}{5}$　　B. $\dfrac{3}{5}$　　C. $-\dfrac{3}{5}$　　D. $-\dfrac{4}{5}$

11.（2020年）若 $\tan\alpha=3$，则 $\dfrac{\sin\alpha-\cos\alpha}{\sin\alpha+\cos\alpha}=$（　　）.

A. $\dfrac{3}{5}$　　B. $\dfrac{3}{4}$　　C. $\dfrac{2}{3}$　　D. $\dfrac{1}{2}$

12.（2021年）已知 $\sin\alpha=\dfrac{1}{3}$，则 $\cos 2\alpha=$（　　）.

A. $-\dfrac{7}{9}$　　B. $-\dfrac{\sqrt{3}}{2}$　　C. $\dfrac{7}{9}$　　D. $\dfrac{\sqrt{3}}{2}$

13.（2022年）函数 $f(x)=4\sin\left(6x+\dfrac{5\pi}{6}\right)$ 的最小正周期为（　　）.

A. $\dfrac{\pi}{6}$　　B. $\dfrac{\pi}{3}$　　C. $\dfrac{\pi}{2}$　　D. $\dfrac{5\pi}{6}$

14.（2022年）已知角 θ 的顶点与原点重合，始边与 x 轴非负半轴重合，角 θ 的终边经过点 $P(1,2)$，则 $\cos 2\theta=$（　　）.

A. $-\dfrac{3}{5}$　　B. $-\dfrac{4}{5}$　　C. $\dfrac{3}{5}$　　D. $\dfrac{4}{5}$

15.（2023年）$\sin 45°$ 的值是（　　）.

A. $\dfrac{\sqrt{3}}{2}$　　B. $\dfrac{\sqrt{2}}{2}$　　C. $\dfrac{1}{2}$　　D. $-\dfrac{\sqrt{2}}{2}$

16.（2023年）函数 $f(x)=3\sin\left(4x+\dfrac{3}{4}\pi\right)$ 的最小正周期是（　　）.

A. 2π　　B. $\dfrac{3}{4}\pi$　　C. $\dfrac{\pi}{2}$　　D. $\dfrac{\pi}{4}$

17.（2024年）$\tan 45°$ 的值是（　　）.

A. $\dfrac{\sqrt{2}}{2}$　　B. $\dfrac{\sqrt{3}}{2}$　　C. 1　　D. $\sqrt{2}$

18.（2024年）在 $\triangle ABC$ 中，内角 A，B，C 的对边分别是 a，b，c，已知 $a^2=b^2+c^2-bc$，则 $A=$（　　）.

A. $\dfrac{\pi}{2}$　　B. $\dfrac{\pi}{3}$　　C. $\dfrac{\pi}{4}$　　D. $\dfrac{\pi}{6}$

二、填空题

19.（2015 年）在 $\triangle ABC$ 中，$\angle A$、$\angle B$、$\angle C$ 的对边分别为 a、b、c，已知 $a=3$，$c=1$，$\cos B=\dfrac{1}{3}$，则 $b=$ _____．

20.（2016 年）已知 $\sin\left(\dfrac{\pi}{6}-\alpha\right)=-\dfrac{1}{2}\cos\alpha$，则 $\tan\alpha=$ _____．

21.（2018 年）在 $\triangle ABC$ 中，$\angle A$、$\angle B$、$\angle C$ 的对边分别为 a、b、c，已知 $3b=4a$，$\angle B=2\angle A$，则 $\cos A=$ _____．

22.（2019 年）已知函数 $f(x)=A\sin\omega x\,(A>0,\ \omega>0)$ 的最大值为 2，最小正周期为 $\dfrac{\pi}{2}$，则函数 $f(x)=$ _____．

23.（2020 年）函数 $f(x)=\sqrt{3}\sin x+\cos x$ 的最大值为_____．

24.（2021 年）函数 $f(x)=1+3\sin(x+2)$ 的最大值为_____．

25.（2022 年）若 $\tan\alpha=2$，则 $\dfrac{\cos(\alpha-2\pi)}{\cos\left(\dfrac{\pi}{2}+\alpha\right)}=$ _____．

26.（2023 年）已知 $\dfrac{\pi}{4}<\alpha<\dfrac{3\pi}{4}$，且 $\cos\left(\alpha-\dfrac{\pi}{4}\right)=\dfrac{3}{5}$，则 $\sin\alpha=$ _____．

27.（2024 年）已知 $\tan\theta=2$，则 $\dfrac{1}{\cos^2\theta+2\sin\theta\cos\theta}=$ _____．

三、解答题

28.（2014 年）在 $\triangle ABC$ 中，$\angle A$、$\angle B$、$\angle C$ 的对边分别为 a、b、c，且 $A+B=\dfrac{\pi}{3}$．

（1）求 $\sin A\cos B+\cos A\sin B$ 的值；

（2）若 $a=1$，$b=2$，求 c 的值．

29.（2015 年）某单位有一块如练习图 6-1 所示的四边形空地 $ABCD$，已知 $\angle A = 90°$，$AB = 3$ m，$AD = 4$ m，$BC = 12$ m，$CD = 13$ m．

（1）求 $\cos C$ 的值；

（2）若在该空地上种植每平方米 100 元的草皮，问需要投入多少资金？

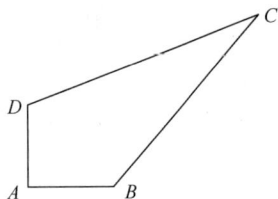

练习图 6-1

30.（2015 年）已知函数 $f(x) = a\cos\left(x + \dfrac{\pi}{6}\right)$ 的图像经过点 $\left(\dfrac{\pi}{2}, -\dfrac{1}{2}\right)$．

（1）求 a 的值；（2）若 $\sin\theta = \dfrac{1}{3}$，$0 < \theta < \dfrac{\pi}{2}$，求 $f(\theta)$．

31.（2016 年）在 $\triangle ABC$ 中，已知 $a = 1$，$b = 2$，$\cos C = -\dfrac{1}{4}$．

（1）求 $\triangle ABC$ 的周长；（2）求 $\sin(A + C)$ 的值．

32.（2017 年）设 $\triangle ABC$ 的内角 $\angle A$、$\angle B$、$\angle C$ 的对边分别为 a、b、c，已知 $a = 2$，$b = 3$，$c = \sqrt{5}$．

（1）求 $\sin C$ 的值；（2）求 $\cos(A + B) + \sin 2C$ 的值．

33.（2018年）已知 $f(x)=A\sin(\omega x+\varphi)\,(A>0,\ \omega>0,\ 0<\varphi<\pi)$ 的最小值为 -3，最小正周期为 π.

（1）求 A，ω 的值；

（2）函数 $y=f(x)$ 的图像过点 $\left(\dfrac{\pi}{4},\ \sqrt{7}\right)$，求 $f\left(\dfrac{\pi}{8}\right)$.

34.（2019年）在 $\triangle ABC$ 中，$\angle A$、$\angle B$、$\angle C$ 的对边分别为 a、b、c，若 $\cos A\cos B-\sin A\sin B=\dfrac{1}{4}$，且 $a=2$，$b=5$.

（1）求 $\cos C$ 的值；

（2）求 $\triangle ABC$ 的周长.

35.（2020年）已知函数 $f(x)=(\sin x+\cos x)^2-1$.

（1）求函数的最小正周期；

（2）若 $\alpha\in\left(0,\ \dfrac{\pi}{2}\right)$，且 $f\left(\dfrac{\pi}{4}-\alpha\right)=\dfrac{1}{2}$，求 $\cos\alpha$.

36．（2021 年）设锐角三角形 ABC 的内角为 A，B，C 所对的边为 a，b，c，已知 $a=2,b=5$，$\sin C=\dfrac{\sqrt{15}}{4}$．

（1）求边长 c 的值；

（2）求 $\sin(B+C)$ 的值．

37．（2022 年）在三角形 ABC 中，角 A，B，C 所对的边分别是 a，b，c，已知 $A=\dfrac{\pi}{6}$，$B=\dfrac{\pi}{4}$．

（1）求 $\sin C$ 的值；

（2）若 $a=\sqrt{2}$，求 $\triangle ABC$ 的周长．

38．（2023 年）在 $\triangle ABC$ 中，$\angle A=30°$，$BC=3$，D 是 AB 边上的点，且 $BD=\sqrt{2}$，$CD=\sqrt{5}$．

（1）求 $\cos B$ 的值；

（2）若 AC 的长．

39．（2024年）在 $\triangle ABC$ 中，内角 A，B，C 的对边分别是 a，b，c，已知 $a=2$，$b=3$，$c=2$．

（1）求 $\cos C$ 的值；

（2）求 $\sin A\sin B$ 的值．

平 面 向 量

考试内容

1. 向量的概念，向量的运算.
2. 轴上向量的坐标及其运算，平面向量的直角坐标运算.
3. 两个向量平行（共线）的条件，两个向量垂直的条件.
4. 中点坐标公式，两点间距离公式.

考试要求

1. 了解向量的概念、向量的长度（模）和单位向量、理解相等向量、相反向量、平行（共线）向量的意义.
2. 理解向量的加法与减法运算及其运算法则.
3. 理解数乘向量的运算及其运算法则. 掌握两个向量平行（共线）的条件.
4. 理解向量的数量积（内积）及其运算法则. 理解两个向量垂直的条件.
5. 了解平面向量坐标的概念，理解平面向量的坐标运算.
6. 掌握中点坐标公式和两点间的距离公式.

近四年分值占比

年份/年	2021	2022	2023	2024
分值/分	10	15	5	10
分值占比	6.7%	10%	3.3%	6.7%

近四年考点对比

年份/年	2021	2022	2023	2024
考点对比	向量垂直的条件，向量的内积及夹角公式	向量平行的条件，向量的加法的三角形法则，两点间的向量运算，向量的内积，向量的夹角	向量垂直的条件，向量内积	向量直角坐标运算，向量的内积公式

思维导图

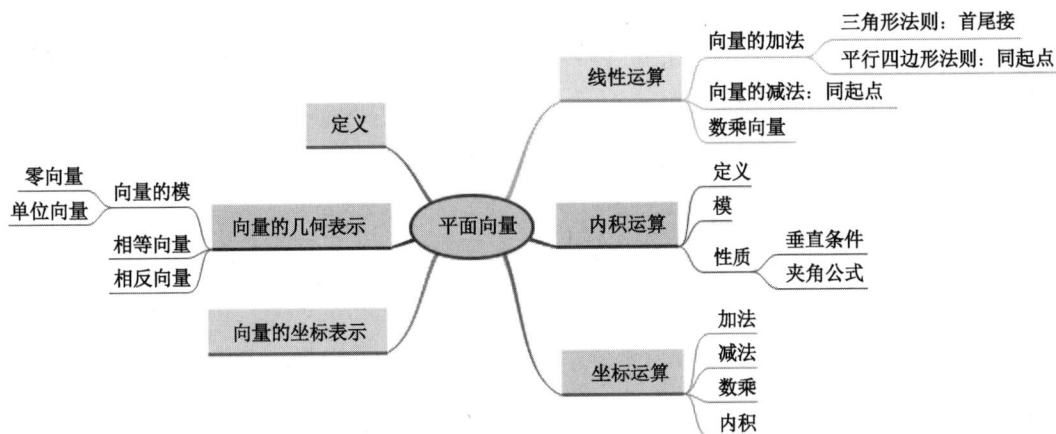

参考课时

8 课时

§7.1 向量的概念及线性运算

复习要求

1. 理解向量的概念.
2. 掌握向量的加法、减法运算，能熟练运用三角形法则和平行四边形法则作图和计算.
3. 掌握数乘向量的概念、意义及运算.
4. 掌握平行向量的基本定理，能用此定理证明简单的平面几何问题.

知识要点

1．向量的概念

（1）向量的定义：既有大小，又有方向的量叫向量．向量的两个要素：大小、方向.

（2）向量的表示：用有向线段表示，如向量 $\overrightarrow{AB}$ 或向量 $\boldsymbol{a}$.

（3）向量的长度（模）：表示向量的有向线段的长叫作向量的长度（或模），记作 $|\boldsymbol{a}|$ 或 $|\overrightarrow{AB}|$.

（4）几个概念：

① 零向量：长度为零的向量叫作零向量，记作 $\boldsymbol{0}$，零向量的方向是任意的.

② 单位向量：长度等于"1 个单位"的向量叫单位向量，记作 $\boldsymbol{e}$.

③ 相等向量：长度相等且方向相同的向量叫相等向量．

④ 相反向量：长度相等且方向相反的向量叫相反向量（负向量）．向量 a 的相反向量记作 $-a$．

⑤ 平行向量：表示向量的有向线段所在的直线互相平行或重合，则称这些向量为平行向量（也叫共线向量）．向量 a，b 平行记作 $a//b$．零向量与任何向量都是平行向量．

2．向量的运算

（1）向量的加法

三角形法则：已知向量 a，b，作 $\overrightarrow{AB}=a$，$\overrightarrow{BC}=b$，则 $\overrightarrow{AC}=\overrightarrow{AB}+\overrightarrow{BC}=a+b$（如图 7-1-1 所示）．

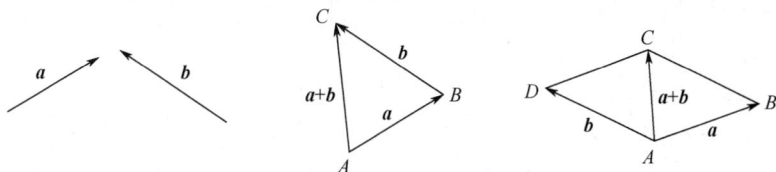

图 7-1-1

平行四边形法则：已知向量 a，b，作 $\overrightarrow{AB}=a$，$\overrightarrow{AD}=b$，以 AB、AD 为邻边作平行四边形 $ABCD$，则 $\overrightarrow{AC}=\overrightarrow{AB}+\overrightarrow{AD}=a+b$．

【说明】① 向量加法的运算律：交换律 $a+b=b+a$；结合律 $(a+b)+c=a+(b+c)$；

② 三角形法则适用于若干个向量的求和，关键在于"首尾相接，由第一个向量的起点指向最后一个向量的终点的有向线段就表示这些向量的和"．

（2）向量的减法

已知向量 a，b，作 $\overrightarrow{OA}=a$，$\overrightarrow{OB}=b$，则 $\overrightarrow{BA}=\overrightarrow{OA}-\overrightarrow{OB}=a-b$（如图 7-1-2 所示）．

图 7-1-2

【说明】① 两个向量相减，始点相连，差向量是从减向量的终点指向被减向量的终点；

② 减去一个向量等于加上这个向量的相反向量，即 $a-b=a+(-b)$，因此，向量的减法运算也可以转化成加法运算．

（3）数乘向量

① 定义：实数 λ 与向量 a 的乘积是一个向量，记作 λa．

② λa 的大小：$|\lambda a|=|\lambda||a|$．

③ λa 的方向：若 $a\neq 0$，则当 $\lambda>0$ 时，λa 与 a 同向；当 $\lambda<0$ 时，λa 与 a 反向；当 $\lambda=0$ 时，$\lambda a=0$，0 的方向是任意的．

若 $a=0$，则 $\lambda a=0$，0 的方向是任意的．

④ 几何意义：λa 是把向量 a 沿 a 的方向或 a 的反向放大或缩小而得到．

⑤ 运算律：

λ、μ 为实数，则 $\lambda(\mu a) = (\lambda\mu)\cdot a$；$\lambda(a+b) = \lambda a + \lambda b$；$(\lambda+\mu)a = \lambda a + \mu a$．

（4）向量平行的充要条件

若 $b \neq 0$，则 $a /\!/ b \Leftrightarrow$ 存在唯一实数 λ，使 $a = \lambda b$．

【说明】当 $b = 0$，对于任意实数 λ，显然 $a /\!/ b$．

例题解析

【例1】如图 7-1-3 所示，O 点是正六边形 $ABCDEF$ 的中心，回答下列问题．

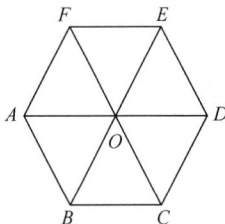

（1）写出 $\overrightarrow{OA}$ 的相等向量．

（2）写出 $\overrightarrow{OA}$ 的相反向量．

（3）写出 $\overrightarrow{OA}$ 的平行向量．

解：（1）$\overrightarrow{OA} = \overrightarrow{CB} = \overrightarrow{EF} = \overrightarrow{DO}$

图 7-1-3

（2）$\overrightarrow{OA}$ 的相反向量：$\overrightarrow{AO}$、$\overrightarrow{BC}$、$\overrightarrow{FE}$、$\overrightarrow{OD}$

（3）$\overrightarrow{OA}$ 的平行向量：$\overrightarrow{BC}$、$\overrightarrow{CB}$、$\overrightarrow{EF}$、$\overrightarrow{FE}$、$\overrightarrow{OD}$、$\overrightarrow{DO}$、$\overrightarrow{AO}$、$\overrightarrow{AD}$、$\overrightarrow{DA}$

评析：向量相等既要求向量的大小相等，同时也要求向量的方向相同，二者缺一不可；相反向量则要求向量的大小相等，同时向量的方向相反，二者缺一不可；平行向量只要求向量所在的直线平行（或重合），与长度无关，它们的方向相同或相反．

【例2】如图 7-1-4 所示，$\overrightarrow{AO} + \overrightarrow{OD} = \underline{\qquad}$，$\overrightarrow{BA} + \overrightarrow{BC} = \underline{\qquad}$，$\overrightarrow{AB} - \overrightarrow{AD} = \underline{\qquad}$，$\overrightarrow{OB} + \overrightarrow{OD} = \underline{\qquad}$，$\overrightarrow{AB} + \overrightarrow{BC} + \overrightarrow{CO} = \underline{\qquad}$．

参考答案：$\overrightarrow{AD}$、$\overrightarrow{BD}$、$\overrightarrow{DB}$、0、$\overrightarrow{AO}$

评析：首尾相接的两个向量的和向量等于第一个向量的始点指向第二个向量的终点；始点连接的两个向量的差向量等于减向量的终点指向被减向量的终点．

图 7-1-4

【例3】计算．

（1）$3(a-2b) - 2(2a+b)$．

（2）$3a - 2(3a-4b) + 3(a-b)$．

解：（1）原式 $= 3a - 6b - 4a - 2b = -a - 8b$

（2）原式 $= 3a - 6a + 8b + 3a - 3b = 5b$

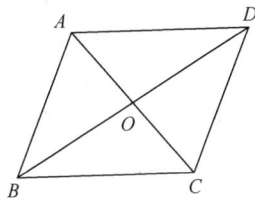

同步练习题

一、选择题

1．$\overrightarrow{OA} + \overrightarrow{OC} + \overrightarrow{BO} + \overrightarrow{CO} = (\quad)$．

　　A．$\overrightarrow{AB}$　　　　B．$\overrightarrow{BA}$　　　　C．$\overrightarrow{AC}$　　　　D．$\overrightarrow{CA}$

2．$\overrightarrow{AB} - \overrightarrow{AC} - \overrightarrow{DB} = (\quad)$．

　　A．$\overrightarrow{AD}$　　　　B．$\overrightarrow{AC}$　　　　C．$\overrightarrow{CD}$　　　　D．$\overrightarrow{BD}$

3. $\overrightarrow{AB}+\overrightarrow{BC}-\overrightarrow{AD}=$（　　）.

    A. $\overrightarrow{AD}$　　　　B. $\overrightarrow{CD}$　　　　C. $\overrightarrow{DB}$　　　　D. $\overrightarrow{DC}$

4. 下列等式中，正确的个数是（　　）.

    ① $a+b=b+a$　　② $a-b=b-a$　　③ $0-a=-a$　　④ $-(-a)=a$　　⑤ $a+(-a)=0$

    A. 5　　　　　　B. 4　　　　　　C. 3　　　　　　D. 2

5. 在 $\triangle ABC$ 中，$\overrightarrow{BC}=a$，$\overrightarrow{CA}=b$，则 $\overrightarrow{AB}$ 等于（　　）.

    A. $a+b$　　　　B. $-(a+b)$　　　　C. $a-b$　　　　D. $b-a$

6. $\overrightarrow{AC}-\overrightarrow{BC}-\left(\overrightarrow{AD}+\overrightarrow{CB}\right)-\left(\overrightarrow{AB}-\overrightarrow{CD}\right)=$（　　）.

    A. $\overrightarrow{AB}$　　　　B. $\overrightarrow{BC}$　　　　C. $\overrightarrow{CD}$　　　　D. $\overrightarrow{BA}$

7. 下列命题正确的是（　　）.

    A. 单位向量都相等　　　　　　　　B. 平行向量所在的直线一定平行或重合

    C. 共线向量所在的直线一定重合　　D. 方向相反的向量互为相反向量

8. 设向量 $\overrightarrow{AB}$ 是"向东北走 5 米"，则下列表达不正确的是（　　）.

    A. $\overrightarrow{AB}=5$ 米　　　　　　　　　　B. $AB=5$ 米

    C. $\left|\overrightarrow{AB}\right|=5$ 米　　　　　　　　　D. 向量 $\overrightarrow{AB}$ 的方向是"东偏北 45°"

9. 设 $\lambda\neq0$，$a\neq0$，则 λa 与 a（　　）.

    A. 同向　　　　　B. 反向　　　　　C. 平行　　　　　D. 以上都不对

10. 已知 $x+2(a+x)=0$，则（　　）.

    A. $x=a$　　　　　　　　　　　　　B. x 与 a 反向

    C. $|x|=|a|$ 且 x 与 a 反向　　　D. x 与 a 是相反向量

11. 下列条件能确定四边形 $ABCD$ 是矩形的是（　　）.

    A. $\overrightarrow{AD}=\overrightarrow{BC}$　　　　　　　　　　B. $\overrightarrow{AD}//\overrightarrow{BC}$ 且 $\overrightarrow{AD}$ 与 $\overrightarrow{BC}$ 不相等

    C. $\overrightarrow{AB}=\overrightarrow{DC}$ 且 $\left|\overrightarrow{AB}\right|=\left|\overrightarrow{AD}\right|$　　D. $\overrightarrow{AB}=\overrightarrow{DC}$ 且 $\left|\overrightarrow{AC}\right|=\left|\overrightarrow{BD}\right|$

二、填空题

12. 如图 7-1-5 所示，$\overrightarrow{DA}+\overrightarrow{DC}=$ ＿＿＿＿＿＿，$\overrightarrow{BA}-\overrightarrow{BC}=$ ＿＿＿＿＿＿．$\overrightarrow{OA}-\overrightarrow{OC}=$ ＿＿＿＿＿，$\overrightarrow{OA}+\overrightarrow{OC}=$ ＿＿＿＿＿．

13. 化简：$\overrightarrow{AB}-\overrightarrow{AC}+\overrightarrow{BD}-\overrightarrow{CD}=$ ＿＿＿＿＿＿．

14. 化简：$\overrightarrow{AB}+\overrightarrow{MB}+\overrightarrow{BO}+\overrightarrow{OM}=$ ＿＿＿＿＿＿．

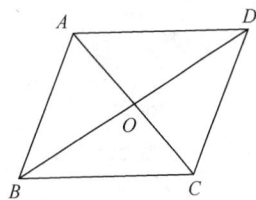

图 7-1-5

15. 设 a 表示"向南走 3 米"，则 $-a$ 表示＿＿＿＿＿，$|a|=$ ＿＿＿＿＿．

16. 设 a 表示"向东走 3 km"，b 表示"向北走 3 km"，则 $a+b$ 表示＿＿＿＿＿．

17. 化简：$\dfrac{1}{2}(a-2b)+2\left(-\dfrac{1}{4}a+\dfrac{1}{2}b\right)=$ ＿＿＿＿＿．

18. 化简：$2(a+b)-3(2a-b)=$ ＿＿＿＿＿．

19. 如图 7-1-6 所示，已知一点 O 到平行四边形三个顶点 A、B、C 的向量分别为 a、b、c，则用 a、b、c 表示 $\overrightarrow{OD}=$ ＿＿＿＿＿．

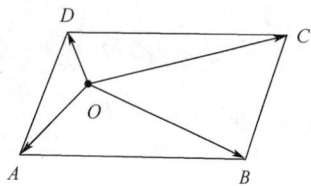

图 7-1-6

20．正方形 $ABCD$ 的边长为 2，则 $\left|\overrightarrow{AB}+\overrightarrow{DC}-\overrightarrow{DB}\right|=$ _____．

三、解答题

21．化简 $\overrightarrow{AB}+\overrightarrow{DE}+\overrightarrow{CD}-\overrightarrow{CB}-\overrightarrow{FE}+\overrightarrow{AF}$．

22．已知：在 $\triangle ABC$ 中，$\overrightarrow{AM}=\dfrac{1}{3}\overrightarrow{AB}$，$\overrightarrow{AN}=\dfrac{1}{3}\overrightarrow{AC}$，求证：$MN\ /\!/\ BC$，且 $MN=\dfrac{1}{3}BC$．

§7.2　向量的直角坐标运算

复习要求

1．理解向量的直角坐标概念，掌握向量的直角坐标运算．
2．掌握距离公式、中点公式．
3．掌握两向量平行（共线）的条件．

知识要点

1．向量的直角坐标定义

（1）起点为原点，终点为 $M(x,\ y)$ 的向量的坐标为 $\overrightarrow{OM}=(x,\ y)$．

（2）起点为 $A(x_1,\ y_1)$，终点为 $B(x_2,\ y_2)$ 的向量坐标为

$$\overrightarrow{AB}=(x_2,\ y_2)-(x_1,\ y_1)=(x_2-x_1,\ y_2-y_1),$$

即一个向量的坐标等于向量终点的坐标减去始点的坐标．

2．向量直角坐标运算

（1）设 $\boldsymbol{a} = (x_1,\ y_1)$，$\boldsymbol{b} = (x_2,\ y_2)$，则 $\boldsymbol{a} \pm \boldsymbol{b} = (x_1,\ y_1) \pm (x_2,\ y_2) = (x_1 \pm x_2,\ y_1 \pm y_2)$．

（2）$\lambda\boldsymbol{a} = \lambda(x_1,\ y_1) = (\lambda x_1,\ \lambda y_1)$．

3．两向量平行的条件

设 $\boldsymbol{a} = (x_1,\ y_1)$，$\boldsymbol{b} = (x_2,\ y_2)$，则 $\boldsymbol{a} /\!/ \boldsymbol{b} \Leftrightarrow \dfrac{x_1}{x_2} = \dfrac{y_1}{y_2}(x_2 \neq 0 \text{且} y_2 \neq 0)$ 或 $x_1 y_2 - x_2 y_1 = 0$．

4．向量长度坐标运算

（1）若 $\boldsymbol{a} = (x,\ y)$，则 $|\boldsymbol{a}| = \sqrt{x^2 + y^2}$．

（2）若 $A(x_1,\ y_1)$、$B(x_2,\ y_2)$，则 $\left|\overrightarrow{AB}\right| = \sqrt{(x_2 - x_1)^2 + (y_2 - y_1)^2}$．

【说明】$\left|\overrightarrow{AB}\right|$ 也叫作 A、B 两点的距离，记为 $d_{A,\ B}$，上式也叫两点距离公式．

5．中点公式

设 $A(x_1,\ y_1)$，$B(x_2,\ y_2)$，则线段 AB 的中点坐标为 $\left(\dfrac{x_1 + x_2}{2},\ \dfrac{y_1 + y_2}{2}\right)$．

例题解析

【例1】已知 $\boldsymbol{a} = (1,\ 2)$，$\boldsymbol{b} = (-3,\ 4)$，回答下列问题．

（1）求 $4\boldsymbol{a} - 3\boldsymbol{b}$．（2）若 $3\boldsymbol{a} + \boldsymbol{x} = \boldsymbol{b}$，求 $\boldsymbol{x}$．

解：（1）$4\boldsymbol{a} - 3\boldsymbol{b} = 4(1,\ 2) - 3(-3,\ 4) = (4,\ 8) - (-9,\ 12) = (13,\ -4)$．

（2）由 $3\boldsymbol{a} + \boldsymbol{x} = \boldsymbol{b}$ 得：$\boldsymbol{x} = \boldsymbol{b} - 3\boldsymbol{a} = (-3,\ 4) - 3(1,\ 2) = (-3,\ 4) - (3,\ 6) = (-6,\ -2)$．

【例2】（1）已知 $\boldsymbol{a} = (3,\ -4)$，求 $|\boldsymbol{a}|$．

（2）已知 $\overrightarrow{AB} = (2,\ 7)$，$\overrightarrow{BC} = (3,\ 5)$，求 $\left|\overrightarrow{AC}\right|$．

解：（1）$|\boldsymbol{a}| = \sqrt{3^2 + (-4)^2} = 5$．

（2）$\because \overrightarrow{AC} = \overrightarrow{AB} + \overrightarrow{BC} = (2,\ 7) + (3,\ 5) = (5,\ 12)$，$\therefore \left|\overrightarrow{AC}\right| = \sqrt{5^2 + 12^2} = 13$．

评析：先利用 $\overrightarrow{AC} = \overrightarrow{AB} + \overrightarrow{BC}$ 求 $\overrightarrow{AC}$ 的直角坐标，然后利用 $|\boldsymbol{a}| = \sqrt{x^2 + y^2}$ 求出 $\left|\overrightarrow{AC}\right|$．

【例3】已知 $\boldsymbol{a} = (x,\ 2)$，两点 $A(-1,\ 2)$，$B(3,\ 1)$，若 $\overrightarrow{AB} /\!/ \boldsymbol{a}$，求 x．

解：由题知，$\overrightarrow{AB} = (3,\ 1) - (-1,\ 2) = (4,\ -1)$，$\because \overrightarrow{AB} /\!/ \boldsymbol{a}$，

$\therefore \dfrac{x}{4} = \dfrac{2}{-1}$，即 $x = -8$．

评析：先求 $\overrightarrow{AB}$ 的直角坐标，然后利用 $\boldsymbol{a} /\!/ \boldsymbol{b} \Leftrightarrow \dfrac{x_1}{x_2} = \dfrac{y_1}{y_2}(x_2 \neq 0 \text{且} y_2 \neq 0)$ 求解．

【例4】已知点 $A = (a,\ 5)$，$B = (0,\ 10)$ 的距离为 13，求 a 的值．

解：由题知，$\left|\overrightarrow{AB}\right|=13$，$\therefore\sqrt{(0-a)^2+(10-5)^2}=13$，

$\therefore a^2+5^2=13^2$，即 $a=\pm 12$．

评析：直接利用两点的距离公式 $\left|\overrightarrow{AB}\right|=\sqrt{(x_2-x_1)^2+(y_2-y_1)^2}$ 进行求解．

【例5】已知 $\triangle ABC$ 三个顶点为 $A(-1,-2)$，$B(3,-4)$，$C(0,4)$，求 AB 边上的中线 CM 的长．

解：由题知，M 为 AB 的中点，所以点 M 的坐标为 $\left(\dfrac{-1+3}{2},\dfrac{-2-4}{2}\right)=(1,-3)$，

$\therefore \overrightarrow{CM}=(1,-3)-(0,4)=(1,-7)$，

所以，中线的长为 $\left|\overrightarrow{CM}\right|=\sqrt{1^2+(-7)^2}=\sqrt{50}=5\sqrt{2}$．

评析：先利用中点坐标公式 $\left(\dfrac{x_1+x_2}{2},\dfrac{y_1+y_2}{2}\right)$ 求 AB 的中点坐标，再求出向量 $\overrightarrow{CM}$ 的直角坐标，然后再利用 $|a|=\sqrt{x^2+y^2}$ 求中线 CM 的长度，也可以直接利用两点的距离公式 $\left|\overrightarrow{AB}\right|=\sqrt{(x_2-x_1)^2+(y_2-y_1)^2}$ 进行求解．

同步练习题

一、选择题

1．若 $\boldsymbol{a}=(2,3)$，$\boldsymbol{b}=(-1,2)$，则 $2\boldsymbol{a}-3\boldsymbol{b}$ 等于（　　）．

    A．$(7,0)$　　　　B．$(1,0)$　　　　C．$(3,1)$　　　　D．$(1,5)$

2．已知向量 $\overrightarrow{OA}=(1,2)$，$\overrightarrow{OB}=(4,6)$，则 $\overrightarrow{AB}=$（　　）．

    A．$(-3,-4)$　　B．$(3,4)$　　　C．$(-4,-3)$　　D．$(5,8)$

3．已知 $\boldsymbol{a}=(3,y)$，$\boldsymbol{b}=(7,12)$，且 $\boldsymbol{a}\parallel\boldsymbol{b}$，则 $y=$（　　）．

    A．$-\dfrac{7}{4}$　　　B．$\dfrac{7}{4}$　　　　C．$\dfrac{36}{7}$　　　　D．$-\dfrac{36}{7}$

4．已知向量 $\boldsymbol{a}=(7,5)$，$\boldsymbol{b}=(1,-3)$，且 $3\boldsymbol{a}-2\boldsymbol{b}-\boldsymbol{c}=\boldsymbol{0}$，则 $\boldsymbol{c}=$（　　）．

    A．$(6,8)$　　　B．$(23,9)$　　　C．$(19,21)$　　　D．$(-11,-19)$

5．若 $\boldsymbol{a}=(1,0)$，$\boldsymbol{b}=(1,2)$，且 $m\boldsymbol{a}+n\boldsymbol{b}=(3,2)$，则 m，n 的值是（　　）．

    A．$m=2$，$n=1$　　B．$m=2$，$n=-1$　　C．$m=-2$，$n=1$　　D．$m=-2$，$n=-1$

6．已知点 $A(-2,0)$，$B(1,5)$ 和向量 $\boldsymbol{a}=(x,2)$，且 $\overrightarrow{AB}\parallel\boldsymbol{a}$，则 $x=$（　　）．

    A．$\dfrac{5}{3}$　　　　B．$\dfrac{6}{5}$　　　　C．$\dfrac{3}{5}$　　　　D．$\dfrac{5}{6}$

7．若 x 轴上一点 A 与点 $B(3,12)$ 的距离等于 13，则点 A 的坐标是（　　）．

    A．$(-2,0)$ 或 $(5,0)$　　　　　　　　B．$(8,9)$ 或 $(10,0)$

    C．$(-2,0)$ 或 $(8,0)$　　　　　　　　D．$(0,0)$ 或 $(10,0)$

8．已知两点 $A(1,-2)$，$B(-1,3)$，且 $\overrightarrow{OA_1}=4\overrightarrow{OA}$，$\overrightarrow{OB_1}=3\overrightarrow{OB}$，则 $\overrightarrow{A_1B_1}=$（　　）．

A．$(8,-6)$　　　B．$(-6,1)$　　　C．$(7,-17)$　　　D．$(-7,17)$

9．已知向量 $\overrightarrow{OA}=(1,3)$，$\overrightarrow{OB}=(2,6)$，其中 O 为原点，则 AB 的中点坐标为（　　）.

A．$\left(\dfrac{1}{2},\dfrac{3}{2}\right)$　　　B．$(1,3)$　　　C．$\left(\dfrac{3}{2},\dfrac{9}{2}\right)$　　　D．$(2,6)$

10．若线段 AB 的中点为 $P(3,4)$，B 点坐标为 $(-1,2)$，则 A 点的坐标为（　　）.

A．$(4,2)$　　　B．$(7,6)$　　　C．$(7,2)$　　　D．$(4,6)$

11．下列各组的两个向量，共线的是（　　）.

A．$\boldsymbol{a}=(-2,3)$，$\boldsymbol{b}=(4,6)$　　　　　B．$\boldsymbol{a}=(2,3)$，$\boldsymbol{b}=(3,2)$

C．$\boldsymbol{a}=(1,2)$，$\boldsymbol{b}=(7,14)$　　　　　D．$\boldsymbol{a}=(-3,2)$，$\boldsymbol{b}=(6,-5)$

12．已知 $A(5,-4)$，$B(x,4)$，$\left|\overrightarrow{AB}\right|=10$，则 $x=$（　　）.

A．-1　　　B．-1 或 11　　　C．2 或 11　　　D．-2 或 -1

二、填空题

13．已知点 $A(-2,5)$，$B(-3,1)$，则 $\overrightarrow{AB}=$ _____，线段 AB 中点 M 的坐标为 _____，A、B 两点间的距离为 _____.

14．若 $M(-1,2)$，$N(3,-2)$ 且 $\overrightarrow{AM}=\dfrac{1}{3}\overrightarrow{MN}$，则点 A 的坐标为 _____.

15．若点 $A(-3,y)$，$B(x,5)$ 的连线的中点坐标为 $(-2,1)$，则 $x=$ _____，$y=$ _____.

16．已知 $\overrightarrow{AB}=(2,-1)$，$\overrightarrow{AC}(-4,1)$，则 $\overrightarrow{BC}=$ _____.

17．已知 $\boldsymbol{a}=(2,-2)$，$\boldsymbol{b}=(x,1)$，若 $\boldsymbol{a}+\boldsymbol{b}$ 与 $\boldsymbol{b}$ 平行，则 $x=$ _____.

18．已知 A，B，C 三点共线，$A(3,-6)$，$B(-5,2)$，若点 C 的横坐标为 -3，则点 C 的纵坐标为 _____.

19．已知 $A(2,y)$，$B(-5,2)$，$C(6,-9)$ 三点共线，则 $y=$ _____.

20．已知 $A(2,2)$，$B(5,7)$，点 P 在 x 轴上，且 $\left|\overrightarrow{PA}\right|=\left|\overrightarrow{PB}\right|$，那么点 P 的坐标是 ____.

21．已知点 $A(-2,3)$，$M(1,1)$，点 A' 与 A 关于点 M 中心对称，则点 A' 的坐标是 _____.

三、解答题

22．已知向量 $\boldsymbol{a}=(2,-1)$，$\boldsymbol{b}=(-1,3)$，$\boldsymbol{c}=(-5,-10)$，且 $\boldsymbol{c}=x\boldsymbol{a}-y\boldsymbol{b}$，求 x 和 y.

23．平面内给定三个向量 $a = (3, 2)$，$b = (-1, 2)$，$c = (4, 1)$．若 $(a + kc) / / (2b - a)$，求实数 k．

24．已知平行四边形 $ABCD$ 的三个顶点 $A(-2, 1)$，$B(-1, 3)$，$C(3, 4)$，求顶点 D 的坐标．

§7.3 向量的内积

复习要求

1．理解向量内积的概念与性质．
2．掌握向量内积的运算律，能用向量的内积解简单平面几何问题．
3．掌握两向量垂直的条件．

知识要点

1. 两向量的夹角

设有两个非零向量 a，b，作 $\overrightarrow{OA} = a$, $\overrightarrow{OB} = b$，如图 7-3-1 所示，由射线 OA 与 OB 所形成的角叫作向量 a 与向量 b 的夹角，记作 $\langle a, b \rangle$．

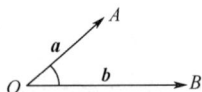

图 7-3-1

规定：$0° \leqslant \langle a, b \rangle \leqslant 180°$，其中：

（1）a 与 b 同向时，$\langle a, b \rangle = 0°$．

（2）a 与 b 反向时，$\langle a, b \rangle = 180°$．

（3）$a \perp b$ 时，$\langle a, b \rangle = 90°$．

2．向量的内积

两个向量 a，b 的模与它们的夹角的余弦的积叫作向量 a 与 b 的内积，记作 $a \cdot b$，即 $a \cdot b = |a| \cdot |b| \cos\langle a,\ b \rangle$.

3．内积的性质

（1）$\cos\langle a,\ b \rangle = \dfrac{a \cdot b}{|a| \cdot |b|}$.

（2）$a \cdot a = |a|^2$，即 $|a| = \sqrt{a \cdot a}$.

（3）对非零向量 a，b，$a \perp b \Leftrightarrow a \cdot b = 0$.

4．向量内积的运算律

（1）$a \cdot b = b \cdot a$. （2）$(\lambda a) \cdot b = \lambda(a \cdot b) = a \cdot (\lambda b)$. （3）$(a+b) \cdot c = a \cdot c + b \cdot c$.

5．向量内积的坐标运算

已知 $a = (x_1,\ y_1)$，$b = (x_2,\ y_2)$，则

（1）$a \cdot b = x_1 x_2 + y_1 y_2$.

（2）$a \perp b \Leftrightarrow a \cdot b = 0 \Leftrightarrow x_1 x_2 + y_1 y_2 = 0$.

例题解析

【例1】已知 $a \cdot b = -4$，$|a||b| = 8$，求 $\langle a,\ b \rangle$.

解：$\because \cos\langle a,\ b \rangle = \dfrac{a \cdot b}{|a| \cdot |b|} = \dfrac{-4}{8} = -\dfrac{1}{2}$，且 $0° \leqslant \langle a,\ b \rangle \leqslant 180°$，$\therefore \langle a,\ b \rangle = 120°$.

评析：两非零向量的夹角通常由向量内积的定义公式变形求出，故 $\cos\langle a,\ b \rangle = \dfrac{a \cdot b}{|a| \cdot |b|}$ 也

叫作向量的夹角公式.

【例2】已知 $|a| = 2$，$|b| = 3$，$\langle a,\ b \rangle = 60°$，求：

（1）$(a+b) \cdot (a-b)$. （2）$(2a+b) \cdot (a-2b)$.

解：（1）$(a+b) \cdot (a-b) = a \cdot a - a \cdot b + b \cdot a - b \cdot b = |a|^2 - |b|^2 = 2^2 - 3^2 = -5$.

（2）$\because |a| = 2$，$|b| = 3$，$\langle a,\ b \rangle = 60°$，$\therefore a \cdot b = 2 \times 3 \times \cos 60° = 3$.

$(2a+b) \cdot (a-2b) = 2|a|^2 - 3a \cdot b - 2|b|^2 = 2 \times 2^2 - 3 \times 3 - 2 \times 3^2 = -19$.

评析：运用向量内积的性质、运算律及向量内积的定义公式，可熟记如下公式：

（1）$(a+b) \cdot (a-b) = |a|^2 - |b|^2$

（2）$(a+b) \cdot (a+b) = |a|^2 + 2a \cdot b + |b|^2$

（3）$(a-b) \cdot (a-b) = |a|^2 - 2a \cdot b + |b|^2$

【例3】 已知 $|a|=3$，$|b|=4$，$\langle a,\ b\rangle=120°$，求 $|a+b|$．

分析：由 $|a|=\sqrt{a\cdot a}$ 知，$|a+b|=\sqrt{(a+b)\cdot(a+b)}$，然后利用【例2】的方法求解．

解：$\because |a+b|^2=(a+b)\cdot(a+b)=|a|^2+2a\cdot b+|b|^2=9+2\times3\times4\cos120°+16=13$，

$\qquad \therefore |a+b|=\sqrt{13}$．

【例4】 已知 $a=\left(\sqrt{3},\ 1\right)$，$b=\left(1,\ \sqrt{3}\right)$，求 $\langle a,\ b\rangle$．

分析：由向量的夹角公式，只需求出 $|a|$，$|b|$ 和 $a\cdot b$ 即可．

解：$\because |a|=\sqrt{\left(\sqrt{3}\right)^2+1^2}=2$，$|b|=\sqrt{1^2+\left(\sqrt{3}\right)^2}=2$，

$\qquad a\cdot b=\sqrt{3}\times1+1\times\sqrt{3}=2\sqrt{3}$，

$\qquad \therefore \cos\langle a,\ b\rangle=\dfrac{a\cdot b}{|a|\cdot|b|}=\dfrac{2\sqrt{3}}{4}=\dfrac{\sqrt{3}}{2}$，且 $0°\leqslant\langle a,\ b\rangle\leqslant180°$，$\therefore \langle a,\ b\rangle=30°$，

【例5】 已知三点 $A(-2,\ 3)$，$B(1,\ 5)$，$C(4,\ 2)$，求 $\overrightarrow{AB}\cdot\overrightarrow{AC}$．

分析：先求出向量 $\overrightarrow{AB}$、$\overrightarrow{AC}$ 的坐标，再用向量内积的坐标公式即可．

解：$\because \overrightarrow{AB}=(1,\ 5)-(-2,\ 3)=(3,\ 2)$，$\overrightarrow{AC}=(4,\ 2)-(-2,\ 3)=(6,\ -1)$，

$\qquad \therefore \overrightarrow{AB}\cdot\overrightarrow{AC}=3\times6+2\times(-1)=16$．

【例6】 已知 $a=(3,\ -1)$，$b=(1,\ -2)$，求 $|a+b|$．

解：$\because a+b=(3,\ -1)+(1,\ -2)=(4,\ -3)$，

$\qquad \therefore |a+b|=\sqrt{4^2+(-3)^2}=5$．

评析：题目条件不同，所用方法也不同，本题能求出向量的直角坐标，因此利用公式 $|a|=\sqrt{x^2+y^2}$ 来求解．

【例7】 已知 $a=(1,\ 3)$，$b=(-2,\ 4)$，若 $a-kb$ 与 a 垂直，求实数 k．

解：$\because a-kb=(1,\ 3)-k(-2,\ 4)=(1+2k,\ 3-4k)$，且 $a-kb$ 与 a 垂直，

$\qquad \therefore (a-kb)\cdot a=0$，即 $1\times(1+2k)+3\times(3-4k)=0$，

$\qquad \therefore k=1$．

评析：此题考查向量垂直条件的坐标表示形式．

同步练习题

一、选择题

1．a 与 b 是表示不同的非零向量，则下列命题为真命题的是（　　）．

　A．$a\cdot b$ 表示一个向量　　　　　　　　B．$a\cdot b$ 表示一个实数

　C．$a\cdot b=|a||b|$　　　　　　　　　　D．$\langle a,\ b\rangle$ 越大，$a\cdot b$ 也越大

2．已知向量 a，b 的夹角为 $60°$，且 $|a|=2$，$|b|=5$，则 $(2a-b)\cdot a=$（　　）．

　A．3　　　　　　　B．9　　　　　　　　C．12　　　　　　　　D．13

3．若 $|a|=5$，$|b|=6$，$\langle a,\ b\rangle=120°$，则 $a\cdot b=$（　　）．

A. 15 　　　　B. $15\sqrt{2}$ 　　　　C. $-15\sqrt{3}$ 　　　　D. -15

4. 若 $|\boldsymbol{a}|=4\sin15°$, $|\boldsymbol{b}|=2\cos15°$, $\langle\boldsymbol{a},\ \boldsymbol{b}\rangle=60°$, 则 $\boldsymbol{a}\cdot\boldsymbol{b}=$ （ 　　 ）.

A. 1 　　　　B. $\sqrt{3}$ 　　　　C. 2 　　　　D. $\dfrac{1}{2}$

5. 已知向量 $\boldsymbol{a}=(3,\ 2)$, $\boldsymbol{b}=(2,\ 1)$, 则 $(2\boldsymbol{a}-\boldsymbol{b})\cdot\boldsymbol{a}=$ （ 　　 ）.

A. 12 　　　　B. 16 　　　　C. 18 　　　　D. 20

6. 若 $\boldsymbol{a}\cdot\boldsymbol{b}=5\sqrt{3}$, $|\boldsymbol{a}|=4$, $|\boldsymbol{b}|=2.5$, 则 $\langle\boldsymbol{a},\ \boldsymbol{b}\rangle=$ （ 　　 ）.

A. 30° 　　　　B. 45° 　　　　C. 60° 　　　　D. 150°

7. 已知 $|\boldsymbol{a}|^2=1$, $|\boldsymbol{b}|^2=2$, $(\boldsymbol{a}-\boldsymbol{b})\cdot\boldsymbol{a}=0$, 则 $\boldsymbol{a}$ 与 $\boldsymbol{b}$ 的夹角为 （ 　　 ）.

A. 30° 　　　　B. 45° 　　　　C. 60° 　　　　D. 90°

8. 已知 $|\boldsymbol{a}|=3$, $|\boldsymbol{b}|=\sqrt{3}$, $\langle\boldsymbol{a},\ \boldsymbol{b}\rangle=30°$, 则 $|\boldsymbol{a}+\boldsymbol{b}|=$ （ 　　 ）.

A. 3 　　　　B. $\sqrt{3}$ 　　　　C. 21 　　　　D. $\sqrt{21}$

9. 已知 $|\boldsymbol{a}|=2$, $|\boldsymbol{b}|=1$, $\langle\boldsymbol{a},\ \boldsymbol{b}\rangle=60°$, 则向量 $|\boldsymbol{a}-4\boldsymbol{b}|=$ （ 　　 ）.

A. 2 　　　　B. $2\sqrt{3}$ 　　　　C. 6 　　　　D. 12

10. 已知向量 $\boldsymbol{a}=(2,\ 4)$, $\boldsymbol{b}=(-1,\ -3)$, 则 $|3\boldsymbol{a}+2\boldsymbol{b}|=$ （ 　　 ）.

A. $2\sqrt{13}$ 　　　　B. $2\sqrt{15}$ 　　　　C. $\sqrt{21}$ 　　　　D. 14

11. 在四边形 $ABCD$ 中, $\overrightarrow{AB}=\overrightarrow{DC}$, 且 $\overrightarrow{AB}\cdot\overrightarrow{BC}=0$, 则四边形 $ABCD$ 一定是 （ 　　 ）.

A. 正方形 　　　　B. 菱形 　　　　C. 矩形 　　　　D. 平行四边形

12. 若向量 $\boldsymbol{a}=(4,\ -3)$, 则下列向量与 $\boldsymbol{a}$ 垂直的向量是 （ 　　 ）.

A. $(3,\ -4)$ 　　　　B. $(3,\ 4)$ 　　　　C. $\left(-\dfrac{3}{5},\ \dfrac{4}{5}\right)$ 　　　　D. $\left(\dfrac{3}{5},\ -\dfrac{4}{5}\right)$

13. 已知向量 $\boldsymbol{m}=(a,\ -2)$, $\boldsymbol{n}=(2a,\ 2)$, 且 $\boldsymbol{m}\perp\boldsymbol{n}$, 则 $a=$ （ 　　 ）.

A. $-\sqrt{2}$ 　　　　B. $\sqrt{2}$ 　　　　C. $\pm\sqrt{2}$ 　　　　D. 2

14. 已知 $\overrightarrow{BA}=(4,\ k-4)$, $\overrightarrow{BC}=(2,\ -6)$, $\angle ABC=90°$, 则 $k=$ （ 　　 ）.

A. $\dfrac{16}{3}$ 　　　　B. $-\dfrac{4}{3}$ 　　　　C. -6 　　　　D. 6

15. 已知向量 $\boldsymbol{a}=(3,\ 4)$, $\boldsymbol{b}=(\sin\alpha,\ \cos\alpha)$, 且 $\boldsymbol{a}\perp\boldsymbol{b}$, 则 $\tan\alpha=$ （ 　　 ）.

A. $\dfrac{3}{4}$ 　　　　B. $-\dfrac{3}{4}$ 　　　　C. $\dfrac{4}{3}$ 　　　　D. $-\dfrac{4}{3}$

二、填空题

16. 若 $|\boldsymbol{a}|=3$, $|\boldsymbol{b}|=4$, $\boldsymbol{a}\cdot\boldsymbol{b}=8$, 则 $\cos\langle\boldsymbol{a},\ \boldsymbol{b}\rangle=$ ＿＿＿＿.

17. 若 $\boldsymbol{a}\cdot\boldsymbol{b}=-5$, $|\boldsymbol{a}|=2$, $|\boldsymbol{b}|=5$, 则 $\langle\boldsymbol{a},\ \boldsymbol{b}\rangle=$ ＿＿＿＿.

18. 若 $\boldsymbol{a}\cdot\boldsymbol{b}=8$, $|\boldsymbol{a}|=4$, $|\boldsymbol{b}|=2$, 则 $\langle\boldsymbol{a},\ \boldsymbol{b}\rangle=$ ＿＿＿＿.

19. 已知 $\boldsymbol{a}$, $\boldsymbol{b}$ 均为单位向量, 它们的夹角为 60°, 则 $\boldsymbol{a}\cdot(\boldsymbol{a}+\boldsymbol{b})=$ ＿＿＿＿.

20. 已知向量 $\boldsymbol{a}$ 与 $\boldsymbol{b}$ 的夹角为 60°, 且 $|\boldsymbol{a}|=2$, $|\boldsymbol{b}|=4$, 则 $(\boldsymbol{a}+2\boldsymbol{b})\cdot(\boldsymbol{a}-\boldsymbol{b})=$ ＿＿＿＿.

21. 已知向量 $\boldsymbol{a}$, $\boldsymbol{b}$ 互相垂直, 且 $|\boldsymbol{a}|=1$, $|\boldsymbol{b}|=2$, 则 $(\boldsymbol{a}-2\boldsymbol{b})\cdot(3\boldsymbol{a}+\boldsymbol{b})=$ ＿＿＿＿.

三、解答题

22．已知三点 $A(-1, 2)$，$B(3, 4)$，$C(1, 8)$，试证明：$\triangle ABC$ 为直角三角形．

第七章　平面向量近十年高考真题练习

一、选择题

1．（2014年）在练习图 7-1 所示的平行四边形 $ABCD$ 中，下列等式不正确的是（　　）．

A．$\overrightarrow{AC} = \overrightarrow{AB} + \overrightarrow{AD}$

B．$\overrightarrow{AC} = \overrightarrow{AD} + \overrightarrow{DC}$

C．$\overrightarrow{AC} = \overrightarrow{BA} - \overrightarrow{BC}$

D．$\overrightarrow{AC} = \overrightarrow{BC} - \overrightarrow{BA}$

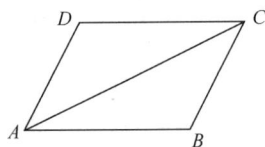
练习图 7-1

2．（2014年）设向量 $\boldsymbol{a} = (4, 5)$，$\boldsymbol{b} = (1, 0)$，$\boldsymbol{c} = (2, x)$，且 $(\boldsymbol{a} + \boldsymbol{b}) \mathbin{/\!/} \boldsymbol{c}$，则 $x = ($ 　　$)$．

A．-2 　　　　B．$-\dfrac{1}{2}$ 　　　　C．$\dfrac{1}{2}$ 　　　　D．2

3．（2014年）已知向量 $\boldsymbol{a} = (2\sin\theta, 2\cos\theta)$，则 $|\boldsymbol{a}| = ($ 　　$)$．

A．8 　　　　B．4 　　　　C．2 　　　　D．1

4．（2015年）在平面直角坐标系中，已知三点 $A(1, -2)$，$B(2, -1)$，$C(0, -2)$，则 $\left|\overrightarrow{AB} + \overrightarrow{BC}\right| = ($ 　　$)$．

A．1 　　　　B．2 　　　　C．3 　　　　D．4

5．（2015年）已知向量 $\boldsymbol{a} = (\sin\theta, 2)$，$\boldsymbol{b} = (1, \cos\theta)$，若 $\boldsymbol{a} \perp \boldsymbol{b}$，则 $\tan\theta = ($ 　　$)$．

A．$-\dfrac{1}{2}$ 　　　　B．$\dfrac{1}{2}$ 　　　　C．-2 　　　　D．2

6．（2016年）设向量 $\boldsymbol{a} = (-3, 1)$，$\boldsymbol{b} = (0, 5)$，则 $|\boldsymbol{a} - \boldsymbol{b}| = ($ 　　$)$．

A．1 　　　　B．3 　　　　C．4 　　　　D．5

7．（2016年）设三点 $A(1, 2)$，$B(-1, 3)$，$C(x-1, 5)$，若 $\overrightarrow{AB}$ 与 $\overrightarrow{BC}$ 共线，则 $x = ($ 　　$)$．

A．-4 　　　　B．-1 　　　　C．1 　　　　D．4

8．（2017 年）设向量 $\boldsymbol{a}=(x,\ 4)$，$\boldsymbol{b}=(2,\ -3)$，若 $\boldsymbol{a}\cdot\boldsymbol{b}=2$，则 $x=$（　　）.

    A．-5 B．-2 C．2 D．7

9．（2018 年）若向量 $\overrightarrow{AB}=(1,\ 2)$，$\overrightarrow{AC}=(3,\ 4)$，则 $\overrightarrow{BC}=$（　　）.

    A．$(4,\ 6)$ B．$(-2,\ -2)$ C．$(1,\ 3)$ D．$(2,\ 2)$

10．（2019 年）已知向量 $\boldsymbol{a}=(x,\ -3)$，$\boldsymbol{b}=(3,\ 1)$，若 $\boldsymbol{a}\perp\boldsymbol{b}$，则 $x=$（　　）.

    A．-9 B．9 C．-1 D．1

11．（2020 年）已知向量 $\boldsymbol{a}=(1,\ x)$，$\boldsymbol{b}=(2,\ 4)$，若 $\boldsymbol{a}/\!/\boldsymbol{b}$，则 $x=$（　　）.

    A．$\dfrac{1}{2}$ B．$-\dfrac{1}{2}$ C．-2 D．2

12．（2021 年）向量 $\boldsymbol{a}=(1,\ 0)$，$\boldsymbol{b}=\left(1,\ \sqrt{3}\right)$ 的夹角为（　　）.

    A．0 B．$\dfrac{\pi}{6}$ C．$\dfrac{\pi}{2}$ D．$\dfrac{\pi}{3}$

13．（2022 年）已知向量 $\boldsymbol{a}=(x,\ 1)$，$\boldsymbol{b}=(2,\ 4)$，若 $\boldsymbol{a}$ 与 $\boldsymbol{b}$ 共线，则 $x=$（　　）.

    A．2 B．-2 C．$\dfrac{1}{2}$ D．$-\dfrac{1}{2}$

14．（2022 年）已知四点 $P_1(1,\ 3)$，$P_2(0,\ 8)$，$P_3(-7,\ 3)$，$P_4(-1,\ -6)$，则 $\overrightarrow{P_1P_2}+\overrightarrow{P_2P_3}+$
$\overrightarrow{P_3P_4}=$（　　）.

    A．$(-2,\ -9)$ B．$(2,\ 9)$ C．$(10,\ -3)$ D．$(3,\ -8)$

15．（2023 年）已知向量 $\boldsymbol{a}=(x,\ 2)$，$\boldsymbol{b}=(3,\ 1-x)$，若 $\boldsymbol{a}\perp\boldsymbol{b}$，则 $x=$（　　）.

    A．2 B．1 C．-1 D．-2

16．（2024 年）已知向量 $\boldsymbol{a}=(-1,\ 1)$，$\boldsymbol{b}=(1,\ 5)$，则 $2\boldsymbol{a}+\boldsymbol{b}=$（　　）.

    A．$(-3,\ 6)$ B．$(-1,\ 7)$ C．$(-1,\ -3)$ D．$(-2,\ 10)$

二、填空题

17．（2015 年）已知向量 $\boldsymbol{a}$ 和 $\boldsymbol{b}$ 夹角为 $\dfrac{3\pi}{4}$，且 $|\boldsymbol{a}|=\sqrt{2}$，$|\boldsymbol{b}|=3$，则 $\boldsymbol{a}\cdot\boldsymbol{b}=$ _____．

18．（2016 年）在 $\triangle ABC$ 中，若 $AB=2$，则 $\overrightarrow{AB}\cdot\left(\overrightarrow{CA}-\overrightarrow{CB}\right)=$ _____．

19．（2017 年）已知点 $O(0,\ 0)$，$A(-7,\ 10)$，$B(-3,\ 4)$，设 $\boldsymbol{a}=\overrightarrow{OA}+\overrightarrow{AB}$，则 $|\boldsymbol{a}|=$ ____．

20．（2017 年）设向量 $\boldsymbol{a}=(2,\ 3\sin\theta)$，$\boldsymbol{b}=(4,\ \cos\theta)$，若 $\boldsymbol{a}/\!/\boldsymbol{b}$，则 $\tan\theta=$ _____．

21．（2018 年）已知向量 $\boldsymbol{a}=(4,\ 3)$，$\boldsymbol{b}=(x,\ 4)$，若 $\boldsymbol{a}\perp\boldsymbol{b}$，则 $|\boldsymbol{b}|=$ _____．

22．（2019 年）已知 $A(7,\ 5)$，$B(2,\ 3)$，$C(6,\ -7)$，则 $\overrightarrow{AB}-\overrightarrow{AC}=$ _____．

23．（2020 年）已知向量 $\boldsymbol{a}=(1,\ -2)$，$\boldsymbol{b}=(x,\ -4)$，若 $\boldsymbol{a}\perp\boldsymbol{b}$，则 $x=$ _____．

24．（2021 年）已知向量 $\boldsymbol{a}=(x-3,\ 2)$，$\boldsymbol{b}=(1,\ x)$，若 $\boldsymbol{a}\perp\boldsymbol{b}$，则 $x=$ _____．

25．（2022 年）已知向量 $\boldsymbol{a}=(1,\ 1)$，$\boldsymbol{b}=(3,\ -4)$，若 $\boldsymbol{a},\boldsymbol{b}$ 的夹角为 θ，则 $\cos\theta=$ _____．

26．（2024 年）已知向量 $\boldsymbol{a}$ 与 $\boldsymbol{b}$ 的夹角为 $\dfrac{2\pi}{3}$，且 $|\boldsymbol{a}|=2$，$|\boldsymbol{b}|=3$，则 $\boldsymbol{a}\cdot\boldsymbol{b}=$ _____．

第八章

平面解析几何

？ 考试内容

1. 曲线与方程，曲线的交点.
2. 直线方程.
3. 圆的标准方程和一般方程，圆的参数方程.
4. 椭圆、双曲线和抛物线的标准方程及其几何性质.
5. 坐标轴的平移.

考试要求

1. 理解曲线与方程的对应关系，掌握求曲线交点的方法.
2. 理解直线的斜率和点斜式方程、斜截式方程、截距式方程、一般式方程，能根据条件求出直线方程.
3. 理解两条直线的交点的求法，理解两条直线的平行条件和垂直条件，了解点到直线的距离公式.
4. 掌握圆的标准方程和一般方程，了解圆的参数方程.
5. 能根据给定直线、圆的方程判断直线与圆的位置关系，能根据给定两个圆的方程判断两圆的位置关系.
6. 理解椭圆的标准方程和性质、了解双曲线和抛物线的标准方程和性质.

近四年分值占比

年份/年	2021	2022	2023	2024
分值/分	34	29	39	34
分值占比	22.7%	19.3%	26%	22.7%

近四年考点对比

年份/年	2021	2022	2023	2024
考点对比	直线与圆的位置关系，平行直线的性质，椭圆、双曲线、抛物线的标准方程和几何性质	直线方程，两直线的位置关系，圆的标准方程，椭圆、双曲线、抛物线的标准方程和几何性质	直线的方程，两直线的位置关系，直线与圆的位置关系，圆的方程，椭圆、双曲线、抛物线的标准方程和几何性质	直线的方程，直线与圆的位置关系，椭圆、双曲线、抛物线的标准方程和几何性质，椭圆的定义，抛物线的定义

思维导图

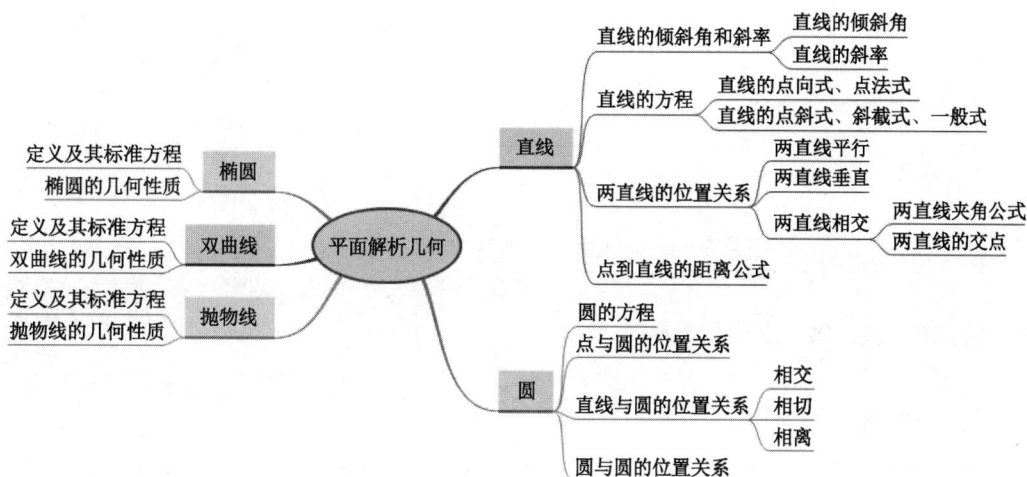

参考课时

50 课时

§8.1　直线的方程

复习要求

1. 了解直线的方向向量与直线的点向式方程，直线的法向量与直线的点法式方程.
2. 掌握直线的倾斜角、斜率的概念，会求直线的倾斜角和斜率.
3. 掌握直线的点斜式方程、斜截式方程和一般式方程，会根据条件求直线的方程.
4. 掌握直线在坐标轴上的截距的概念.

知识要点

1．直线的倾斜角

一条直线向上的方向与 x 轴的正方向所成的最小正角 α，称为直线的倾斜角．（规定：当 $l // x$ 轴时，$\alpha = 0$）

直线的倾斜角有以下四种情形．如图 8-1-1 所示．

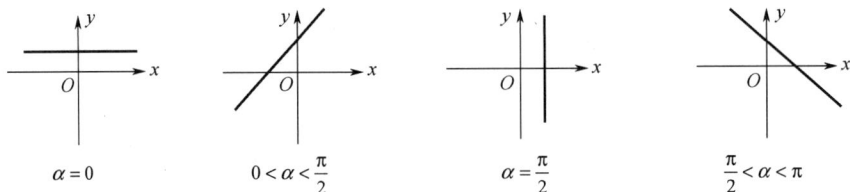

$$\alpha = 0 \qquad 0 < \alpha < \frac{\pi}{2} \qquad \alpha = \frac{\pi}{2} \qquad \frac{\pi}{2} < \alpha < \pi$$

图 8-1-1

所以倾斜角的范围是：$0 \leqslant \alpha < \pi$．

2．直线的斜率

直线 l 的倾斜角 $\alpha \left(\alpha \neq \dfrac{\pi}{2} \right)$ 的正切值叫作直线的斜率，记作 $k = \tan \alpha$．

注：当 $\alpha = \dfrac{\pi}{2}$ 时，直线的斜率不存在．

3．求直线斜率 k 的几种常用方法

（1）定义法：已知直线的倾斜角 α，则 $k = \tan \alpha$．

（2）两点法：已知直线过两点 $A(x_1, y_1)$，$B(x_2, y_2)$，则 $k = \dfrac{y_2 - y_1}{x_2 - x_1}(x_2 \neq x_1)$．

（3）系数法：已知直线的一般方程，$Ax + By + C = 0$，$k = -\dfrac{A}{B}(B \neq 0)$．

4．与直线相关的向量

（1）方向向量：如果一个非零向量 $\boldsymbol{v}$ 所在的直线与直线 l 平行，则称 $\boldsymbol{v}$ 是 l 的一个方向向量．如图 8-1-2 所示．

（2）法向量：如果一个非零向量 $\boldsymbol{n}$ 所在的直线与直线 l 垂直，则称 $\boldsymbol{n}$ 是 l 的一个法向量．如图 8-1-3 所示．

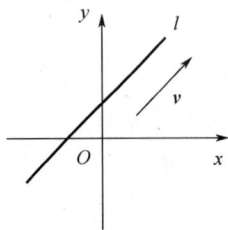 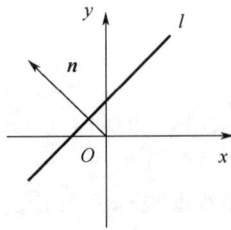

图 8-1-2   图 8-1-3

5．直线方程的几种形式

名　称	已知条件	方　程	说　明
点斜式	点 $P(x_0, y_0)$，斜率 k	$y - y_0 = k(x - x_0)$	不包括垂直于 x 轴的直线
斜截式	斜率 k，纵截距 b	$y = kx + b$	不包括垂直于 x 轴的直线
截距式	横截距 a，纵坐标 b	$\dfrac{x}{a} + \dfrac{y}{b} = 1$ $(a \neq 0 且 b \neq 0)$	不包括坐标轴、平行于坐标轴和过原点的直线
一般式		$Ax + By + C = 0$	A，B 不同时为 0
点向式	点 $P(x_0, y_0)$ 方向向量 $\boldsymbol{v} = (v_1, v_2)$	$\dfrac{x - x_0}{v_1} = \dfrac{y - y_0}{v_2}$ $(v_1 \neq 0 且 v_2 \neq 0)$	不能表示平行于 x、y 轴的直线
点法式	点 $P(x_0, y_0)$ 法向量 $\boldsymbol{n} = (A, B)$	$A(x - x_0) + B(y - y_0) = 0$	可表示任何直线

例题解析

【例1】直线 $x - \sqrt{3}y - 1 = 0$ 的倾斜角为（　　）.

A．$\dfrac{\pi}{6}$　　　　　B．$\dfrac{\pi}{4}$　　　　　C．$\dfrac{\pi}{3}$　　　　　D．$\dfrac{\pi}{2}$

解：$\because k = -\dfrac{A}{B} = -\dfrac{1}{-\sqrt{3}} = \dfrac{\sqrt{3}}{3}$，$\quad \therefore \tan \alpha = \dfrac{\sqrt{3}}{3}(0 \leqslant \alpha < \pi)$，$\quad \therefore \alpha = \dfrac{\pi}{6}$.

评析：根据直线的一般式，先求出直线的斜率，再根据 $k = \tan \alpha$ 及 $0 \leqslant \alpha < \pi$ 求出倾斜角 α.

【例2】经过点 $A(2, 3)$ 与 $B(4, 7)$ 的直线方程是（　　）.

A．$2x + y - 7 = 0$　　　　　　　B．$2x - y + 1 = 0$

C．$2x - y - 1 = 0$　　　　　　　D．$2x + y + 7 = 0$

解：$\because k = \dfrac{y_2 - y_1}{x_2 - x_1} = \dfrac{7 - 3}{4 - 2} = 2$，

由点斜式得：$y - 3 = 2(x - 2)$，$\therefore 2x - y - 1 = 0$ 为所求的直线方程.

评析：先根据两点式求出直线的斜率，再按照点斜式写出直线方程.

【例3】已知点 $A(3, 1)$ 与 $B(1, -5)$，求线段 AB 的垂直平分线方程.

解：$\because$ 线段 AB 的中点为 $(2, -2)$，$\therefore \overrightarrow{AB} = (-2, -6)$，

由直线点法式方程，得：$-2(x - 2) - 6(y + 2) = 0$，

所以 $x + 3y + 4 = 0$ 为所求的垂直平分线方程.

评析：垂直平分线垂直且平分线段 AB，根据法向量的定义写出直线的一个法向量，从而求出直线方程.

【例4】若三点 $A(2, 3)$，$B(3, -3)$，$C(m, 2)$ 共线，求 m 的值.

解：$\because k = \dfrac{-3 - 3}{3 - 2} = \dfrac{2 + 3}{m - 3}$，$\therefore -6(m - 3) = 5$，故 $m = \dfrac{13}{6}$.

评析：由于三点共线，所以任意两点形成的直线的斜率相等.

同步练习题

一、选择题

1. 直线 $\sqrt{3}x - y + 3 = 0$ 的斜率为（　　）.

    A. $\sqrt{3}$ B. $\sqrt{2}$

    C. $-\sqrt{3}$ D. $-\sqrt{2}$

2. 过点 $P(4, -3)$ 且在两坐标轴上的截距相等的直线有（　　）.

    A. 1 条   B. 2 条

    C. 3 条   D. 4 条

3. 若直线 l 的倾斜角为 $120°$，且该直线过点 $(m, 1)$ 和 $(0, -2)$，则 $m = $（　　）.

    A. 6   B. -6

    C. $\sqrt{3}$ D. $-\sqrt{3}$

4. 直线过点 $M(3, 1)$ 在 y 轴上的截距是 -2，则直线方程为（　　）.

    A. $3x - y - 1 = 0$ B. $x + y - 1 = 0$

    C. $x - y - 2 = 0$ D. $x - y + 1 = 0$

5. 若直线的倾斜角 $\alpha = \dfrac{3}{4}\pi$，且该直线在 y 轴上的截距为 1，则直线方程是（　　）.

    A. $x + y - 2 = 0$ B. $x + y - 1 = 0$

    C. $x - y + 2 = 0$ D. $x - y - 2 = 0$

6. 直线经过点 $(9, \sqrt{3})$ 且倾斜角为 $30°$，则直线方程是（　　）.

    A. $y = \dfrac{\sqrt{3}}{3}x + 2\sqrt{3}$ B. $y = \dfrac{\sqrt{3}}{3}x - 2\sqrt{3}$

    C. $y = \sqrt{3}x + 4\sqrt{3}$ D. $y = \sqrt{3}x - 4\sqrt{3}$

7. 在平面直角坐标系中，过点 $(0, 2)$ 且倾斜角为 $\dfrac{\pi}{4}$ 的直线不经过第（　　）象限.

    A. 一   B. 二

    C. 三   D. 四

8. 如果 $AB > 0$，$BC < 0$，那么直线 $Ax + By + C = 0$ 不通过（　　）.

    A. 第一象限   B. 第二象限

    C. 第三象限   D. 第四象限

9. 直线过点 $M(4, 1)$ 与两坐标轴围成的三角形面积为 1，则直线方程为（　　）.

    A. $x - 2y - 2 = 0$ B. $x - 3y - 1 = 0$

    C. $x - 8y + 4 = 0$ D. $x - 2y - 2 = 0$ 或 $x - 8y + 4 = 0$

10. 已知点 $A(1, -2)$ 与点 $B(3, -4)$，则线段 AB 的垂直平分线方程是（　　）.

    A. $x - y - 5 = 0$ B. $x + y - 5 = 0$

    C. $x - y + 5 = 0$ D. $x + y + 5 = 0$

二、填空题

11. 过点 $M(2，4)$ 且倾斜角为 $0°$ 的直线方程是_____．

12. 过点 $N(0，-5)$ 且倾斜角为 $90°$ 的直线方程是_____．

13. 有两点 $A(5，3)$ 与 $B(-1，1)$，则线段 AB 的中点坐标是_____．

14. 过点 $P(3，2)$，一个方向向量为 $\boldsymbol{v} = (2，-3)$ 的直线方程为_____．

15. 过点 $Q(1，2)$，一个法向量 $\boldsymbol{n} = (2，-3)$ 的直线方程为_____．

§8.2　直线的位置关系

复习要求

1. 掌握两条直线的交点和夹角的求法．
2. 掌握两条直线的平行条件和垂直条件．
3. 掌握点到直线的距离公式．

知识要点

1. 两条直线的位置关系

条件		一般式 $l_1 : A_1x+B_1y+C_1=0$ $l_2 : A_2x+B_2y+C_2=0$ （设系数均不为零）	斜截式 $l_1 : y=k_1x+b_1$ $l_2 : y=k_2x+b_2$
位置关系	平行	$\dfrac{A_1}{A_2} = \dfrac{B_1}{B_2} \neq \dfrac{C_1}{C_2}$	$k_1 = k_2$ 且 $b_1 \neq b_2$
	重合	$\dfrac{A_1}{A_2} = \dfrac{B_1}{B_2} = \dfrac{C_1}{C_2}$	$k_1 = k_2$ 且 $b_1 = b_2$
	相交	$\dfrac{A_1}{A_2} \neq \dfrac{B_1}{B_2}$	$k_1 \neq k_2$
	垂直	$A_1A_2 + B_1B_2 = 0$	$k_1 \cdot k_2 = -1$

2. 待定系数法求直线方程

已知直线 $l : Ax + By + C = 0$

（1）与直线 l 平行的直线可设为 $Ax + By + D = 0$．（$D \neq C$）

（2）与直线 l 垂直的直线可设为 $Bx - Ay + D = 0$．

3. 点到直线的距离公式与两条平行直线间的距离公式

（1）点到直线的距离公式．

设点 $P(x_0，y_0)$ 到直线 $l : Ax + By + C = 0$ 的距离为 d，则 $d = \dfrac{\left| Ax_0 + By_0 + C \right|}{\sqrt{A^2 + B^2}}$．

（2）两条平行线间的距离公式．

已知两条平行线：$l_1 : Ax + By + C_1 = 0$，$l_2 : Ax + By + C_2 = 0$，

则它们之间的距离为：$d = \dfrac{|C_1 - C_2|}{\sqrt{A^2 + B^2}}$．

例题解析

【例1】 直线 $8x + by + 2 = 0$ 和直线 $2bx + y - 4 = 0$ 平行，那么 $b =$（　　）．

　　A．2　　　　　　B．-2　　　　　　C．± 2　　　　　　D．± 4

解： 由两条直线平行的判别条件得：$\dfrac{8}{2b} = b \neq \dfrac{2}{-4}$，得 $b = \pm 2$．所以选 C 项．

评析： 根据两直线平行，斜率相等且截距不相等的性质，列出等式．

【例2】 过点 $P(3, 4)$ 且垂直于直线 $2x - 3y - 7 = 0$ 的直线方程是（　　）．

　　A．$3x + 2y - 17 = 0$　　　　　　　　B．$3x + 2y + 17 = 0$

　　C．$3x - 2y + 17 = 0$　　　　　　　　D．$3x - 2y - 17 = 0$

解： 设所求的直线方程为 $3x + 2y + D = 0$，将点 $P(3, 4)$ 代入所设方程得，
$$3 \times 3 + 2 \times 4 + D = 0,\ D = -17,$$
故所求的直线方程为 $3x + 2y - 17 = 0$．所以选 A 项．

评析： 也可以根据两直线垂直，斜率互为负倒数的性质，先求出所求直线的斜率，然后用点斜式写出直线方程．

【例3】 点 $P(-1, m)$ 到直线 $3x - 4y + 5 = 0$ 的距离是 2，则 $m =$（　　）．

解： 根据点到直线的距离公式得：$d = \dfrac{|3 \times (-1) - 4 \times m + 5|}{\sqrt{3^2 + (-4)^2}} = \dfrac{|2 - 4m|}{5} = 2$，

$\therefore |4m - 2| = 10$，$4m - 2 = \pm 10$，故 $m = 3$ 或 $m = -2$．

评析： 由点到直线的距离公式求出 m 值，注意绝对值的讨论．

【例4】 求两条平行线 $l_1 : 2x + y + 4 = 0$，$l_2 : 4x + 2y - 2 = 0$ 的距离．

解： 把 $l_2 : 4x + 2y - 2 = 0$ 化为 $2x + y - 1 = 0$，

根据两条平行线的距离公式得：$d = \dfrac{|C_1 - C_2|}{\sqrt{A^2 + B^2}} = \dfrac{|4 - (-1)|}{\sqrt{2^2 + 1^2}} = \sqrt{5}$．

评析： 根据两条平行线的距离公式得出答案．

同步练习题

一、选择题

1．点 $M(0, 2)$ 到直线 $x + y - 1 = 0$ 的距离是（　　）．

　　A．1　　　　　　B．2　　　　　　C．$\dfrac{\sqrt{2}}{2}$　　　　　　C．$\sqrt{2}$

2．经过点 $M(0, -2)$ 且与直线 $5x + 6y - 4 = 0$ 平行的直线方程是（　　）．

A. $5x + 6y - 6 = 0$ B. $5x + 6y + 12 = 0$

C. $6x + 5y - 4 = 0$ D. $6x - 5y - 5 = 0$

3. 经过点 $P(-1, -1)$ 且与直线 $2x - 3y + 6 = 0$ 垂直的直线方程是（   ）.

A. $2x + 3y - 5 = 0$ B. $3x + 2y + 5 = 0$

C. $3x - 2y - 5 = 0$ D. $3x - 2y + 5 = 0$

4. 下列与直线 $3x - 2y - 1 = 0$ 垂直的直线方程是（   ）.

A. $4x - 6y - 3 = 0$ B. $4x + 6y + 3 = 0$

C. $3x + 2y + 5 = 0$ D. $3x - 2y - 5 = 0$

5. 经过点 $A(m, -2)$ 和点 $B(4, m)$ 且与直线 $y = x - 2$ 平行，则 $m =$（   ）.

A. 0   B. -1 C. 1   D. 3

6. 直线 $x + 2y + m = 0$ 与直线 $2x - y + n = 0$ 的位置关系是（   ）.

A. 平行   B. 垂直   C. 重合   D. 相交但不垂直

7. 直线 $(a-1)x + y + 1 = 0$ 与直线 $4x - 4y + 11 = 0$ 平行，则 $a =$（   ）.

A. -5 B. -1 C. -3 D. 0

8. 直线 $mx + 2y + 1 = 0$ 与直线 $4x + 6y + 1 = 0$ 垂直，则 $m =$（   ）.

A. -5 B. -1 C. -3 D. 1

9. 原点 $O(0, 0)$ 到直线 $x + by + 12 = 0$ 的距离是 6，则 $b =$（   ）.

A. 1   B. 2   C. ± 1 D. $\pm\sqrt{3}$

10. 直线 $4x - 3y + 13 = 0$ 和直线 $4x - 3y - 7 = 0$ 的距离为（   ）.

A. 4   B. 3   C. 5   D. 6

二、填空题

11. 若直线 $mx + 3y - 2 = 0$ 与直线 $x + ny + 2 = 0$ 的交点为 $(-2, 2)$，则 $m + n =$ _____.

12. 点 $P(a, a-1)$ 到直线 $4x - 3y - 12 = 0$ 的距离是 3，则 $a =$ _____.

三、解答题

13. 求过直线 $x - 3y + 2 = 0$ 与直线 $5x + 6y - 4 = 0$ 的交点，且符合下列条件的直线方程.

（1）过点 $M(1, 2)$.

（2）与直线 $3x + 2y - 3 = 0$ 平行.

（3）与直线 $2x + 4y - 2 = 0$ 垂直.

14．在直线 $x-y=0$ 上求一点使它到直线 $2x-y-4=0$ 的距离是 10.

§8.3 曲线和圆的方程

复习要求

1．掌握求曲线（点的轨迹）方程的一般方法.
2．会求两曲线的交点坐标.
3．熟练掌握圆的标准方程和一般方程.
4．能根据已知条件求圆的方程.
5．理解并掌握点和圆的位置关系.

知识要点

1．求曲线（点的轨迹）方程的步骤

（1）建立合适的坐标系.（2）设动点.（3）找条件式.（4）列方程.（5）化简方程.

2．求曲线的交点

设曲线 $C_1:F_1(x, y)=0$，曲线 $C_2:F_2(x, y)=0$，则：C_1 和 C_2 的交点 $(x, y) \Leftrightarrow \begin{cases} F_1(x, y)=0 \\ F_2(x, y)=0 \end{cases}$

的解.

（1）方程组有几个不同的解，则曲线有多少个不同的交点.
（2）特殊地，若求曲线与坐标轴的交点，可令 $x=0$（或 $y=0$）得到.

3．圆的定义

平面内，与定点的距离等于定长的点的轨迹叫作圆，定点叫作圆的圆心，定长叫作圆的半径.

4．圆的标准方程

圆的标准方程 $(x-a)^2+(y-b)^2=r^2$，其中圆心是 $C(a,\ b)$，半径为 r.

特殊地，圆心在坐标原点，半径为 r 的圆的标准方程是：$x^2+y^2=r^2$.

5．圆的一般方程

圆的一般方程为 $x^2+y^2+Dx+Ey+F=0$，化标准方程为 $\left(x+\dfrac{D}{2}\right)^2+\left(y+\dfrac{E}{2}\right)^2=$

$\dfrac{D^2+E^2-4F}{4}$，其中圆心是 $C\left(-\dfrac{D}{2},\ -\dfrac{E}{2}\right)$，半径为 $r=\dfrac{1}{2}\sqrt{D^2+E^2-4F}$ $(D^2+E^2-4F>0)$.

【说明】在圆的一般方程中：

（1）当 $D^2+E^2-4F>0$ 时，表示圆.

（2）当 $D^2+E^2-4F=0$ 时，表示一个点 $\left(-\dfrac{D}{2},\ -\dfrac{E}{2}\right)$.

（3）当 $D^2+E^2-4F<0$ 时，不表示任何图形.

6．点与圆的位置关系

点 $P(x_0,\ y_0)$ 与圆 $(x-a)^2+(y-b)^2=r^2$ 或 $x^2+y^2+Dx+Ey+F=0$ 的位置关系：设点 $P(x_0,\ y_0)$ 到圆心的距离为 d.

（1）P 在圆内 $\Leftrightarrow d<r$.（2）P 在圆上 $\Leftrightarrow d=r$.（3）P 在圆外 $\Leftrightarrow d>r$.

例题解析

【例1】已知动点 P 到定点 $C(-1,\ 3)$ 的距离为 4，求动点 P 的轨迹方程.

解：设动点 P 的坐标为 $(x,\ y)$，$\because |PC|=4$，

$\therefore \sqrt{(x+1)^2+(y-3)^2}=4$，化简得，$(x+1)^2+(y-3)^2=16$ 为所求方程.

评析：求点的轨迹方程关键是找出点所满足的条件式，然后把条件转化成方程.

【例2】根据下列条件，求圆的方程.

（1）圆心在 $(-1,\ 1)$，半径为 $\sqrt{5}$.

（2）圆心在 $(4,\ -3)$，经过原点.

（3）A、B 两点的坐标分别为 $A(3,\ 2)$、$B(5,\ -4)$，以线段 AB 为直径.

解：（1）由圆的标准方程可知，所求圆的方程为：$(x+1)^2+(y-1)^2=5$.

（2）因为圆的半径 $r=|OP|=\sqrt{(4-0)^2+(-3-0)^2}=5$，所以，所求圆的方程为：

$(x-4)^2+(y+3)^2=25$.

（3）因为所求圆的圆心为线段 AB 的中点 $\left(\dfrac{3+5}{2},\ \dfrac{2-4}{2}\right)$，即圆心 $C(4,\ -1)$，半径

$r=\dfrac{1}{2}|AB|=\dfrac{1}{2}\sqrt{(5-3)^2+(-4-2)^2}=\sqrt{10}$，所以，所求圆的方程为 $(x-4)^2+(y+1)^2=10$.

评析：根据圆的几何性质，求出圆心和半径，从而写出圆的方程.

【例3】点 $P(2, m)$ 在圆 $(x-4)^2 + y^2 = 9$ 的内部，求 m 的取值范围.

解：因为圆心 $C(4, 0)$，半径 $r = 3$，

由 $|CP| < r \Rightarrow \sqrt{(2-4)^2 + (m-0)^2} < 3 \Rightarrow 4 + m^2 < 9 \Rightarrow -\sqrt{5} < m < \sqrt{5}$，所以 m 的取值范围 $(-\sqrt{5}, \sqrt{5})$.

评析：根据圆的几何性质，点在圆内，该点到圆心的距离小于半径，列出不等式.

【例4】求过三点 $A(5, 0)$，$B(-2, 1)$，$C(-4, 3)$ 的圆的方程.

解：设所求的圆的方程为：$x^2 + y^2 + Dx + Ey + F = 0$.

把 A、B、C 三点的坐标分别代入得：

$$\begin{cases} 25 + 5D + F = 0 \\ 4 + 1 - 2D + E + F = 0 \\ 16 + 9 - 4D + 3E + F = 0 \end{cases}, \text{解得} \begin{cases} D = -2 \\ E = 6 \\ F = -15 \end{cases},$$

所以，所求的圆的方程：$x^2 + y^2 - 2x + 6y - 15 = 0$.

评析：点在圆上，所以点的坐标满足圆的方程.

【例5】求直线 $2x - 3y + 3 = 0$ 与抛物线 $x^2 = 3y$ 的交点.

解：解方程组 $\begin{cases} 2x - 3y + 3 = 0 \\ x^2 = 3y \end{cases}$，得 $\begin{cases} x = -1 \\ y = \dfrac{1}{3} \end{cases}$ 或 $\begin{cases} x = 3 \\ y = 3 \end{cases}$，

所以，交点是 $\left(-1, \dfrac{1}{3}\right)$、$(3, 3)$.

评析：求曲线的交点，只需解两曲线方程构成的方程组.

同步练习题

一、选择题

1. 圆 $(x-3)^2 + (y+1)^2 = 5$ 的圆心和半径分别是（   ）.
   A. $(3, -1)$, $\sqrt{5}$　　B. $(-3, -1)$, $\sqrt{5}$　　C. $(3, -1)$, 5　　D. $(-3, -1)$, 5

2. 圆 $x^2 + y^2 + Dx + Ey - 6 = 0$ 的圆心为 $C(4, 3)$，那么圆的半径为（   ）.
   A. $2\sqrt{31}$　　　　B. $\sqrt{31}$　　　　C. 5　　　　D. 10

3. 以点 $A(0, 2)$，$B(-2, 2)$ 为端点的线段为直径的圆的方程是（   ）.
   A. $x^2 + y^2 + 2x - 4y + 4 = 0$　　　　B. $x^2 + y^2 - 4x - 2y + 4 = 0$
   C. $x^2 + y^2 - 4x + 2y + 4 = 0$　　　　D. $x^2 + y^2 + 4x + 2y + 4 = 0$

4. 动点 P 到定点 $(2, -1)$ 的距离为 3，那么 P 的轨迹方程是（   ）.
   A. $(x-2)^2 + (y+1)^2 = 9$　　　　B. $(x+2)^2 + (y-1)^2 = 9$
   C. $(x+1)^2 + (y-2)^2 = 3$　　　　D. $(x+2)^2 + (y-1)^2 = 3$

5. 圆 $x^2 + y^2 - 4x + 2y - a = 0$ 的半径为 3，则 $a = $（   ）.

A. 8   B. 4   C. 2   D. 14

6. 经过原点，且圆心在 $P(3, -4)$ 的圆的标准方程是（   ）.

    A. $(x-3)^2 + (y+4)^2 = 25$ B. $(x+3)^2 + (y-4)^2 = 25$

    C. $(x-3)^2 + (y+4)^2 = 5$ D. $(x+3)^2 + (y-4)^2 = 5$

7. 方程 $x^2 + y^2 + (\lambda-1)x + 2\lambda y + \lambda = 0$ 表示圆，则 λ 的取值范围是（   ）.

    A. $(0, +\infty)$ B. $\left[\dfrac{1}{4}, 1\right]$

    C. $\left(-\infty, \dfrac{1}{5}\right) \cup (1, +\infty)$ D. $\mathbf{R}$

8. 若方程 $(m^2-1)x^2 + 2y^2 = 4$ 表示圆，则 $m =$（   ）.

    A. $m = \pm 1$ B. $m = \pm\sqrt{2}$ C. $m = \pm\sqrt{3}$ D. $m = 2$

9. 已知圆 $(x-1)^2 + y^2 = m(m > 0)$ 过点 $P(1, 2)$，则圆的面积 S 为（   ）.

    A. π B. 2π C. 4π D. 5π

10. 动点 P 到定点 $(8, 0)$ 的距离等于 P 到点 $(2, 0)$ 的距离的 2 倍，那么点 P 的轨迹方程是（   ）.

    A. $(x-1)^2 + y^2 = 16$ B. $x^2 + (y-1)^2 = 16$

    C. $x^2 + y^2 = 32$ D. $x^2 + y^2 = 16$

11. 与 $A(-1, 0)$ 和 $B(1, 0)$ 两点的连线的斜率的乘积等于 -1 的动点 P 的轨迹方程是（   ）.

    A. $x^2 + y^2 = 1$ B. $x^2 + y^2 = 1(x \neq \pm 1)$

    C. $x^2 + y^2 = 1(x \neq 0)$ D. $y = \sqrt{1-x^2}$

二、填空题

12. 圆心为 $C(-3, 2)$，半径为 3 的圆的标准方程是_____.

13. 过点 $A(4, 2)$，$B(-6, -3)$，且圆心在 y 轴上的圆的标准方程是_____.

14. 直线 $x - y - 2 = 0$ 和 $y = 2x + b$ 的交点为 $(1, p)$，则 $p =$ _____，$b =$ _____.

15. 直线 $y = x$ 和抛物线 $y = x^2 + 2x - 6$ 的交点坐标是_____.

16. 直线 $y = x - 2$ 被抛物线 $y = -x^2$ 截得的线段长_____.

三、解答题

17. 已知圆的直径的两个端点分别是 $A(1, -1)$，$B(5, -3)$，求该圆的方程.

18．已知圆过点 $O(0,\ 0)$，$A(2,\ 3)$，$B(0,\ 4)$，求该圆的方程．

§8.4　圆与直线、圆与圆的位置关系

复习要求

1．掌握圆与直线的位置关系，会判断圆与直线的位置．
2．掌握两个圆的位置关系，会判断两个圆的位置．
3．能运用圆与直线的位置关系知识，求解相关问题．

知识要点

1．直线与圆的位置关系

直线 $l: Ax+By+C=0$，圆：$(x-a)^2+(y-b)^2=r^2$ 的位置关系的判别：

方法：求圆心 $M(a,\ b)$ 到直线 l 的距离 d 与圆的半径作比较．

（1）$d<r \Leftrightarrow$ 直线与圆相交（有两个公共点）．

（2）$d=r \Leftrightarrow$ 直线与圆相切（只有一个公共点）．

（3）$d>r \Leftrightarrow$ 直线与圆相离（没有公共点）．

注：当直线与圆相离时，圆上的点到直线的最大距离为 $d+r$，最小距离为 $d-r$．

2．圆与圆的位置关系

圆 $C_1:(x-a_1)^2+(y-b_1)^2=r^2$，$C_2:(x-a_2)^2+(y-b_2)^2=R^2$ 的位置关系的判别：

判别方法：设圆心 $M_1(a_1,\ b_1)$，$M_2(a_2,\ b_2)$ 的距离为 $d=M_1M_2$．

（1）外离 $\Leftrightarrow d>R+r$．

（2）外切 $\Leftrightarrow d=R+r$．

（3）内切 $\Leftrightarrow d=R-r(R>r)$．

（4）相交 $\Leftrightarrow R-r<d<R+r(R>r)$．

（5）内含 $\Leftrightarrow d<R-r(R>r)$．

例题解析

【例1】求圆心在点 $C(3, 1)$ 与直线 $4x - 3y + 6 = 0$ 相切的圆的方程.

解：∵所求圆与直线 $4x - 3y + 6 = 0$ 相切,

$$\therefore d = r = \frac{|4 \times 3 - 3 \times 1 + 6|}{\sqrt{4^2 + (-3)^2}} = 3,$$

∴所求圆的方程是 $(x - 3)^2 + (y - 1)^2 = 9$.

评析：根据圆与直线相切时，圆心到直线的距离等于半径求解.

【例2】求过点 $A(0, 6)$，$B(5, 1)$，且圆心在直线 $7x - 2y - 8 = 0$ 上的圆的方程.

解：设所求圆的方程为 $x^2 + y^2 + Dx + Ey + F = 0$，圆心 $C\left(-\dfrac{D}{2}, -\dfrac{E}{2}\right)$，

依题意得：$\begin{cases} 36 + 6E + F = 0 \\ 25 + 1 + 5D + E + F = 0 \\ 7 \times \left(-\dfrac{D}{2}\right) - 2 \times \left(-\dfrac{E}{2}\right) - 8 = 0 \end{cases}$，解得 $\begin{cases} D = -4 \\ E = -6 \\ F = 0 \end{cases}$，

所求圆的方程为 $x^2 + y^2 - 4x - 6y = 0$.

评析：根据圆的一般方程，将点的坐标一一代入求解.

【例3】已知圆的方程是 $x^2 + y^2 = 1$，直线 $y = x + b$，当 b 为何值时，直线与圆:

（1）有两个公共点.

（2）有一个公共点.

（3）没有公共点.

解：∵圆心 $O(0, 0)$，半径 $r = 1$，直线 $x - y + b = 0$，设圆心到直线的距离为 d.

$$\therefore d = \frac{|0 - 0 + b|}{\sqrt{1^2 + (-1)^2}} = \frac{|b|}{\sqrt{2}}.$$

（1）当 $d = \dfrac{|b|}{\sqrt{2}} < 1 \Rightarrow -\sqrt{2} < b < \sqrt{2}$ 时，直线与圆有两个公共点.

（2）当 $d = \dfrac{|b|}{\sqrt{2}} = 1 \Rightarrow b = \pm\sqrt{2}$ 时，直线与圆有一个公共点.

（3）当 $d = \dfrac{|b|}{\sqrt{2}} > 1 \Rightarrow b < -\sqrt{2}$ 或 $b > \sqrt{2}$ 时，直线与圆没有公共点.

评析：根据圆心到直线的距离判断公共点个数.

【例4】已知圆的方程是 $(x + 1)^2 + (y - 1)^2 = 25$，其上有一点 $P(2, 5)$，求过点 P 的圆的切线方程.

解：∵圆心 $C(-1, 1)$，则 CP 所在直线的斜率为 $k_{CP} = \dfrac{5 - 1}{2 + 1} = \dfrac{4}{3}$，所求切线的斜率 $k = -\dfrac{3}{4}$，由点斜式方程得：$y - 5 = -\dfrac{3}{4}(x - 2)$，即 $3x + 4y - 26 = 0$ 为所求切线方程.

评析：根据圆与直线相切时，圆心到直线的距离等于半径，求出切线的斜率.

同步练习题

一、选择题

1. 直线 $2x - y - 8 = 0$ 与圆 $x^2 + y^2 = 25$ 的位置关系是（　　）.

    A．相离　　　　　　　　　　　　B．相切

    C．相交且过圆心　　　　　　　　D．相交但不过圆心

2. 圆 $(x - a)^2 + (y - b)^2 = r^2$ 的圆心在 y 轴上，且与 x 轴相切，下列关系中一定成立的是（　　）.

    A．$a = 0$ 且 $b = 0$　　　　　　　B．$a = 0$ 且 $r = |b|$

    C．$b = 0$ 且 $r = a$　　　　　　　D．$b = 0$ 且 $r = -a$

3. 直线 $y = x + b$ 经过圆 $x^2 + y^2 - 2x + 4y - 4 = 0$ 的圆心，则 $b =$（　　）.

    A．1　　　　　B．2　　　　　C．-1　　　　　D．-3

4. 两圆 $x^2 + y^2 = 9$ 与 $(x + 4)^2 + (y - 3)^2 = 16$ 的位置关系是（　　）.

    A．外离　　　　B．外切　　　　C．相交　　　　D．内切

5. 圆 $x^2 + y^2 = b$ 与 $x - y = b$ 相切，则 $b =$（　　）.

    A．$\dfrac{1}{2}$　　　　B．1　　　　C．2　　　　D．$\sqrt{2}$

6. 过圆 $x^2 + y^2 = 25$ 上一点 $(-4, -3)$ 的圆的切线方程是（　　）.

    A．$4x + 3y + 25 = 0$　　　　　B．$3x - 4y - 3 = 0$

    C．$4x - 3y - 25 = 0$　　　　　D．$4x - 3y + 5 = 0$

7. 直线 $4x + 3y + k = 0$ 与圆 $x^2 + (y - 3)^2 = 4$ 相切，则 $k =$（　　）.

    A．-1或19　　B．1或-19　　C．1　　　　D．± 10

8. 直线 $2x + y + 1 = 0$ 被圆 $(x - 1)^2 + (y - 2)^2 = 25$ 所截得的弦长是（　　）.

    A．$2\sqrt{5}$　　　B．$3\sqrt{5}$　　　C．$4\sqrt{5}$　　　D．$5\sqrt{5}$

9. 圆 $x^2 + y^2 + 4x + 2y - 3 = 0$ 与直线 $x + y + 1 = 0$ 的距离为 $\sqrt{2}$ 的点有（　　）.

    A．1个　　　　B．2个　　　　C．3个　　　　D．4个

10. 圆 $x^2 + y^2 = 1$ 上一点到直线 $3x + 4y - 25 = 0$ 的最大距离为（　　）.

    A．6　　　　　B．5　　　　　C．4　　　　　D．1

二、填空题

11. 过圆 $(x + 2)^2 + (y - 1)^2 = 16$ 上一点 $P(2, 1)$ 的圆的切线方程是＿＿＿＿＿＿＿＿.

12. 与两坐标轴都相切且过点 $P(2, 1)$ 的圆的方程是＿＿＿＿＿＿＿＿.

13. 圆 $x^2 - 2x + y^2 = 0$ 的圆心到直线 $x - y - 3 = 0$ 的距离为＿＿＿＿＿＿＿＿.

14. 点 $A(2, -1)$，$B(4, -3)$，则以线段 AB 的中点为圆心且与直线 $x + y + 1 = 0$ 相切的圆的标准方程是＿＿＿＿＿＿＿＿＿＿＿＿＿＿.

三、解答题

15. 求经过点 $A(2,1)$，$B(10,1)$，且与直线 $2x-y+1=0$ 相切的圆的方程.

16. 已知直线 $4x+3y-15=0$ 与圆 C 相交于 A、B 两点，若弦长 $|AB|=8$，且圆心在原点，求圆的方程.

§8.5　椭　　圆

复习要求

1. 掌握椭圆的定义，图像和几何性质，理解椭圆的第二定义.
2. 掌握椭圆的标准方程，能用待定系数法和几何性质求标准方程.
3. 掌握 a、b、c 之间的关系，知其中两个会求第三个.

知识要点

1. 椭圆的定义

第一定义：平面内，与两定点 F_1、F_2 的距离的和等于常数（大于 $|F_1F_2|$）的点的轨迹叫椭圆. 这两个定点 F_1、F_2 叫作椭圆的焦点，两个焦点间的距离叫作椭圆的焦距.

第二定义：平面内与一个定点 F_1 的距离和到一条定直线 l_1 的距离的比等于常数 $e(0<e<1)$ 的点的轨迹叫椭圆. 这个定点 F_1 叫作椭圆的一个焦点，定直线 l_1 叫作与 F_1 对应的准线（一个椭圆有两个焦点和两条准线），常数 e 叫作椭圆的离心率.

2．椭圆的标准方程和几何性质

定　义	M 为椭圆上的点 $\|MF_1\|+\|MF_2\|=2a\left(2a>\|F_1F_2\|>0\right)$	
焦点位置	x 轴	y 轴
标准方程	$\dfrac{x^2}{a^2}+\dfrac{y^2}{b^2}=1(a>b>0)$	$\dfrac{y^2}{a^2}+\dfrac{x^2}{b^2}=1(a>b>0)$
图　形		
参数关系	$a^2=b^2+c^2(a>b>0)$	
顶　点	$(\pm a,\,0)$、$(0,\,\pm b)$	$(0,\,\pm a)$、$(\pm b,\,0)$
对称性	对称轴：x 轴、y 轴；对称中心：原点	对称轴：x 轴、y 轴；对称中心：原点
焦　点	$F_1(-c,\,0)$，$F_2(c,\,0)$ 焦距 $\|F_1F_2\|=2c$	$F_1(0,\,-c)$，$F_2(0,\,c)$ 焦距 $\|F_1F_2\|=2c$
轴　长	长轴长 $2a$；短轴长 $2b$	长轴长 $2a$；短轴长 $2b$
离心率	$e=\dfrac{c}{a}(0<e<1)$	
准线方程	$x=\pm\dfrac{a^2}{c}$	$y=\pm\dfrac{a^2}{c}$

例题解析

【例1】求下列椭圆方程的 a、b、c、焦距和焦点坐标.

（1）$\dfrac{x^2}{9}+\dfrac{y^2}{8}=1$．（2）$\dfrac{x^2}{9}+\dfrac{y^2}{16}=1$．（3）$x^2+2y^2=2$．（4）$25x^2+9y^2=225$．

解：（1）$a=3$，$b=2\sqrt{2}$，$c=\sqrt{9-8}=1$，焦距：$2c=2$，焦点坐标为 $F_1(-1,\,0)$，$F_2(1,\,0)$．

（2）$a=4$，$b=3$，$c=\sqrt{16-9}=\sqrt{7}$，焦距：$2c=2\sqrt{7}$，焦点坐标为 $F_1\left(0,\,-\sqrt{7}\right)$，$F_2\left(0,\,\sqrt{7}\right)$．

（3）将方程 $x^2+2y^2=2$ 化为标准方程 $\dfrac{x^2}{2}+y^2=1$，$\therefore a=\sqrt{2}$，$b=1$，$c=\sqrt{2-1}=1$，焦距：$2c=2$，焦点坐标为 $F_1(-1,\,0)$，$F_2(1,\,0)$．

（4）将方程 $25x^2+9y^2=225$ 化为标准方程 $\dfrac{x^2}{9}+\dfrac{y^2}{25}=1$，$\therefore a=5$，$b=3$，$c=\sqrt{25-9}=4$，焦距：$2c=8$，焦点坐标为 $F_1(0,\,-4)$，$F_2(0,\,4)$．

评析：首先判断焦点落在哪条轴上，然后根据标准方程和 $a^2=b^2+c^2$ 求出 a、b、c、焦距和焦点坐标.

【例2】求适合下列条件的椭圆的标准方程.

（1）两个焦点坐标分别是 $(-3, 0)$，$(3, 0)$，椭圆经过点 $(5, 0)$.

（2）焦点在 y 轴上，焦距为4，离心率等于 $\dfrac{\sqrt{2}}{2}$.

（3）离心率 $e = \dfrac{\sqrt{5}}{5}$，一条准线的方程是 $x = -5\sqrt{5}$.

解：（1）由焦点坐标知焦点在 x 轴上，设椭圆方程为 $\dfrac{x^2}{a^2} + \dfrac{y^2}{b^2} = 1$，$c = 3$. 又椭圆经过点 $(5, 0)$，$\therefore a = 5$，$\therefore b = \sqrt{25 - 9} = 4$，

所以，所求椭圆方程为 $\dfrac{x^2}{25} + \dfrac{y^2}{16} = 1$.

（2）因为焦点在 y 轴上，设椭圆方程为 $\dfrac{y^2}{a^2} + \dfrac{x^2}{b^2} = 1$.

$\because$ 焦距 $2c = 4$，$\therefore c = 2$，又 $\because e = \dfrac{c}{a} = \dfrac{\sqrt{2}}{2}$，

$\therefore a = 2\sqrt{2}$，$\therefore b = \sqrt{8 - 4} = \sqrt{4} = 2$，

所以，所求椭圆方程为 $\dfrac{x^2}{4} + \dfrac{y^2}{8} = 1$.

（3）由准线方程知焦点在 x 轴上，设椭圆方程为 $\dfrac{x^2}{a^2} + \dfrac{y^2}{b^2} = 1$.

$\because e = \dfrac{c}{a} = \dfrac{\sqrt{5}}{5}$，$\dfrac{a^2}{c} = 5\sqrt{5}$，$\therefore a = 5$，$c = \sqrt{5}$，$b = \sqrt{25 - 5} = \sqrt{20} = 2\sqrt{5}$，

所以，所求椭圆方程为 $\dfrac{x^2}{25} + \dfrac{y^2}{20} = 1$.

评析： 根据椭圆的几何性质，焦点坐标、顶点坐标、离心率和准线方程找出 a^2、b^2 的值，进而写出椭圆的标准方程.

【例3】已知 F_1、F_2 是椭圆 $\dfrac{x^2}{25} + \dfrac{y^2}{9} = 1$ 的两个焦点，过 F_1 的直线与椭圆交于 M、N 两点，求 $\triangle MNF_2$ 的周长.

解： 由椭圆方程可得，$a = 5$，则 $|MF_1| + |MF_2| = 2a = 10$，$|NF_1| + |NF_2| = 2a = 10$，所以 $C_{\triangle MNF_2} = |MF_2| + |NF_2| + |MN| = |MF_2| + |NF_2| + |MF_1| + |NF_1| = 4a = 20$.

评析： 根据椭圆的定义，$|MF_1| + |MF_2| = 2a$ 和 $|NF_1| + |NF_2| = 2a$，从而把三角形的周长分割成 $|MF_2| + |NF_2| + |MF_1| + |NF_1|$.

同步练习题

一、选择题

1. 设 P 是椭圆 $\dfrac{x^2}{25} + \dfrac{y^2}{16} = 1$ 上的一点，则 P 到椭圆两个焦点的距离之和是（　　）.

A. 5 　　　　　　B. 6 　　　　　　C. 8 　　　　　　D. 10

2. 椭圆 $\dfrac{x^2}{3}+\dfrac{y^2}{9}=1$ 的焦点坐标是（ 　　 ）.

　　A. $\left(0,\,-2\sqrt{3}\right),\,\left(0,\,2\sqrt{3}\right)$ 　　　　　　B. $(-3,\,0),\,(3,\,0)$

　　C. $\left(0,\,-\sqrt{6}\right),\,\left(0,\,\sqrt{6}\right)$ 　　　　　　D. $\left(-\sqrt{6},\,0\right),\,\left(\sqrt{6},\,0\right)$

3. 椭圆 $x^2+my^2=1$ 的焦点在 y 轴上，长轴是短轴的 2 倍，则 $m=$（ 　　 ）.

　　A. $\dfrac{1}{4}$ 　　　　　　B. $\dfrac{1}{2}$ 　　　　　　C. 2 　　　　　　D. 4

4. 椭圆 $\dfrac{x^2}{4}+\dfrac{y^2}{9}=1$ 的离心率 $e=$（ 　　 ）.

　　A. $\dfrac{9}{16}$ 　　　　　　B. $\dfrac{3}{2}$ 　　　　　　C. $\dfrac{\sqrt{5}}{3}$ 　　　　　　D. $\dfrac{2}{3}$

5. 中心在坐标原点，焦点在 y 轴上，且离心率为 $\dfrac{1}{2}$、焦距为 2 的椭圆方程是（ 　　 ）.

　　A. $3x^2+4y^2=1$ 　　B. $\dfrac{x^2}{3}+\dfrac{y^2}{4}=1$ 　　C. $4x^2+3y^2=1$ 　　D. $\dfrac{x^2}{4}+\dfrac{y^2}{3}=1$

6. 已知椭圆 $\dfrac{x^2}{25}+\dfrac{y^2}{b^2}=1$ 的离心率为 $\dfrac{3}{5}$，则其短半轴长 $b=$（ 　　 ）.

　　A. 3 　　　　　　B. 4 　　　　　　C. 5 　　　　　　D. 8

7. 如果方程 $\dfrac{x^2}{a^2}+\dfrac{y^2}{a+6}=1$ 表示椭圆，则实数 a 的取值范围是（ 　　 ）.

　　A. $a>-6$ 　　　　　　　　　　B. $-2<a<3$

　　C. $a>3$ 或 $a<-2$ 　　　　　　D. $a>-6$ 且 $a\neq-2$

8. 椭圆的两个焦点为 F_1、F_2，而 A 是椭圆短轴的一个端点，若 $AF_1\perp AF_2$，那么该椭圆的离心率为（ 　　 ）.

　　A. $\dfrac{\sqrt{2}}{2}$ 　　　　　　B. $\dfrac{\sqrt{3}}{2}$ 　　　　　　C. $\dfrac{1}{2}$ 　　　　　　D. $\dfrac{1}{4}$

9. 过点 $(3,\,-2)$ 且与椭圆 $4x^2+9y^2=36$ 有相同焦点的椭圆方程为（ 　　 ）.

　　A. $\dfrac{x^2}{5}+\dfrac{y^2}{10}=1$ 　　B. $\dfrac{x^2}{10}+\dfrac{y^2}{15}=1$ 　　C. $\dfrac{x^2}{15}+\dfrac{y^2}{10}=1$ 　　D. $\dfrac{x^2}{10}+\dfrac{y^2}{5}=1$

10. 已知 F_1、F_2 是椭圆 $\dfrac{x^2}{16}+\dfrac{y^2}{9}=1$ 的两个焦点，过 F_2 的直线交椭圆于点 A、B，若 $|AB|=5$，则 $|AF_1|+|BF_1|=$（ 　　 ）.

　　A. 11 　　　　　　B. 10 　　　　　　C. 9 　　　　　　D. 16

二、填空题

11. 中心在原点，离心率为 $\dfrac{1}{2}$，右焦点为 $F_2(3,\,0)$ 的椭圆方程为＿＿＿＿＿＿＿＿＿.

12. 椭圆 $16x^2+25y^2=400$ 的准线方程为＿＿＿＿＿＿＿＿＿＿＿＿＿.

13．椭圆 $\dfrac{x^2}{25}+\dfrac{y^2}{16}=1$ 上一点 P 到一个焦点的距离为 3，则它到相应准线的距离为 _____．

14．直线 $y=x$ 与椭圆 $\dfrac{x^2}{3}+\dfrac{y^2}{2}=1$ 相交所得弦长为 _____．

三、解答题

15．已知椭圆 $\dfrac{x^2}{a^2}+\dfrac{y^2}{b^2}=1(a>b>0)$ 的离心率为 $\dfrac{2}{3}$，点 $P\left(\dfrac{3\sqrt{5}}{5},-2\right)$ 在椭圆上，经过左焦点 F_1，且斜率为 k 的直线与椭圆交于 A、B 两点，O 为坐标原点．

（1）求椭圆的标准方程．

（2）当 $k=1$ 时，求 $S_{\triangle AOB}$ 的值．

16．已知椭圆 $\dfrac{x^2}{a^2}+\dfrac{y^2}{b^2}=1(a>b>0)$ 过点 $\left(0,\sqrt{2}\right)$，且离心率为 $\dfrac{\sqrt{2}}{2}$．

（1）求椭圆方程．

（2）设直线 $x=my-1\ (m\in \mathbb{R})$ 交椭圆于 A、B 两点，判断点 $G\left(-\dfrac{9}{4},0\right)$ 与以线段 AB 为直径的圆的位置关系，并说明理由．

17. 已知椭圆 C：$\dfrac{x^2}{a^2}+\dfrac{y^2}{b^2}=1(a>b>0)$ 的离心率为 $\dfrac{\sqrt{6}}{3}$，椭圆短轴的一个端点与两个焦点构成的三角形的面积为 $\dfrac{5\sqrt{2}}{3}$．

（1）求椭圆 C 的方程．

（2）已知动直线 $y=k(x+1)$ 与椭圆 C 相交于 A、B 两点，若线段 AB 中点的横坐标为 $-\dfrac{1}{2}$，求斜率 k 的值．

§8.6 双曲线

复习要求

1. 掌握双曲线的定义，图像和几何性质，理解双曲线的第二定义．
2. 掌握双曲线的标准方程，能用待定系数法和几何性质求标准方程．
3. 掌握 a、b、c 之间的关系，知其中两个会求第三个．

知识要点

1. 双曲线的定义

第一定义：平面内，与两定点 F_1、F_2 的距离的差的绝对值等于常数（大于 0 小于 $|F_1F_2|$）的点的轨迹叫双曲线．这两个定点 F_1、F_2 叫作双曲线的焦点，两个焦点间的距离叫作双曲线的焦距．

第二定义：平面内与一个定点 F_1 的距离和到一条定直线 l_1 的距离的比等于常数 $e(e>1)$ 的点的轨迹叫双曲线．这个定点 F_1 叫作双曲线的一个焦点，定直线 l_1 叫作与 F_1 对应的准线（一个双曲线有两个焦点和两条准线），常数 e 叫作双曲线的离心率．

2．双曲线的标准方程和几何性质

定　义	M 为双曲线上的点 $\left\| MF_1 \right\| - \left\| MF_2 \right\| = 2a \left(0 < 2a < \left\| F_1F_2 \right\| \right)$	
焦点位置	x 轴	y 轴
标准方程	$\dfrac{x^2}{a^2} - \dfrac{y^2}{b^2} = 1$	$\dfrac{y^2}{a^2} - \dfrac{x^2}{b^2} = 1$
图　形		
参数关系	$c^2 = a^2 + b^2 \left(a > 0,\ b > 0 \right)$	
顶　点	$(\pm a,\ 0)$	$(0,\ \pm a)$
对 称 性	对称轴：x 轴，y 轴； 对称中心：原点	对称轴：x 轴，y 轴； 对称中心：原点
焦　点	$F_1(-c,\ 0)$，$F_2(c,\ 0)$ 焦距：$2c$	$F_1(0,\ -c)$，$F_2(0,\ c)$ 焦距：$2c$
轴　长	实轴长 $2a$；虚轴长 $2b$	实轴长 $2a$；虚轴长 $2b$
离 心 率	$e = \dfrac{c}{a}(e > 1)$	
准线方程	$x = \pm \dfrac{a^2}{c}$	$y = \pm \dfrac{a^2}{c}$
渐 近 线	$y = \pm \dfrac{b}{a}x$	$y = \pm \dfrac{a}{b}x$

3．双曲线的焦点到渐近线的距离为 b

例题解析

【例1】求下列双曲线的 a、b、c，焦点坐标、焦距、渐近线方程、准线方程和离心率．

（1）$\dfrac{x^2}{9} - \dfrac{y^2}{8} = 1$．（2）$-\dfrac{x^2}{9} + \dfrac{y^2}{16} = 1$．（3）$x^2 - 2y^2 = 2$．

解：（1）$a = 3$，$b = 2\sqrt{2}$，$c = \sqrt{9+8} = \sqrt{17}$，焦点坐标为 $F_1\left(-\sqrt{17},\ 0\right)$，$F_2\left(\sqrt{17},\ 0\right)$，焦距 $2c = 2\sqrt{17}$，渐近线方程：$y = \pm\dfrac{2\sqrt{2}}{3}x$，准线方程：$x = \pm\dfrac{9\sqrt{17}}{17}$，离心率 $e = \dfrac{c}{a} = \dfrac{\sqrt{17}}{3}$．

（2）$a = 4$，$b = 3$，$c = \sqrt{16+9} = 5$，焦点坐标为 $F_1(0,\ -5)$，$F_2(0,\ 5)$，焦距 $2c = 10$，渐近线方程：$y = \pm\dfrac{4}{3}x$，准线方程：$y = \pm\dfrac{16}{5}$，离心率 $e = \dfrac{c}{a} = \dfrac{5}{4}$．

（3）将方程 $x^2 - 2y^2 = 2$ 化为标准方程 $\dfrac{x^2}{2} - y^2 = 1$，$\therefore a = \sqrt{2}$，$b = 1$，$c = \sqrt{2+1} = \sqrt{3}$，焦点坐标为 $F_1\left(-\sqrt{3},\ 0\right)$，$F_2\left(\sqrt{3},\ 0\right)$，焦距 $2c = 2\sqrt{3}$，渐近线方程：$y = \pm\dfrac{\sqrt{2}}{2}x$，准线方程：

$x = \pm \dfrac{2\sqrt{3}}{3}$，离心率 $e = \dfrac{c}{a} = \dfrac{\sqrt{6}}{2}$.

评析：首先判断焦点落在哪条轴上，然后根据方程和 $c^2 = a^2 + b^2$ 和渐近线方程求出 a，b，c，焦点坐标和渐近线方程，离心率.

【例2】求符合下列条件的双曲线的标准方程.

（1）$c = \sqrt{6}$，经过点 $(-5, 2)$，焦点在 x 轴上.

（2）与椭圆 $\dfrac{x^2}{25} + \dfrac{y^2}{9} = 1$ 有相同的焦点，且经过 $(3, 0)$.

（3）焦点在 y 轴上，$b = 3$，且经过点 $(3, 4\sqrt{2})$.

解：（1）因为焦点在 x 轴上，设双曲线的方程为 $\dfrac{x^2}{a^2} - \dfrac{y^2}{b^2} = 1$，

由题知 $c = \sqrt{6}$，$a^2 + b^2 = 6$，①

将点 $(-5, 2)$ 代入所设方程得 $\dfrac{25}{a^2} - \dfrac{4}{b^2} = 1$，②

解①②联立方程组得 $a^2 = 5$，$b^2 = 1$，

所以，所求方程为 $\dfrac{x^2}{5} - y^2 = 1$.

（2）因为椭圆 $\dfrac{x^2}{25} + \dfrac{y^2}{9} = 1$ 的焦点坐标为 $(-4, 0)$，$(4, 0)$，所以双曲线的焦点在 x 轴上，

设双曲线的方程为 $\dfrac{x^2}{a^2} - \dfrac{y^2}{b^2} = 1$，因为 $c = 4$，

又因为经过 $(3, 0)$，所以 $a = 3$，$b = \sqrt{16 - 9} = \sqrt{7}$，

所以，所求方程为 $\dfrac{x^2}{9} - \dfrac{y^2}{7} = 1$.

（3）因为焦点在 y 轴上，设双曲线的方程为 $\dfrac{y^2}{a^2} - \dfrac{x^2}{b^2} = 1$，

由题知 $b = 3$，代入所设方程得 $\dfrac{y^2}{a^2} - \dfrac{x^2}{9} = 1$，①

又因为过点 $(3, 4\sqrt{2})$，代入①得 $\dfrac{32}{a^2} - \dfrac{9}{9} = 1$，所以 $a^2 = 16$，

所以，所求方程为 $\dfrac{y^2}{16} - \dfrac{x^2}{9} = 1$.

评析：根据椭圆和双曲线的几何性质，求出 a^2、b^2 的值，进而写出双曲线的标准方程.

【例3】求与椭圆 $\dfrac{x^2}{64} + \dfrac{y^2}{16} = 1$ 有相同焦点，且一条渐近线的方程是 $x + \sqrt{3}y = 0$ 的双曲线的标准方程.

解：在椭圆中，焦点在 x 轴上，$c = 4\sqrt{3}$.

因为双曲线与椭圆有相同的焦点，所以双曲线的焦点也在 x 轴上，$c = 4\sqrt{3}$.

设渐近线方程为 $y = \pm \dfrac{b}{a}x$，则 $\dfrac{b}{a} = \dfrac{\sqrt{3}}{3}$，即 $b = \dfrac{\sqrt{3}}{3}a$.

又由于 $c^2 = a^2 + b^2$，即 $48 = a^2 + \dfrac{1}{3}a^2$，解得 $a^2 = 36$，$b^2 = 12$.

故双曲线的标准方程为 $\dfrac{x^2}{36} - \dfrac{y^2}{12} = 1$.

评析：根据椭圆和双曲线的几何性质，再根据渐近线方程，求出 a^2、b^2 的值，进而求出双曲线的标准方程.

【例4】方程 $\dfrac{x^2}{m-1} + \dfrac{y^2}{m+3} = 1$ 表示双曲线，求 m 的取值范围.

解：如果焦点在 x 轴上，那么 $m-1>0$ 且 $m+3<0$，即 $m>1$ 且 $m<-3$，则 m 无解；
如果焦点在 y 轴上，那么 $m-1<0$ 且 $m+3>0$，即 $m<1$ 且 $m>-3$，则 $-3<m<1$.
故 m 的取值范围为 $(-3, 1)$.

评析：根据双曲线的标准方程，给出两个分母的范围，进而求出 m 的取值范围.

同步练习题

一、选择题

1. 双曲线 $\dfrac{x^2}{5} - \dfrac{y^2}{4} = 1$ 的焦点坐标是（　　）.

A．$(0, \pm 3)$　　　　B．$(0, \pm 1)$　　　　C．$(\pm 3, 0)$　　　　D．$(\pm 1, 0)$

2. 设 P 是双曲线 $\dfrac{x^2}{36} - \dfrac{y^2}{64} = 1$ 上一点，点 P 到双曲线一个焦点的距离为 18，则点 P 到另一个焦点的距离是（　　）.

A．6　　　　B．30　　　　C．8　　　　D．6 或 30

3. 双曲线 $\dfrac{x^2}{3} - y^2 = 1$ 的离心率是（　　）.

A．3　　　　B．$\dfrac{3}{2}$　　　　C．$\sqrt{3}$　　　　D．$\dfrac{2\sqrt{3}}{3}$

4. 双曲线 $\dfrac{x^2}{2} - y^2 = 1$ 的渐近线方程为（　　）.

A．$y = \pm 2x$　　　　B．$y = \pm \dfrac{1}{2}x$　　　　C．$y = \pm\sqrt{2}x$　　　　D．$y = \pm\dfrac{\sqrt{2}}{2}x$

5. 以 $F_1(0, -3)$、$F_2(0, 3)$ 为焦点的双曲线，有一条准线是直线 $y = \dfrac{4}{3}$，那么该双曲线的方程是（　　）.

A．$\dfrac{y^2}{5} - \dfrac{x^2}{4} = 1$　　B．$\dfrac{x^2}{4} - \dfrac{y^2}{5} = 1$　　C．$\dfrac{y^2}{25} - \dfrac{x^2}{16} = 1$　　D．$\dfrac{y^2}{4} - \dfrac{x^2}{5} = 1$

6. 若椭圆 $\dfrac{x^2}{16} + \dfrac{y^2}{9} = 1$ 与双曲线 $\dfrac{x^2}{3} - \dfrac{y^2}{m} = 1$ 共焦点，那么常数 $m =$（　　）.

A．4　　　　B．7　　　　C．$\sqrt{7}$　　　　D．2

7. 双曲线 $\dfrac{x^2}{4} - \dfrac{y^2}{5} = 1$ 的右焦点为 F，P 为双曲线上一点，如果 $|PF| = 2$，那么 P 到该双曲线的右准线的距离是（　　）．

　　A．3　　　　　　　B．$\dfrac{4}{3}$　　　　　　C．$\dfrac{3}{4}$　　　　　　D．2

8. 如果方程 $\dfrac{x^2}{k-2} + \dfrac{y^2}{k-5} = 1$ 表示双曲线，那么 k 的取值范围是（　　）．

　　A．$k > 5$　　　　B．$2 < k < 5$　　　C．$-2 < k < 2$　　　D．$k < 2$ 或 $k > 5$

9. 与椭圆 $\dfrac{x^2}{16} + \dfrac{y^2}{25} = 1$ 共焦点，且两条准线间的距离为 $\dfrac{10}{3}$ 的双曲线方程是（　　）．

　　A．$\dfrac{x^2}{5} - \dfrac{y^2}{4} = 1$　　B．$\dfrac{y^2}{5} - \dfrac{x^2}{4} = 1$　　C．$\dfrac{x^2}{4} - \dfrac{y^2}{5} = 1$　　D．$\dfrac{y^2}{4} - \dfrac{x^2}{5} = 1$

10. 设 F_1、F_2 是双曲线 $\dfrac{x^2}{4} - y^2 = 1$ 的两个焦点，点 P 在双曲线上且满足 $\angle F_1PF_2 = 90°$，则 $\triangle F_1PF_2$ 的面积是（　　）．

　　A．1　　　　　　　B．$\dfrac{\sqrt{2}}{2}$　　　　　C．2　　　　　　D．$\sqrt{5}$

二、填空题

11. 双曲线 $\dfrac{x^2}{4} - \dfrac{y^2}{12} = 1$ 的焦点坐标为_____，渐近线方程为_____，离心率为_____．

12. 若方程 $\dfrac{x^2}{m^2} - \dfrac{y^2}{m+2} = 1$ 表示等轴双曲线，则 $m = $_____．

13. 已知双曲线 $\dfrac{x^2}{25} - \dfrac{y^2}{24} = 1$，过它的焦点且垂直于 x 轴的弦长为_____．

14. 双曲线 $\dfrac{x^2}{4} - \dfrac{y^2}{12} = 1$ 上点 P 到左焦点的距离为 6，这样的点有_____个．

三、解答题

15. 求与双曲线 $\dfrac{x^2}{9} - \dfrac{y^2}{4} = 1$ 有相同的渐近线，且过点 $P\left(-4, 3\sqrt{3}\right)$ 的双曲线方程．

16. 已知双曲线以椭圆 $\dfrac{x^2}{25}+\dfrac{y^2}{16}=1$ 的焦点为顶点，以椭圆的顶点为焦点，求双曲线的方程.

17. 已知 F_1、F_2 是双曲线 $\dfrac{x^2}{36}-\dfrac{y^2}{64}=1$ 的两个焦点，双曲线上的点 P 到一个焦点的距离等于 9，求 $\triangle F_1PF_2$ 的周长.

§8.7 抛物线

复习要求

1. 理解抛物线的定义.
2. 理解抛物线的标准方程及其性质.
3. 会根据给定条件求抛物线的标准方程.

知识要点

1. 抛物线的定义

平面内到一个定点 F 和一条定直线 l 的距离相等的点的轨迹叫作抛物线. 定点 F 叫作

抛物线的焦点，定直线 l 叫作抛物线的准线.

2．抛物线的标准方程和几何性质

标准方程	$y^2 = 2px$	$y^2 = -2px$	$x^2 = 2py$	$x^2 = -2py$
图　形				
焦点位置	x 轴正半轴	x 轴负半轴	y 轴正半轴	y 轴负半轴
顶　　点	$(0, 0)$	$(0, 0)$	$(0, 0)$	$(0, 0)$
对 称 轴	x 轴	x 轴	y 轴	y 轴
焦点坐标	$F\left(\dfrac{p}{2}, 0\right)$	$F\left(-\dfrac{p}{2}, 0\right)$	$F\left(0, \dfrac{p}{2}\right)$	$F\left(0, -\dfrac{p}{2}\right)$
离 心 率	$e = 1$	$e = 1$	$e = 1$	$e = 1$
准线方程	$x = -\dfrac{p}{2}$	$x = \dfrac{p}{2}$	$y = -\dfrac{p}{2}$	$y = \dfrac{p}{2}$
p 的几何意义：p 表示焦点到准线的距离				

3．直线与抛物线的位置关系有相交、相切、相离三种．相切时只有一个交点，但只有一个交点时不一定相切

例题解析

【例1】 分别求出适合下列条件的抛物线的标准方程，并写出焦点坐标和准线方程.

（1）过点 $(-3, 2)$.

（2）焦点在直线 $x - 2y - 4 = 0$ 上.

解：（1）因为点 $(-3, 2)$ 在第二象限，所以满足条件的抛物线方程可设为 $y^2 = -2px$ 或 $x^2 = 2py$，所以，$y^2 = -\dfrac{4}{3}x$ 或 $x^2 = \dfrac{9}{2}y$，它们的焦点分别为 $\left(-\dfrac{1}{3}, 0\right)$、$\left(0, \dfrac{9}{8}\right)$，准线方程分别为 $x = \dfrac{1}{3}$、$y = -\dfrac{9}{8}$.

（2）因为抛物线的焦点在直线 $x - 2y - 4 = 0$ 上，所以焦点为 $(4, 0)$ 或 $(0, -2)$，

当抛物线的焦点为 $(4, 0)$ 时，抛物线方程为 $y^2 = 16x$，准线方程为 $x = -4$；

当抛物线的焦点为 $(0, -2)$ 时，抛物线方程为 $x^2 = -8y$，准线方程为 $y = 2$.

评析：根据抛物线标准方程的四种形式，写出符合条件的方程，再按照方程写出焦点坐标和准线方程.

【例 2】抛物线 $y^2 = -6x$ 上一点 A 到焦点的距离为 3，求点 A 到准线的距离，并求出点 A 的横坐标.

解：如图 8-7-1 所示，设点 $A(x, y)$，由抛物线的定义知，点 A 到准线 $x = \dfrac{3}{2}$ 的距离为 3，所以 $\dfrac{3}{2} - x = 3$，点 A 的横坐标为 $-\dfrac{3}{2}$.

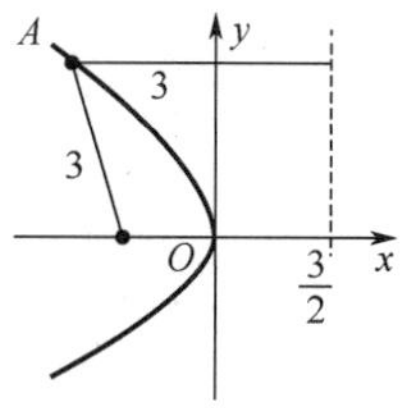

评析：根据抛物线的标准方程，求出准线方程，再根据抛物线的定义，求出点到准线的距离.

图 8-7-1

【例 3】设 A、B 为抛物线上两点，它们到焦点的距离分别为 2 和 4，求 AB 中点到抛物线的准线距离.

解：如图 8-7-2 所示，由已知条件知点 A、B 到抛物线的准线的距离分别为 2 和 4，过 AB 中点 M 作 $MN \perp A'B'$ 于点 N，则 MN 是梯形 $AA'B'B$ 的中位线，因此 AB 中点到抛物线准线的距离为 3.

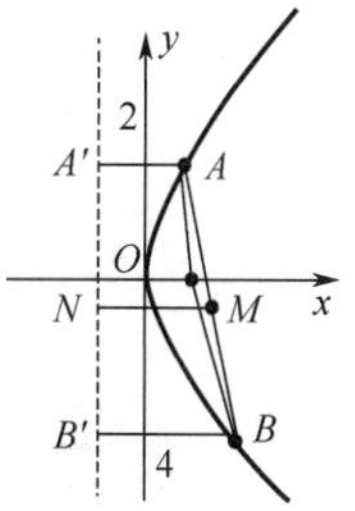

评析：根据抛物线的定义，将抛物线上的点到焦点的距离转化成点到准线的距离，再根据中位线的性质，求出 AB 中点到准线的距离.

图 8-7-2

【例 4】已知点 $A(3, 4)$，F 是抛物线 $y^2 = 8x$ 的焦点，M 是抛物线上的动点，当 $|MA| + |MF|$ 最小时，点 M 的坐标是（　　）.

  A. $(0, 0)$ B. $\left(3, 2\sqrt{6}\right)$

  C. $(2, 4)$ D. $\left(3, -2\sqrt{6}\right)$

解：如图 8-7-3 所示，过点 A 作准线 $x = -2$ 的垂线，交抛物线于点 M，此时 $|MA| + |MF|$ 最小，点 M 的纵坐标为 4，将 $y = 4$ 代入 $y^2 = 8x$ 中得 $x = 2$，故选 C.

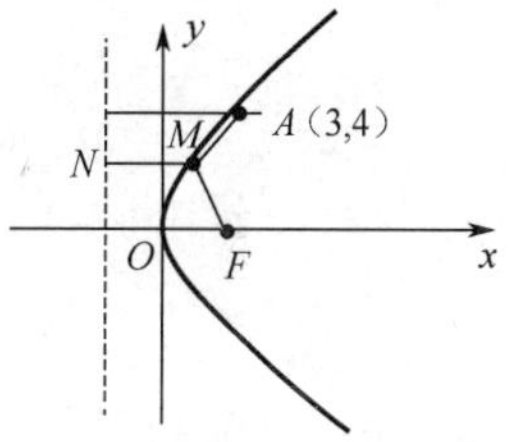

评析：根据抛物线的定义，将抛物线上的点到焦点的距离转化成点到准线的距离，然后根据三点在同一条直线上时线段最短，求出结果.

图 8-7-3

同步练习题

一、选择题

1．抛物线 $y^2 = x$ 的焦点坐标是（　　）.

  A. $(1, 0)$ B. $\left(\dfrac{1}{4}, 0\right)$ C. $\left(0, \dfrac{1}{4}\right)$ D. $(0, 1)$

2．如果抛物线 $y^2 = -2px$ 的准线方程是 $x = 1$，那么 $p =$（　　）.

  A. 1   B. -1 C. 2   D. -2

3．抛物线 $x^2 = 8y$ 的准线方程是（　　）.

  A. $y = 4$ B. $y = -4$ C. $y = 2$ D. $y = -2$

4．若抛物线 $y^2 = 2px$ 上到焦点的距离为 5 的点的横坐标为 4，则 $p =$（　　）.

  A. 4   B. 3   C. 2   D. 5

5. 抛物线 $y^2 = 4x$ 上的两点 A、B 到抛物线的焦点距离之和为 8，则线段 AB 的中点的横坐标是（   ）.

    A. 2   B. 3   C. 4   D. 6

6. 已知直线 $y = x - 1$ 与抛物线 $y^2 = 4x$ 交于 A、B 两点，则 $|AB|$ 等于（   ）.

    A. $4\sqrt{2}$ B. 6   C. 7   D. 8

7. 抛物线 $y^2 = 8x$ 的焦点到直线 $3x + 4y + 4 = 0$ 的距离为（   ）.

    A. 1   B. 2   C. 3   D. 4

8. 设抛物线 $y^2 = 2px(p > 0)$ 的焦点为 F，若 F 到直线 $y = \sqrt{3}x$ 的距离为 $\sqrt{3}$，则 $p = $（   ）.

    A. 4   B. 2   C. $4\sqrt{3}$ D. $2\sqrt{3}$

9. 已知抛物线 $y^2 = 2x$ 的焦点为 F，定点 $A(3, 2)$ 在抛物线内，求抛物线上一点 P，使 $|PA| + |PF|$ 最小，那么点 P 的坐标为（   ）.

    A. $(-2, 2)$ B. $\left(1, \sqrt{2}\right)$ C. $(2, 2)$ D. $\left(1, -\sqrt{2}\right)$

10. 过点 $A(2, 3)$ 且与抛物线 $y^2 = 8x$ 有一个交点的直线有（   ）.

    A. 1 条   B. 2 条   C. 3 条   D. 4 条

二、填空题

11. 顶点在原点，对称轴为 y 轴，且过点 $(1, -3)$ 的抛物线的标准方程为_____.

12. 已知 m 为实数，椭圆 $\dfrac{x^2}{3} + \dfrac{y^2}{m} = 1$ 的一个焦点为抛物线 $y^2 = 4x$ 的焦点，则 $m = $ _____.

13. 已知抛物线 $y^2 = 4x$ 截直线 $y = 2x + k$ 所得的弦长 $|AB| = 3\sqrt{5}$，则 k 的值为_____.

三、解答题

14. 求符合下列条件的抛物线的标准方程.

（1）顶点在坐标原点，准线方程是 $x = 4$.

（2）焦点是 $F(-8, 0)$，顶点在坐标原点.

（3）顶点在坐标原点，坐标轴为对称轴，且经过点 $(1, 2)$.

15. 已知抛物线的顶点在坐标原点，焦点在 y 轴上，抛物线一点 $M(m, -3)$ 到焦点的距离为 5，求抛物线方程和准线方程及 m 的值.

16. 已知 F 是抛物线 $x^2 = 4y$ 的焦点，过点 F 的直线 l 的倾斜角为 $\dfrac{3\pi}{4}$.

（1）求直线的方程.

（2）若直线 l 与抛物线相交于 $A(x_1, y_1)$，$B(x_2, y_2)$ 两点，求 A、B 两点间的距离.

第八章　平面解析几何近十年高考真题练习

一、选择题

1．（2014 年）若圆 $x^2 + y^2 - 2x + 4y = 3 - 2k - k^2$ 与直线 $2x + y + 5 = 0$ 相切，则 $k = $（　　）.

    A．3 或 –1   B．–3 或 1   C．2 或 –1   D．–2 或 1

2．（2015 年）下列方程的图像为双曲线的是（　　）.

    A．$x^2 - y^2 = 0$ B．$x^2 = 2y$

    C．$3x^2 + 4y^2 = 1$ D．$2x^2 - y^2 = 2$

3．（2015 年）若圆 $(x-1)^2 + (y+1)^2 = 2$ 与直线 $x + y - k = 0$ 相切，则 $k = $（　　）.

    A．± 2 B．$\pm\sqrt{2}$ C．$\pm 2\sqrt{2}$ D．± 4

4．（2016 年）抛物线 $x^2 = 4y$ 的准线方程是（　　）.

    A．$y = -1$ B．$y = 1$ C．$x = -1$ D．$x = 1$

5．（2016年）已知直线 l 的倾斜角为 $\dfrac{\pi}{4}$ ，在 y 轴上的截距为2，则 l 的方程是（　　）.

　　A．$y+x-2=0$　　B．$y+x+2=0$　　C．$y-x-2=0$　　D．$y-x+2=0$

6．（2017年）抛物线 $y^2=-8x$ 的焦点坐标是（　　）.

　　A．$(-2,\,0)$　　　B．$(2,\,0)$　　　C．$(0,\,-2)$　　　D．$(0,\,2)$

7．（2017年）已知双曲线 $\dfrac{x^2}{a^2}-\dfrac{y^2}{6}=1$ 的离心率为2，则 $a=$ （　　）.

　　A．6　　　　　　B．3　　　　　　C．$\sqrt{3}$　　　　　D．$\sqrt{2}$

8．（2017年）设直线 l 经过圆 $x^2+y^2+2x+2y=0$ 的圆心，且在 y 轴上的截距为1，则直线的斜率为（　　）.

　　A．2　　　　　B．-2　　　　　C．$\dfrac{1}{2}$　　　　　D．$-\dfrac{1}{2}$

9．（2018年）抛物线 $y^2=4x$ 的准线方程是（　　）.

　　A．$y=1$　　　B．$y=-1$　　　C．$x=1$　　　D．$x=-1$

10．（2018年）已知点 $A(-1,\,4)$ 和点 $B(5,\,2)$ ，则线段 AB 的垂直平分线的方程是（　　）.

　　A．$3x-y-10=0$　　　　　B．$3x-y-3=0$

　　C．$3x+y-9=0$　　　　　D．$3x+y-8=0$

11．（2019年）双曲线 $\dfrac{x^2}{25}-\dfrac{y^2}{16}=1$ 的焦点坐标是（　　）.

　　A．$\left(-\sqrt{41},\,0\right),\,\left(\sqrt{41},\,0\right)$　　　　　B．$\left(0,\,-\sqrt{41}\right),\,\left(0,\,\sqrt{41}\right)$

　　C．$(0,\,-3),\,(0,\,3)$　　　　　D．$(-3,\,0),\,(3,\,0)$

12．（2019年）抛物线 $y^2=4x$ 上一点 P 到其焦点 F 的距离为3，则点 P 到 y 轴的距离为（　　）.

　　A．4　　　　　B．3　　　　　C．2　　　　　D．1

13．（2019年）直线 l_1 的方程为 $x-\sqrt{3}y-\sqrt{3}=0$ ，直线 l_2 的倾斜角为 l_1 的倾斜角的2倍，且 l_2 经过坐标原点 O ，则 l_2 的方程为（　　）.

　　A．$2x-\sqrt{3}y=0$　　　　　B．$2x+\sqrt{3}y=0$

　　C．$\sqrt{3}x-y=0$　　　　　D．$\sqrt{3}x+y=0$

14．（2020年）点 $A(3,\,2)$ 到直线 $x-2y+2=0$ 的距离是（　　）.

　　A．$\dfrac{2\sqrt{5}}{5}$　　　　B．$\sqrt{5}$　　　　C．5　　　　D．$\dfrac{\sqrt{5}}{5}$

15．（2020年）双曲线 $\dfrac{x^2}{17}-\dfrac{y^2}{8}=1$ 的右焦点坐标为（　　）.

　　A．$(0,\,5)$　　　B．$(0,\,-5)$　　　C．$(5,\,0)$　　　D．$(-5,\,0)$

16．（2020）抛物线 $y^2=4x$ 的准线方程为（　　）.

　　A．$y=-1$　　　B．$x=1$　　　C．$x=-1$　　　D．$y=1$

17．（2021年）双曲线 $\dfrac{x^2}{4}-\dfrac{y^2}{5}=1$ 的离心率是（　　）.

A. $\dfrac{3}{2}$　　　　B. 2　　　　C. $\dfrac{1}{2}$　　　　D. $\dfrac{2}{3}$

18.（2021年）过点 $P(1, -1)$ 且与直线 $3x + y - 4 = 0$ 平行的直线方程是（　　）.

A. $x + 3y + 2 = 0$　　　　　　B. $3x - y - 4 = 0$

C. $x - 3y - 4 = 0$　　　　　　D. $3x + y - 2 = 0$

19.（2021年）过抛物线 C：$y^2 = 4x$ 的焦点 F，且垂直于 x 轴的直线交抛物线 C 于 A, B 两点，则 $|AB| = $（　　）.

A. 1　　　　B. 4　　　　C. $4\sqrt{2}$　　　　D. 8

20.（2022年）已知抛物线 $x^2 = -2y$ 上的点 M 到点 $\left(0, -\dfrac{1}{2}\right)$ 的距离为 5，则点 M 到直线 $y = \dfrac{1}{2}$ 的距离为（　　）.

A. $\dfrac{2}{5}$　　　　B. $\dfrac{5}{2}$　　　　C. 4　　　　D. 5

21.（2022年）已知圆 $x^2 + y^2 - 2x + 2ky + 1 = 0(k > 0)$ 的面积为 4π，则 $k = $（　　）.

A. 1　　　　B. $\sqrt{2}$　　　　C. 2　　　　D. 4

22.（2023年）椭圆 $\dfrac{x^2}{4} + \dfrac{y^2}{3} = 1$ 的离心率是（　　）.

A. 2　　　　B. $\sqrt{3}$　　　　C. $\dfrac{\sqrt{3}}{2}$　　　　D. $\dfrac{1}{2}$

23.（2023年）斜率为 $\sqrt{3}$，且过点 $P(0, 3)$ 的直线方程为（　　）.

A. $y = \sqrt{3}x - 3$　　B. $y = \sqrt{3}x + 3$　　C. $y = -\sqrt{3}x + 3$　　D. $y = -\sqrt{3}x - 3$

24.（2023年）抛物线 $x^2 = 2y$ 的准线方程为（　　）.

A. $y = -\dfrac{1}{2}$　　　　B. $y = \dfrac{1}{2}$　　　　C. $x = -\dfrac{1}{2}$　　　　D. $x = \dfrac{1}{2}$

25.（2023年）设与 x 轴相切的圆，经过点 $(-1, 2)$，且圆心在 y 轴上，则这个圆的方程为（　　）.

A. $\left(x - \dfrac{5}{4}\right)^2 + y^2 = \dfrac{25}{16}$　　　　　　B. $x^2 + \left(y - \dfrac{5}{4}\right)^2 = \dfrac{25}{16}$

C. $\left(x + \dfrac{5}{4}\right)^2 + y^2 = \dfrac{25}{16}$　　　　　　D. $x^2 + \left(y + \dfrac{5}{4}\right)^2 = \dfrac{25}{16}$

26.（2024年）已知直线 l 的倾斜角为 $\dfrac{3\pi}{4}$，且直线在 y 轴上的截距为 2，则直线 l 的方程是（　　）.

A. $x + y - 2 = 0$　　B. $x + y + 2 = 0$　　C. $x - y - 2 = 0$　　D. $x - y + 2 = 0$

27.（2024年）双曲线 $x^2 - y^2 = 1$ 的焦距为（　　）.

A. $\sqrt{2}$　　　　B. 2　　　　C. $2\sqrt{2}$　　　　D. 4

28.（2024年）椭圆 $\dfrac{x^2}{100} + \dfrac{y^2}{64} = 1$，左、右焦点分别为 F_1，F_2，过 F_1 的直线 l 与椭圆交于 A, B 两点，则 $\triangle ABF_2$ 的周长为（　　）.

A. 24 B. 28 C. 32 D. 40

29.（2024 年）过点 $A(2, 1)$ 与圆 $x^2 + y^2 = 5$ 相切的直线方程为（   ）.

A. $2x + y - 5 = 0$ B. $x + 2y - 4 = 0$ C. $2x + y + 5 = 0$ D. $x + 2y + 4 = 0$

二、填空题

30.（2014 年）已知点 $A(1, 3)$，$B(3, -1)$，则线段 AB 的垂直平分线的方程是_____.

31.（2015 年）已知点 $A(2, 1)$，$B(-4, 3)$，则线段 AB 的垂直平分线在 y 轴上的截距为_____.

32.（2016 年）已知直角三角形的顶点 $A(-4, 4)$，$B(-4, 3)$，$C(2, 4)$，则该三角形外接圆的方程是_____.

33.（2017 年）已知点 $A(1, 2)$，$B(3, -4)$，则以线段 AB 的中点为圆心，且与直线 $x + y = 5$ 相切的圆的标准方程是_____.

34.（2018 年）双曲线 $\dfrac{x^2}{4} - \dfrac{y^2}{32} = 1$ 的离心率 $e =$ _____.

35.（2018 年）以两条直线 $x + y = 0$ 和 $2x - y - 3 = 0$ 的交点为圆心，且与直线 $2x - y + 2 = 0$ 相切的圆的标准方程是_____.

36.（2019 年）以点 $(2, 1)$ 为圆心，且与直线 $4x - 3y = 0$ 相切的圆的标准方程为_____.

37.（2020 年）直线 $x + y - 3 = 0$ 被圆 $(x - 2)^2 + (y + 1)^2 = 4$ 所截的弦长为_____.

38.（2021 年）以点 $M(3, 1)$ 为圆心的圆与 x 轴相交于 A、B 两点，若 $\triangle MAB$ 为直角三角形，则该圆的标准方程为_____.

39.（2022 年）已知两点 $A(-1, 5)$，$B(9, 3)$，线段 AB 的垂直平分线为_____.

40.（2023 年）若直线 $x - 2y + 1 = 0$ 与直线 $2x + my - 1 = 0$ 平行，则 $m =$ _____.

三、解答题

41.（2014 年）已知点 $F_1\left(-\sqrt{13}, 0\right)$，$F_2\left(\sqrt{13}, 0\right)$ 是椭圆 E 的两个焦点，且点 $A(0, 6)$ 在椭圆 E 上.

（1）求椭圆 E 的方程；

（2）设点 P 是椭圆 E 上的一点，若 $|PF_2| = 4$，求以线段 PF_1 为直径的圆的面积.

42.（2015 年）已知中心在坐标原点，两个焦点为 F_1、F_2，在 x 轴上的椭圆的离心率为 $\dfrac{4}{5}$，抛物线 $y^2 = 16x$ 的焦点与 F_2 重合．

（1）求椭圆 E 的方程；

（2）若直线 $y = k(x+4)(k \neq 0)$ 交椭圆 E 于 C、D 两点，试判断以坐标原点为圆心，周长等于 $\triangle CF_2D$ 周长的圆 O 与椭圆 E 是否有交点，请说明理由．

43.（2016 年）设椭圆 C：$\dfrac{x^2}{a^2} + y^2 = 1$ 的焦点在 x 轴上，且离心率为 $\sqrt{\dfrac{7}{8}}$．

（1）求椭圆 C 的方程；

（2）求椭圆 C 的点到直线 l：$y = x + 4$ 的距离的最小值和最大值．

44.（2017 年）如练习图 8-1 所示，设 F_1、F_2 分别为椭圆 C：$\dfrac{x^2}{a^2} + \dfrac{y^2}{16-a^2} = 1(a>0)$ 的左、右焦点，且 $|F_1F_2| = 2\sqrt{2}$．

（1）求椭圆 C 的标准方程；

（2）设 P 为第一象限内位于椭圆 C 上的一点，过点 P 和 F_2 的直线交 y 轴于点 Q，若 $QF_1 \perp QF_2$，求线段 PQ 的长．

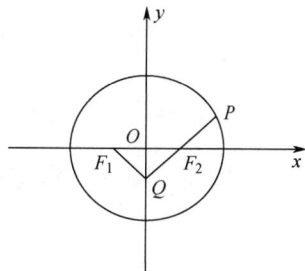

练习图 8-1

45．（2018 年）已知椭圆 C 的焦点 $F_1\left(-\sqrt{6},\ 0\right)$，$F_2\left(\sqrt{6},\ 0\right)$，椭圆 C 与 x 轴的一个交点 $A(-3,\ 0)$．

（1）求椭圆 C 的标准方程；

（2）设点 P 为椭圆 C 上任意一点，求 $\angle F_1PF_2$ 的最小值．

46．（2019 年）如练习图 8-2 所示，椭圆 C：$\dfrac{x^2}{a^2}+\dfrac{y^2}{b^2}=1$ $(a>b>0)$ 的右焦点为 $F(1,\ 0)$，且经过点 $P(0,\ 1)$，过坐标原点 O 的直线与椭圆 C 交于 A、B 两点，其中点 A 位于第一象限，且 $PB\ /\!/\ AF$．

（1）求椭圆 C 的方程；

（2）求 $\triangle PAB$ 的面积．

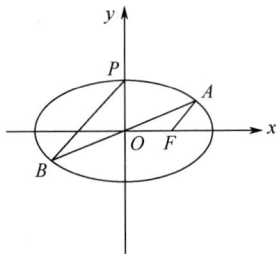

练习图 8-2

47．（2020 年）已知椭圆 E：$\dfrac{x^2}{a^2}+\dfrac{y^2}{b^2}=1(a>b>0)$，左右焦点分别为 F_1,F_2，且 $|F_1F_2|=2\sqrt{5}$，离心率 $e=\dfrac{\sqrt{5}}{3}$．

（1）求椭圆的标准方程；

（2）若点 $P(x_0,\ y_0)$ 为椭圆上一点，当 $\angle F_1PF_2$ 为锐角时，求 x_0 的取值范围．

48．（2021 年）如练习图 8-3 所示，椭圆 $C: \dfrac{x^2}{a^2} + \dfrac{y^2}{b^2} = 1(a > b > 0)$ 的焦点分别为 F_1，F_2，且 $|F_1F_2| = 2$，其离心率 $e = \dfrac{1}{2}$．点 A 为椭圆 C 与 x 轴正半轴的交点，点 P 是椭圆上位于第一象限内的动点，延长线段 F_1P 至点 Q，使得 $|PQ| = |PF_2|$．

（1）求椭圆的标准方程；

（2）当 $|QF_2| = \sqrt{2}|QA|$ 时，求点 Q 的坐标．

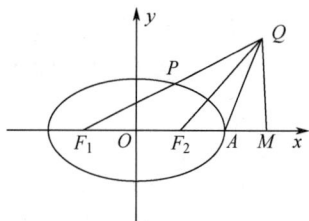

练习图 8-2

49．（2022 年）已知椭圆和双曲线 $\dfrac{x^2}{4} - \dfrac{y^2}{5} = 1$ 有共同的左右焦点 F_1，F_2，且椭圆的离心率为 $\dfrac{3}{5}$．

（1）求椭圆的标准方程；

（2）设点 P 是椭圆与双曲线左支的交点，求 $\cos F_1PF_2$ 的值；

（3）若以 F_2 为圆心，半径为 r 的圆与椭圆没有交点，求 r 的取值范围．

50．（2023 年）已知双曲线 $C: \dfrac{x^2}{a^2} - \dfrac{y^2}{2} = 1(a > 0)$ 的右焦点为 $F(2, 0)$，P 是双曲线 C 左支上一点，点 $M(0, 2)$．连接 PF 和 PM．

（1）求双曲线 C 的方程；

（2）当 $|PF| + |PM|$ 取得最小值时，求点 P 的坐标．

51．（2024 年）在直角坐标系 xOy 中，曲线 M 上动点 $P(x, y)$ 到点 $F\left(\dfrac{\sqrt{3}}{2}, 0\right)$ 的距离与到直线 l：$x = -\dfrac{\sqrt{3}}{2}$ 的距离相等，点 A，B 在曲线 M 上，$\triangle OAB$ 是等边三角形．

（1）求曲线 M 的方程；

（2）求 $\triangle OAB$ 的面积．

概率与统计初步

考试内容

1. 分类、分步计数原理.
2. 排列、组合.
3. 随机事件，概率，概率的简单性质.
4. 总体与样本，抽样方法.
5. 总体均值、标准差，用样本均值、标准差估计总体均值、标准差，直方图与频率分布.

考试要求

1. 理解分类、分步计数的原理.
2. 理解排列与组合.
3. 理解随机事件和概率.
4. 理解概率的简单性质.
5. 了解直方图与频率分布.
6. 了解总体与样本.
7. 了解抽样方法.
8. 了解总体均值、标准差及用样本均值、标准差估计总体均值、标准差.

近四年分值占比

年份/年	2021	2022	2023	2024
分值/分	15	15	15	15
分值占比	10%	10%	10%	10%

近四年考点对比

年份/年	2021	2022	2023	2024
考点对比	平均数，概率，分步计数的原理	平均数，概率，分层抽样	平均数，概率，排列数	平均数，标准差，概率，排列数

思维导图

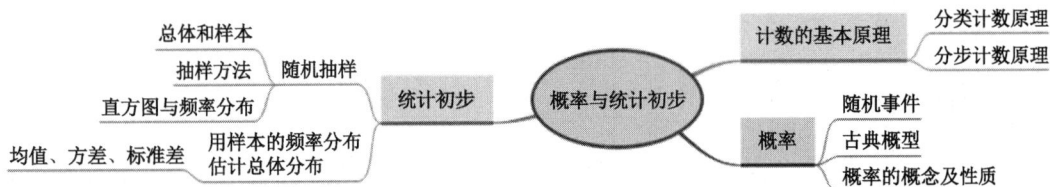

参考课时

10 课时

§9.1 分类、分步计数原理

复习要求

1. 理解分类计数的原理.
2. 理解分步计数的原理.

知识要点

1. 分类计数的原理

一般完成一件事，有 n 类方式. 第 1 类方式有 k_1 种方法，第 2 类方式有 k_2 种方法……第 n 类方式有 k_n 种方法，那么完成这件事的方法共有 $N = k_1 + k_2 + \cdots + k_n$（种）.

2. 分步计数的原理

一般地，如果完成一件事，需要分成 n 个步骤，完成第 1 个步骤有 k_1 种方法，完成第 2 个步骤有 k_2 种方法……完成第 n 个步骤有 k_n 种方法，并且只有这 n 个步骤都完成后，这件事才能完成，那么完成这件事的方法共有 $N = k_1 \cdot k_2 \cdot \cdots \cdot k_n$（种）.

例题解析

【例1】从甲地到乙地，一天内有 3 班火车、4 班汽车开出，则在一天中，不同的乘车方法有（　　）.

　　A．3^4 种　　　　　　B．4^3 种　　　　　　C．12 种　　　　　　D．7 种

解：从甲地到乙地，可以乘坐任何一班的火车，也可以乘坐任何一班的汽车，因此分两类，从而有 7 种不同的乘车方法.

评析：本题考查了分类计数的原理.

【例2】要从甲、乙、丙 3 名工人中选出 2 名分别上白班和晚班，有多少种不同的选法？

解：从 3 名工人中选出 2 名分别上白班和晚班，可以看成是经过先选 1 名上白班，再选 1 名上晚班共两个步骤完成. 先选 1 名工人上白班，共有 3 种选法；上白班的工人选定后再选 1 名上晚班，上晚班的工人有 2 种选法，根据分步计数原理，所求的不同的选法数是 3×2=6 种.

评析：本题考查了分步计数的原理.

【例3】某单位组织职工义务献血，在体检合格的人中，O 型血的共有 15 人，A 型血的共有 12 人，B 型血的共有 8 人，AB 型血的共有 2 人.

（1）从中选取 1 人，共有多少种不同的选法？

（2）从这 4 种血型的人中各选 1 人去献血，有多少种不同的选法？

解：从 O 型血的人中选取 1 人有 15 种选法；

从 A 型血的人中选取 1 人有 12 种选法；

从 B 型血的人中选取 1 人有 8 种选法；

从 AB 型血的人中选取 1 人有 2 种选法.

（1）任选 1 人去献血，即无论选取哪种血型的人，这件事都可以完成，所以用分类计数原理，有 $N=15+12+8+2=37$ 种不同的选法.

（2）要从 4 种血型的人中各选 1 人，即选 4 人，要从每种血型的人中依次选出 1 人，这件事才算完成，所以用分步计数原理，有 $N=15×12×8×2=2880$ 种不同的选法.

评析：本题考查了分类计数原理和分步计数原理.

同步练习题

一、选择题

1．某会计班的学生分为三个小组，第一组有 10 人，第二组有 9 人，第三组有 8 人，现要选出 1 人参加学校的唱歌比赛，有＿＿＿种不同的选法.

　　A．10　　　　　　B．9　　　　　　C．8　　　　　　D．27

2．两个袋子里分别装 10 个红球，20 个白球，从中任取 1 个球，有＿＿＿种不同的取法.

　　A．10　　　　　　B．20　　　　　　C．30　　　　　　D．200

3．两个袋子里分别装 10 个红球，20 个白球，从中任取 1 个红球和 1 个白球，有＿＿＿种不同的取法.

    A．10   B．20   C．30   D．200

4．某班有男生 25 人，女生 20 人，从男生和女生中各选 1 人参加学校的演讲比赛，共有____种方法．

    A．45   B．125   C．500   D．600

5．由 1，2，3，4，5 五个数字组成没有重复数字的两位数，共有____个．

    A．15   B．20   C．25   D．30

6．一个口袋中有 5 封信，另一个口袋中有 4 封信，各封信内容均不相同．从两个口袋里各取 1 封信，有____种不同的取法．

    A．9   B．16   C．25   D．20

二、填空题

7．一个乒乓球队里有男队员 5 人，女队员 4 人，从中选出男、女队员各 1 名组成混合双打，共有_____种不同的选法．

8．一商场有 3 个大门，商场内有 2 个楼梯，顾客从商场外到二楼的走法有_____种．

9．从分别写有数字 1，2，3，…，9 的九张卡片中，抽出两张数字和为奇数的卡片，共有_____种不同的抽法．

10．邮政大厅有 4 个邮筒，现将 3 封信逐一投入邮筒，共有_____种投法．

11．用 1，2，3，4，5 可组成_____个三位数（各位上的数字允许重复）．

12．在一次读书活动中，有 5 本不同的政治书，10 本不同的科技书，20 本不同的小说供学生选用，

（1）某学生若要从这三类书中任选 1 本，则有_____种不同的选法；

（2）若要从这三类书中各选 1 本，则有_____种不同的选法；

（3）若要从这三类书中选不属于同一类的 2 本，则有_____种不同的选法．

13．一座山从山下到山顶南面有 3 条路，北面有 2 条路．

（1）如果走路上山一共有_____种走法；

（2）如果从南面上山，北面下山，有_____种走法；

（3）如果从一面上山，另一面下山，有_____种走法．

14．嘉丽有 2 双旅游鞋、1 双休闲鞋、2 双皮鞋、2 双凉鞋，嘉丽要从中选 1 双穿，有_____种不同的选法．

15．某城市的有线电话号码由 8 位数组成，但号码首位不能是"0"和"1"，该城市最多可以安装_____部有线电话．

§9.2　排列与组合

复习要求

1．理解排列、组合的基本概念．

2．会运用排列数、组合数公式进行计算．

3．会解排列、组合简单问题，会判断给定问题是排列还是组合问题，会根据有关定理、公式进行分析、计算.

知识要点

1．排列的概念

一般地，从 n 个不同元素中，任取 $m(m{\leqslant}n)$ 个元素，按照一定的顺序排成一列，叫作从 n 个不同元素中取出 m 个元素的一个排列.

2．排列数的概念

一般地，从 n 个不同元素中，取出 $m(m{\leqslant}n)$ 个不同元素的所有排列个数，叫作从 n 个不同元素中取出 m 个不同元素的排列数，用符号 A_n^m 表示.

其中：$\mathrm{A}_n^m = n(n-1)(n-2)\cdots(n-m+1)(m{\leqslant}n)$.

3．组合的概念

一般地，从 n 个不同元素中取出 $m(m{\leqslant}n)$ 个元素，不管它们之间的顺序，合成一组，叫作从 n 个不同元素中取出 m 个元素的一个组合.

说明：组合与顺序无关，"只取不排"；排列与顺序有关，"取了再排".

4．组合数的概念

一般地，从 n 个不同元素中取出 $m(m{\leqslant}n)$ 个不同元素的所有组合的个数，叫作从 n 个不同元素中取出 m 个不同元素的组合. 用符号 C_n^m 表示.

其中，$\mathrm{C}_n^m = \dfrac{n(n-1)(n-2)(n-m+1)}{m!}(m{\leqslant}n)$，规定 $\mathrm{C}_n^0 = 1$.

性质：$\mathrm{C}_n^m = \mathrm{C}_n^{n-m}$.

例题解析

【例1】用 0，1，2，3，4，5 六个数字：

（1）可以组成多少个没有重复数字的四位数？

（2）可以组成多少个没有重复数字的四位奇数？

（3）可以组成多少个没有重复数字的四位偶数？

评析：本题考查了有限制条件的排列问题.

解：（1）方法一（特殊位置分析法）

用- - - -表示四位数，则千位不能为0，只能从1，2，3，4，5中任选一个，有5种排法，后三位可以从剩下的五个数中任取 3 个排入，有 A_5^3 种排法，由分步计数原理，共有 $5\mathrm{A}_5^3{=}300$ 种排法.

方法二（特殊元素分析法）

先考虑元素 0，分两类：①若 0 不入选，则有 A_5^4 种排法；②若 0 入选，则 0 只能放在后 3 位，有 A_3^1 种排法，再从剩下的五个数中选 3 个排入，有 A_5^3 种排法，由分步计数原理，共有 $A_3^1 \cdot A_5^3$ 种排法；由上述①②，再利用分类计数原理，共有 $A_5^4 + A_3^1 \cdot A_5^3 = 300$ 种排法.

方法三（排除法）

先将 0 排在最高位千位，再从剩下 5 个数中任选 3 个数排入，有 A_5^3 种排法，由排除法，共有 $A_6^4 - A_5^3 = 300$ 种排法.

（2）个位和千位均为特殊位置，分步进行：先考虑个位数（A_3^1 种排法），再排千位（A_4^1 种排法），最后排十位和百位（A_4^2 种排法：包括 0 在内）.

所以，共有 $A_3^1 \cdot A_4^1 \cdot A_4^2 = 144$ 种排法.

（3）千位和个位是特殊位置，0 为特殊元素，分类进行：

① 2，4 排在个位：有 A_2^1 种排法；再排千位：有 A_4^1 种排法；最后排十位和百位：有 A_4^2 种排法，共有 $A_2^1 \cdot A_4^1 \cdot A_4^2$ 种排法.

② 0 排在个位：有 1 种排法；再排十位、百位和千位：有 A_5^3 种；共 A_5^3 种排法.

综合①②，由分类计数原理可知共有 $A_2^1 \cdot A_4^1 \cdot A_4^2 + A_5^3 = 156$ 种排法.

评析：解这类排列应用题，要先排特殊位置，对有限制条件的元素要分类讨论，注意分类的标准要统一，不重不漏.

【例2】（1）某医院有 8 名医生，现从中选派 2 人到一所学校进行体检，共有多少种不同的选派方法？

（2）某医院有 8 名医生，现从中选派 2 人分别到一中、二中进行体检，共有多少种不同的选派方法？

解：（1）由题意可知，选派医生到一所学校体检没有顺序，所以属于组合问题，共有 $C_8^2 = 28$ 种不同的选派方法.

（2）由题意可知，选派医生到不同的学校体检，是有顺序的，故为排列问题，共有 $A_8^2 = 56$ 种不同的选派方法.

评析：有序排列，无序组合.

【例3】从 6 名男运动员和 5 名女运动员中选出 4 人组成代表队，男女各半的选法有多少种？

解：由于要求男女各半，所以分两步完成：

第一步：从 6 名男运动员中选 2 人，有 C_6^2 种选法；

第二步：从 5 名女运动员中选 2 人，有 C_5^2 种选法；

由分步计数原理得，共有 $C_6^2 C_5^2 = 15 \times 10 = 150$ 种选法.

评析：本题主要考查学生分析问题和解决问题的能力，直接从组合的定义入手，分步选出 4 人.

同步练习题

一、选择题

1. 在 3，5，7，13 四个数中任取两个数：
(1) 做乘法，可以得出多少个不同的积？
(2) 做除法，可以得出多少个不同的商？
下面结论正确的是（　　）．
  A. （1）（2）都是排列问题
  B. （1）（2）都是组合问题
  C. （1）是排列问题，（2）是组合问题
  D. （1）是组合问题，（2）是排列问题

2. 在甲、乙、丙、丁四位学生中，选出两人担任正、副班长，选法共有（　　）种．
  A. 4   B. 4^2 C. 2^4 D. A_4^2

3. 某天要安排语文、数学、英语、体育、计算机、心理 6 节课，则不同的排法有（　　）．
  A. 600 种   B. 480 种   C. 560 种   D. 720 种

4. 5 个人排成一排照相，甲必须站在中间的排法种数有（　　）种．
  A. 24   B. 48   C. 96   D. 120

5. 从 10 名同学中选出 3 名代表，所有可能的不同选法种数是（　　）．
  A. 30 种   B. 120 种   C. 240 种   D. 720 种

6. 袋中有大小相同的红白两种球，7 个红球，5 个白球，从袋中任取 2 个球的情况有（　　）种．
  A. 10   B. 21   C. 66   D. 132

7. 一个小组有 6 名男生，5 名女生，从中选 2 名代表，2 名代表恰有 1 名男生、1 名女生的选法种数有（　　）．
  A. 10 种   B. 11 种   C. 12 种   D. 30 种

8. 一个小组有 3 名男生，3 名女生，从中选 3 名代表，3 名代表中至少有 1 名女生的选法种数有（　　）．
  A. 9 种   B. 19 种   C. 27 种   D. 81 种

二、填空题

9. 在 4 种蔬菜品种中选出 3 种分别种在 3 种不同土质的土地上进行试验，种植方案有_____种．

10. 某班举办新年晚会，分成 6 个小组，每个小组出 1 个节目，晚会前想排一份节目单，该节目单有_____种排法．

11. 从 5 名男运动员和 4 名女运动员中选出 6 人组成代表队，男女各半的选法有_____种．

12. 100 件产品中有 5 件次品，从中任取 2 件．
(1) 取出的 2 件都是正品的取法有_____种．
(2) 取出的 2 件都是次品的取法有_____种．

（3）取出的 2 件恰有 1 件正品，1 件次品的取法有_____种.

13．用 0，1，2，…，9 这 10 个数字：

（1）可以组成_____个三位数.（各位上数字允许重复）

（2）可以组成_____个无重复数字的三位数.

（3）可以组成_____个无重复数字的三位奇数.

§9.3 概 率

复习要求

1．理解随机事件和概率.

2．理解概率的简单性质.

知识要点

1．事件的概念

（1）随机现象：在相同条件下，具有多种可能的结果，而事先又无法确定会出现哪种结果的现象.

（2）随机事件：随机试验的结果叫作随机事件，简称事件，常用英文大写字母 A、B、C 等表示.

（3）必然事件：在一次随机试验中必然要发生的事件，用 Ω 表示.

（4）不可能事件：在一次随机试验中不可能发生的事件，用 $\varnothing$ 表示.

（5）基本事件：在试验和观察中不能再分的最简单的随机事件.

（6）复合事件：可以用基本事件来描绘的随机事件.

2．频数和频率

（1）频数：在 n 次重复试验中，事件 A 发生了 m 次（$0 \leqslant m \leqslant n$），$m$ 叫作事件 A 发生的频数.

（2）频率：事件 A 的频数在试验的总次数中所占的比例 $\dfrac{m}{n}$，叫作事件 A 发生的频率.

3．概率

（1）古典概型：如果一个随机试验的基本事件只有有限个，并且各个基本事件发生的可能性相同，那么称这个随机试验属于古典概型.

（2）概率：设试验共有 n 个基本事件，并且每一个基本事件发生的可能性都相同，事件 A 包含 m 个基本事件，那么事件 A 发生的概率为

$$P(A) = \frac{A\text{含有的基本事件}}{\text{基本事件总数}} = \frac{m}{n}$$

4．概率的性质

（1）对于必然事件 Ω，$P(\Omega)=1$．

（2）对于不可能事件 $\varnothing$，$P(\varnothing)=0$．

（3）$0 \leqslant P(A) \leqslant 1$．

例题解析

【例1】下列事件中，_____是必然事件，_____是不可能事件，_____是随机事件．

（1）买一张彩票中奖．　　　　　　（2）种子播种到田里不发芽．

（3）同性电荷相互排斥．　　　　　　（4）掷两颗骰子出现点数之和为20．

参考答案：（3）是必然事件，（4）是不可能事件，（1）（2）是随机事件．

评析：对事件进行分类，主要是通过各种事件的定义进行判别．

【例2】某学校要了解学生对该校的教师的满意程度，进行了5次"问卷调查"，结果如下表所示：

被调查人数 n	200	201	203	198	204
满意人数 m	120	121	123	117	125
满意频率 $\dfrac{m}{n}$					

（1）计算表中的各个频率．

（2）学生对学校教师的满意度的概率 $P(A)$ 约是多少？

参考答案：（1）

被调查人数 n	200	201	203	198	204
满意人数 m	120	121	123	117	125
满意频率 $\dfrac{m}{n}$	0.600	0.602	0.606	0.591	0.613

（2）学生对学校教师的满意度的概率 $P(A)$ 约是 0.600．

评析：事件的频率可以用来计算，而 $P(A)$ 为趋于稳定的某个常数．

【例3】袋中有 5 个大小相同的球，其中有 2 个红球，3 个白球，从袋中任意抽取（不放回）2 个球，恰好抽到 1 个白球的概率为（　　）．

　　A．$\dfrac{6}{25}$　　　　B．$\dfrac{12}{25}$　　　　C．$\dfrac{2}{5}$　　　　D．$\dfrac{3}{5}$

解：设事件 A "任意摸出 2 个球，恰好取到 1 个白球"，试验中的基本事件总数为 $n=C_5^2=10$．

事件 A 包含的基本事件数目 $m=C_2^1 C_3^1=6$，

于是，$P(A)=\dfrac{m}{n}=\dfrac{6}{10}=\dfrac{3}{5}$，故选择 D．

评析：利用古典概型概率公式求随机事件的概率时，关键是求试验的基本事件总数 n 以及事件 A 所包含的基本事件个数 m，在计算过程中常用到排列组合的有关知识．

【例4】一个盒子中有 10 个灯泡，其中 3 个次品，7 个正品，从中任意摸出 3 个，试求下列事件的概率：

（1）取到的 3 个灯泡都是正品．

（2）取到 2 个灯泡是正品，1 个灯泡是次品．

解：（1）设事件 A "取到的 3 个灯泡都是正品"．

从 10 个灯泡中摸出 3 个灯泡的取法有 C_{10}^3 种，从 7 个正品中摸出 3 个灯泡的取法有 C_7^3 种，因此，所求概率 $P(A) = \dfrac{C_7^3}{C_{10}^3} = \dfrac{35}{120} = \dfrac{7}{24}$．

（2）设事件 B "取到 2 个灯泡是正品，1 个灯泡是次品"．

从 7 个正品中摸出 2 个正品的取法有 C_7^2 种、从 3 个次品中摸出 1 个次品的取法有 C_3^1 种，因此，所求概率 $P(B) = \dfrac{C_7^2 C_3^1}{C_{10}^3} = \dfrac{63}{120} = \dfrac{21}{40}$．

评析：本题考查了古典概率模型．

同步练习题

一、选择题

1．从 3 名学生中选出 2 名参加语文、数学兴趣小组，则这个事件的基本事件总数是（　　）．

    A．2　　　　　　　B．3　　　　　　　C．5　　　　　　　D．6

2．从 1，2，3，4，5 五个数中任取一个数，则这个数是偶数的概率是（　　）．

    A．$\dfrac{1}{5}$　　　　　B．$\dfrac{2}{5}$　　　　　C．$\dfrac{3}{5}$　　　　　D．$\dfrac{4}{5}$

3．袋中装有 6 只乒乓球，其中 4 只是白球，2 只是黄球，先后从袋中无放回地取出两球，则取到的两球都是白球的概率是（　　）．

    A．$\dfrac{2}{5}$　　　　　B．$\dfrac{1}{36}$　　　　　C．$\dfrac{1}{30}$　　　　　D．$\dfrac{2}{3}$

4．在一个口袋中放着除颜色外完全相同的 4 个红球、2 个黄球、4 个绿球，从中任意摸出 3 个球，则取到 2 个红球、1 个绿球的概率是（　　）．

    A．$\dfrac{1}{5}$　　　　　B．$\dfrac{3}{10}$　　　　　C．$\dfrac{3}{8}$　　　　　D．1

5．从 100 张抽奖的奖券中，有 5 张可中奖，从中任抽 2 张，2 张都中奖的概率是（　　）．

    A．$\dfrac{1}{20}$　　　　　B．$\dfrac{1}{40}$　　　　　C．$\dfrac{1}{495}$　　　　　D．$\dfrac{1}{4950}$

6．从 1，2，3，4，5，6，7，8 这八个数中任取一个数，则这个数是质数的概率是（　　）．

    A．0.7　　　　　　B．0.6　　　　　　C．0.5　　　　　　D．0.4

7．掷两次骰子，恰有 1 次出现 1 点的概率为（　　）．

    A．$\dfrac{5}{36}$　　　　　B．$\dfrac{1}{6}$　　　　　C．$\dfrac{1}{3}$　　　　　D．$\dfrac{5}{18}$

8．将一颗骰子抛掷 1 次，得到的点数为偶数的概率为（　　　）.

　　A． $\dfrac{2}{3}$ 　　　　　B． $\dfrac{1}{6}$ 　　　　　C． $\dfrac{1}{3}$ 　　　　　D． $\dfrac{1}{2}$

9．一个箱子中装有 5 个相同的球，分别标以号码 1，2，3，4，5．从中一次任取 2 个球，则这 2 个球的号码都大于 2 的概率是（　　　）.

　　A． $\dfrac{3}{5}$ 　　　　　B． $\dfrac{1}{2}$ 　　　　　C． $\dfrac{2}{5}$ 　　　　　D． $\dfrac{3}{10}$

10．将 3 枚均匀的硬币各抛掷一次，至少有 2 枚正面朝上的概率为（　　　）.

　　A． $\dfrac{1}{4}$ 　　　　　B． $\dfrac{1}{3}$ 　　　　　C． $\dfrac{1}{2}$ 　　　　　D． $\dfrac{3}{4}$

二、填空题

11．设袋内装有大小相同，颜色分别为红、白的球共 50 个，其中红球 30 个，从袋内任取 1 个球，则取出白球的概率是＿＿＿＿＿＿＿＿．

12．任取一个两位数，其个位数是 2 的概率是＿＿＿＿＿＿，任取一个三位数，其个位数是 2 的概率是＿＿＿＿＿＿．

13．某地区年降水量在 0～50mm 范围内的概率为 0.21，在 50～100mm 范围内的概率为 0.32，则该地区年降水量在 0～100mm 范围内的概率为＿＿＿＿＿＿＿．

14．袋中装有 10 只乒乓球，其中 4 只是白球，6 只是黄球，先后从袋中无放回地取出两球，则取到的两球都是白球的概率是＿＿＿＿＿＿＿．

15．同时抛掷两枚质地均匀的硬币，出现"一正一反"的概率是＿＿＿＿＿．

16．一个口袋里有相同的红、绿、黄三种颜色的小球，其中有 6 个红球、5 个绿球．若任意摸出一个绿球的概率是 $\dfrac{1}{4}$ ，则任意摸出一个黄球的概率是＿＿＿＿＿．

17．某班有 45 名学生参加期末数学考试，其中 40 人及格．从所有考卷中任意抽取一张，抽中不及格考卷的概率是＿＿＿＿＿．

§9.4　总体、样本与抽样方法

复习要求

1．了解总体、个体、样本、样本容量的概念.
2．了解简单随机抽样、系统抽样和分层抽样的概念.

知识要点

1．总体与样本

（1）总体：在统计中，所研究对象的全体叫作总体.

（2）个体：组成总体的每个对象叫作个体.

（3）样本：被抽取出来的个体的集合.

（4）样本容量：样本所含个体的数目.

2．抽样方法

（1）简单随机抽样：当总体中的个体数较少时，常采用简单随机抽样.

其主要步骤如下：

① 编号做签：将总体中的 N 个个体编上号，并把号码写到签上.

② 抽签得样本：将做好的签放到容器中，摇晃均匀后，从中逐个抽出 n 个签，得到一个容量为 n 的样本.

（2）系统抽样：当总体中的个体数较多时，且其分布没有明显的不均匀情况，常采用系统抽样；从容量为 N 的总体中，用系统抽样抽取容量为 n 的样本，按照下面的步骤进行：

① 编号：将总体的 N 个个体编号.

② 确定间隔：可以考虑用 $\dfrac{N}{n}$（取整数）作间隔分段，将总体分成 n 段.

③ 抽样：按照一定的规则抽取样本. 如抽每段的第 k 个顺序号的个体（k 为小于 $\dfrac{N}{n}$ 的整数），得到容量为 n 的样本.

（3）分层抽样：当总体是由有明显差异的几个部分组成时，可将总体按差异情况分成互不重叠的几个部分——层，然后按各层个体总数所占的比例来进行抽样.

【说明】① 当总体中的个体数较少时，常采取简单随机抽样.

② 当总体中个体数较多时，且其分布没有明显的不均匀情况，常采用系统抽样.

③ 当已知总体由差异明显的几个部分组成时，常采用分层抽样.

例题解析

【例1】为了了解某商店八月份的牛奶销售情况，从中抽查了 6 天，日销售牛奶数量为：85，93，87，78，90，84，请指出总体、个体、样本、样本容量分别是什么.

解：总体为八月份所有的牛奶日销售情况，个体为八月份每天的牛奶销售情况，样本为 6 天的牛奶销售情况，样本容量为 6.

评析：本题考查了总体、个体、样本和样本容量.

【例2】人们打桥牌时，将洗好的扑克牌（52 张）随机确定一张为起始牌，这时，开始按次序搬牌，对任何一家来说，都是从 52 张总体抽取一个 13 张的样本，这种抽样方法是（　　）.

　　A．系统抽样　　　　　　　　　　B．分层抽样

　　C．简单随机抽样　　　　　　　　D．非以上三种抽样方法

参考答案：A

评析：本题容易错判为简单随机抽样，简单随机抽样的实质是逐个地从总体中随机抽取，而这里只是随机确定了起始张，这时其他各张虽然是逐张起牌，但其实各张在谁手里已被确定. 所以，不是简单随机抽样，据其等距起牌的特点，应将其定位在系统抽样. 逐

张随机抽取与逐张起牌不是一回事，其实抓住"等距"的特点可以判断是哪类抽样.

【例3】 一个地区共有 5 个乡镇，人口 3 万人，其中各乡镇的人口比例为 3∶2∶5∶2∶3，从 3 万人中抽取一个 300 人的样本，分析某种疾病的发病率，已知这种疾病与不同的地理位置及水土有关，问应采取什么样的方法？并写出具体过程.

解： 因为疾病与地理位置和水土均有关系，所以不同乡镇的发病情况差异明显，因而采用分层抽样的方法，具体过程如下：

（1）将 3 万人分为 5 层，其中一个乡镇为一层.

（2）按照样本容量的比例随机抽取各乡镇应抽取的样本.

$$300 \times \frac{3}{15} = 60 \text{（人）}, \quad 300 \times \frac{2}{15} = 40 \text{（人）}, \quad 300 \times \frac{5}{15} = 100 \text{（人）},$$

$$300 \times \frac{2}{15} = 40 \text{（人）}, \quad 300 \times \frac{3}{15} = 60 \text{（人）},$$

因此各乡镇抽取人数分别为 60 人、40 人、100 人、40 人、60 人.

（3）将 300 人组到一起，即得到一个样本.

评析： 采用分层抽样的方法.

同步练习题

一、选择题

1. 要了解某种产品的质量，从中抽取 300 个产品进行检验. 在这个问题中，300 叫作（　　）.

　　A. 个体　　　　　B. 总体　　　　　C. 样本容量　　　D. 样本

2. 为了了解所加工的一批零件的长度，抽测了其中 200 个零件的长度，在这个问题中，200 个零件的长度是（　　）.

　　A. 总体　　　　　　　　　　　B. 个体

　　C. 总体的一个样本　　　　　　D. 样本容量

3. 为了了解全校 240 名高一学生的身高情况，从中抽取 40 名学生进行测量，下列说法正确的是（　　）.

　　A. 总体是 240　　　　　　　　B. 个体是每一个学生

　　C. 样本是 40 名学生　　　　　D. 样本容量是 40

4. 为抽查汽车排放尾气的合格率，某环保局在一路口随机抽查，这种抽查（　　）.

　　A. 简单随机抽样　　　　　　　B. 系统抽样

　　C. 分层抽样　　　　　　　　　D. 不确定

5. 某社区有 400 个家庭，其中高等收入家庭 120 户，中等收入家庭 180 户，低等收入家庭 100 户. 为了调查社会购买力的某项指标，要从中抽取一个容量为 100 的样本，记作①；某校高一年级有 12 名女排球运动员，要从中选出 3 人调查其学习负担情况，记作②；那么，完成上述 2 项调查应采用的抽样方法是（　　）.

　　A. ①用随机抽样法，②用系统抽样法

　　B. ①用分层抽样法，②用随机抽样法

C．①用系统抽样法，②用分层抽样法

D．①用分层抽样法，②用系统抽样法

6．某校有 160 名教职工，其中教师 120 名，行政人员 16 名，后勤人员 24 名，为了了解教职工对学校在校务公开方面的意见，现抽取一个容量为 20 的样本，其中后勤人员应抽人数为（　　）．

A．3　　　　　B．15　　　　　C．2　　　　　D．5

7．要从已编号（1～60）的 60 枚最新研制的某型号的导弹中随机抽取 6 枚来进行发射试验，用每部分选取的号码间隔一样的系统抽样方法所选取的 6 枚导弹的编号可能是（　　）．

A．5，10，15，20，25，30　　　　　B．3，13，23，33，43，53

C．1，2，3，4，5，6　　　　　D．2，4，8，16，32，48

8．某林场有树苗 30000 棵，其中松树苗 4000 棵．为调查树苗的生长情况，采用分层抽样的方法抽取一个容量为 150 的样本，则样本中松树苗的数量为（　　）棵．

A．30　　　　　B．25　　　　　C．20　　　　　D．15

9．对总体量为 N 的一批零件抽取一个容量为 30 的样本，若每个零件被抽取的概率为 0.25，则 N 等于（　　）．

A．150　　　　　B．200

C．120　　　　　D．100

10．某公司有 500 名员工，下设一些部门，要采取分层抽样的方法从全体员工中抽取一个容量为 50 人的样本，已知某部门现有员工 100 人，则从该部门抽取的员工人数为（　　）．

A．10　　　　　B．50　　　　　C．25　　　　　D．5

11．一个年级有 12 个班，每个班有 50 名学生，按 1 至 50 排学号，为了交流学习经验，要求每班学号为 14 的学生留下进行交流，这里运用的是（　　）抽样方法．

A．分层　　　　　B．抽签

C．随机　　　　　D．系统

二、填空题

12．从某商店四月份的销售额中，随机抽取 10 天得到这 10 天的销售额为（单位为万元）：200，210，192，195，205，198，201，208，190，212．则总体是_____，个体是_____，样本是_____，样本容量是_____．

13．某校有 500 名学生，其中 O 型血的人有 200 人，A 型血的人有 125 人，B 型血的人有 125 人，AB 型血的人有 50 人．为了研究血型与色弱的关系，要从中抽取一个 20 人的样本，按分层抽样，O 型血应抽取的人数为_____人，A 型血应抽取的人数为_____人，B 型血应抽取的人数为_____人，AB 型血应抽取的人数为_____人．

14．某中学有学生 2000 名，高一、高二、高三的学生人数之比为 5:3:2，现要抽取一个容量为 200 的样本，则学生甲被抽到的概率是_____．

15．某中学高中部一年级有学生 400 人，二年级有学生 320 人，三年有学生 280 人，以每人被抽取的概率为 0.2，向该中学高中部抽取一个容量为 n 的样本，则 $n=$_____．

§9.5　用样本估计总体

复习要求

1. 会用样本的频率分布估计总体.
2. 会用样本均值、标准差估计总体.

知识要点

1. 用样本的频率分布估计总体

（1）频数：各组内数据的个数.

（2）频率：每组的频数与全体数据的个数之比叫作该组的频率.

（3）画直方图的步骤：①选择恰当的抽样方法得到样本数据；②分组（组距合适，一般5组到12组）；③作频率分布表，表格含有分组、频数、频率这三组数据；④计算频率与组距的比；⑤画出频率分布直方图，注意直方图的横轴表示数据分组情况，以组距为单位；纵轴表示频率与组距之比.

2. 用样本均值、标准差估计总体

（1）样本均值：如果 n 个数 x_1，x_2，$\cdots$，x_n，那么 $\overline{x}=\dfrac{1}{n}(x_1+x_2+\cdots+x_n)$ 叫作这 n 个数的平均数或均值，读作"x 拔"，均值反映出这组数据的平均水平.

（2）样本方差：如果样本由 n 个数 x_1，x_2，$\cdots$，x_n 组成，那么样本的方差为

$$s^2=\frac{1}{n}\left[\left(x_1-\overline{x}\right)^2+\left(x_2-\overline{x}\right)^2+\cdots+\left(x_n-\overline{x}\right)^2\right].$$

（3）样本标准差：用样本方差的算术平方根来表示个体与样本均值之间的偏离程度，叫作样本标准差，即 $s=\sqrt{\dfrac{1}{n}\left[\left(x_1-\overline{x}\right)^2+\left(x_2-\overline{x}\right)^2+\cdots+\left(x_n-\overline{x}\right)^2\right]}$.

【说明】①均值反映了样本和总体的平均水平，方差和标准差则反映了样本和总体的波动大小程度. ②通常用样本方差估计总体方差，当样本容量接近总体容量时，样本方差很接近总体方差.

例题解析

【例1】某灯泡厂从3月份生产的一批灯泡中，随机抽取6只，试验其中每只灯泡亮了多少小时后烧坏了，叫作该灯泡的寿命，数据（单位：小时）如下：1023，1078，998，1086，1069，1135.

（1）你能估计这批灯泡的寿命的平均值吗？

（2）试估计灯泡厂 3 月份生产的灯泡的寿命的方差和标准差.

解：（1）$\overline{x} = \dfrac{1}{6} \times (1023+1078+998+1086+1069+1135) \approx 1065$.

这批灯泡的寿命的平均值为 1065 小时.

（2）方差为：$s^2 = \dfrac{1}{6} \left[(1023-1065)^2 + (1078-1065)^2 + \cdots + (1135-1065)^2 \right] = 1963.2$，

标准差为：$s \approx 44.3$，

评析：求样本方差的步骤：①求均值 $\overline{x}$；②求每个样本的偏差 $x_n - \overline{x}$；③每个样本的偏差的平方；④$\dfrac{\text{偏差的平方和}}{n}$.

【例2】某工厂在一次技能大赛中，对甲、乙两名工人生产的零件质量的评分分别如下：

甲	94	95	93	96	96	94	95	94	94	96
乙	95	95	94	95	95	95	96	91	94	97

试判断谁生产的零件更好.

解：因为 $\overline{x}_{甲} = \overline{x}_{乙} = 94.7$，而 $s_{甲}^2 \approx 1.01$，$s_{乙}^2 \approx 2.21$，$s_{甲}^2 < s_{乙}^2$，所以工人甲生产的零件更好.

评析：评价谁生产的零件更好，主要从评分的均值比较，均值高说明零件质量好. 若均值相同，则从零件评分的方差比较，方差小说明质量更稳定.

同步练习题

一、选择题

1. 甲练习射击，打了 5 发子弹，命中环数如下：8，9，7，8，6，则甲的平均成绩为（   ）.

    A．8   B．7.6   C．7.5   D．7

2. 甲、乙两人在最近几次的模拟考试中数学成绩如下：

甲：86，90，85，87，88

乙：96，80，83，85，86

则两人的成绩比较稳定的是（   ）.

    A．甲比乙稳定   B．乙比甲稳定

    C．甲、乙稳定程度相同   D．无法进行比较

3. 一个样本的方差是 $s^2 = \dfrac{1}{10} \left[(x_1-15)^2 + (x_2-15)^2 + \cdots + (x_{10}-15)^2 \right]$，则这个样本的平均数与样本容量分别是（   ）.

    A．10，10   B．6，15

    C．15，10   D．由 x_1，x_2，$\cdots$，x_n 确定，10

4. 容量为 100 的样本数据，按从小到大的顺序分为 8 组，如下表：

组号	1	2	3	4	5	6	7	8
频数	10	13	14	14	15	13	12	9

第 3 组的频数和频率分别是（　　）.

　　A．14 和 0.14　　　　　　　　　　B．0.14 和 14

　　C．$\dfrac{1}{14}$ 和 0.14　　　　　　　　D．$\dfrac{1}{3}$ 和 $\dfrac{1}{14}$

5．在样本 x_1，x_2，x_3，x_4，x_5 中，若 x_1，x_2，x_3 的均值为 80，x_4，x_5 的均值为 90，则 x_1，x_2，x_3，x_4，x_5 的均值是（　　）.

　　A．80　　　　　　B．84　　　　　　C．85　　　　　　D．90

6．已知样本 3，2，a，5 的均值为 3，则样本数据的方差是（　　）.

　　A．1　　　　　　B．1.5　　　　　　C．2.5　　　　　　D．6

7．有一笔统计资料，共有 11 个数据（不完全以大小排列）：2，4，4，5，5，6，7，8，9，11，x，已知这组数据的平均数为 6，则这组数据的方差为（　　）.

　　A．6　　　　　　B．$\sqrt{6}$　　　　　　C．66　　　　　　D．6.5

8．若样本 $1+x_1$，$1+x_2$，$\cdots$，$1+x_n$ 的平均数是 10，方差为 2，则对于样本 $2+x_1$，$2+x_2$，$\cdots$，$2+x_n$，下列结论正确的是（　　）.

　　A．平均数是 10，方差为 2　　　　　B．平均数是 11，方差为 3

　　C．平均数是 11，方差为 2　　　　　D．平均数是 10，方差为 3

9．某校从高一年级学生中随机抽取部分学生，将他们的模块测试成绩分成 6 组：[40，50），[50，60），[60，70），[70，80），[80，90），[90，100] 加以统计，得到如图 9-5-1 所示的频率分布直方图．已知高一年级共有学生 600 名，据此估计该模块测试成绩不低于 60 分的学生人数为（　　）人.

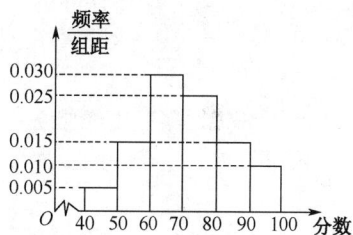

图 9-5-1

　　A．588　　　　　　　　　　　　　B．480

　　C．450　　　　　　　　　　　　　D．120

10．甲、乙、丙、丁四人参加奥运会射击项目选拔赛，四人的平均成绩和方差如下表所示：

	甲	乙	丙	丁
平均环数 $\bar{x}$	8.6	8.9	8.9	8.2
方差 S^2	3.5	3.5	2.1	2.1

从这四个人中选择一人参加奥运会射击项目比赛，最佳人选是（　　）.

　　A．甲　　　　　B．乙　　　　　C．丙　　　　　D．丁

二、填空题

11．数据 80，81，82，83 的标准差为_____.

12．将一个容量为 n 的样本分成若干组，已知某组的频数和频率分别为 30 和 0.25，则 $n=$ _____.

13．已知样本方差由 $s^2=\dfrac{1}{8}\left[(x_1-5)^2+(x_2-5)^2+\cdots+(x_8-5)^2\right]$ 求得，则 $x_1+x_2+\cdots+x_8=$ _____.

14．从甲、乙两个总体中各抽取一个样本，甲的样本均值为 15，乙的样本均值为 17，

甲的样本方差为 3，乙的样本方差为 2，_____的总体波动小.

15．从一块小麦地里随机抽取 10 株小麦，测得各株高为（单位：cm）：71、77、80、78、75、84、79、82、79、75．则样本均值为_____．

第九章　概率与统计初步近十年高考真题练习

一、选择题

1．（2014 年）在样本 x_1，x_2，x_3，x_4，x_5 中，若 x_1，x_2，x_3 的均值为 80，x_4，x_5 的均值为 90，则 x_1，x_2，x_3，x_4，x_5 的均值是（　　）．

　　A．80　　　　　　B．84　　　　　　C．85　　　　　　D．90

2．（2014 年）今年第一季度在某妇幼医院出生的男、女婴人数统计表（单位：人）如下：

性别	一月份	二月份	三月份	总计
男婴	22	19	23	64
女婴	18	20	21	59
总计	40	39	44	123

则今年第一季度该医院男婴的出生频率是（　　）．

　　A．$\dfrac{44}{123}$　　　　B．$\dfrac{40}{123}$　　　　C．$\dfrac{59}{123}$　　　　D．$\dfrac{64}{123}$

3．（2015 年）七位顾客对某商品的满意度（满分为 10 分）打出的分数为：8，5，7，6，9，6，8．去掉一个最高分和最低分后，所剩数据的平均值为（　　）．

　　A．6　　　　　　B．7　　　　　　C．8　　　　　　D．9

4．（2015 年）甲班和乙班各有两名男羽毛球运动员，从这四人中任意选出两人配对参加双打比赛，则这对运动员来自不同班的概率是（　　）．

　　A．$\dfrac{1}{3}$　　　　B．$\dfrac{1}{2}$　　　　C．$\dfrac{2}{3}$　　　　D．$\dfrac{4}{3}$

5．（2016 年）若样本数据 3，2，x，5 的均值为 3，则该样本的方差是（　　）．

　　A．1　　　　　　B．1.5　　　　　　C．2.5　　　　　　D．6

6．（2016 年）同时抛三枚硬币，恰有两枚硬币正面朝上的概率是（　　）．

　　A．$\dfrac{1}{8}$　　　　B．$\dfrac{1}{4}$　　　　C．$\dfrac{3}{8}$　　　　D．$\dfrac{5}{8}$

7．（2017 年）若样本 5，4，6，7，3 的平均数和标准差分别为（　　）．

　　A．5 和 2　　　　B．5 和 $\sqrt{2}$　　　　C．6 和 3　　　　D．6 和 $\sqrt{3}$

8．（2017 年）从某班的 21 名男生和 20 名女生中，任意选派一名男生和一名女生代表班级参加评教座谈会，则不同的选派方案共有（　　）．

　　A．41 种　　　　B．420 种　　　　C．520 种　　　　D．820 种

9．（2018 年）现有 3000 棵树，其中 400 棵松树，现在提取 150 做样本，其中抽取松树做样本的有（　　）棵．

　　A．15　　　　　　B．20　　　　　　C．25　　　　　　D．30

10.（2018 年）一个硬币抛两次，至少一次是正面的概率是（　　）.

　　A. $\dfrac{1}{3}$　　　　B. $\dfrac{1}{2}$　　　　C. $\dfrac{2}{3}$　　　　D. $\dfrac{3}{4}$

11.（2019 年）某职业院校有两个班，一班有 30 人，二班有 35 人，从两个班选一人去参加技能大赛，则不同的选项有（　　）种.

　　A. 30　　　　B. 35　　　　C. 65　　　　D. 1050

12.（2019 年）袋中有 2 个红球和 2 个白球，这些球除颜色外，外形、质量等完全相同，现从袋中任取两个球，取得两球都是红球的概率是（　　）.

　　A. $\dfrac{1}{6}$　　　　B. $\dfrac{1}{2}$　　　　C. $\dfrac{1}{3}$　　　　D. $\dfrac{2}{3}$

13.（2020 年）某射击运动员第一次打靶成绩为 8，8，9，8，7，第二次打靶成绩为 7，8，9，9，7，则该名运动员哪次打靶成绩稳定（　　）.

　　A. 一样稳定　　　B. 第一次稳定　　　C. 第二次稳定　　　D. 无法确定

14.（2020 年）扔两个质地均匀的骰子，则朝上的点数之和为 5 的概率是（　　）.

　　A. $\dfrac{1}{6}$　　　　B. $\dfrac{1}{9}$　　　　C. $\dfrac{1}{12}$　　　　D. $\dfrac{1}{18}$

15.（2021 年）从 2，3，5，7 取一个数是奇数的概率是（　　）.

　　A. $\dfrac{1}{4}$　　　　B. $\dfrac{1}{2}$　　　　C. $\dfrac{1}{3}$　　　　D. $\dfrac{3}{4}$

16.（2021 年）从甲地到乙地有 3 条路线，从乙地到丙地有 4 条路线，则甲地经乙地到丙地的不同路线为（　　）种.

　　A. 12　　　　B. 7　　　　C. 4　　　　D. 3

17.（2022 年）甲有编号 9，6，5 三张卡片，乙有编号 8，7 两张卡片，两人各取一张自己的卡片，则甲比乙大的概率是（　　）.

　　A. $\dfrac{1}{6}$　　　　B. $\dfrac{1}{3}$　　　　C. $\dfrac{2}{5}$　　　　D. $\dfrac{2}{3}$

18.（2022 年）如练习图 9-1 所示，某中学为了了解学生上学的方式，随机抽查了部分学生，数据绘制成饼图，该校共有 1500 个学生，则骑自行车上学的学生人数大约为（　　）.

　　A. 150　　　　　　　　　　B. 300

　　C. 450　　　　　　　　　　D. 600

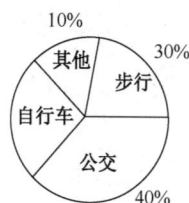

练习图 9-1

19.（2023 年）已知一组数据：2，8，1，9，a，6 的平均数为 5，则 $a=$（　　）.

　　A. 6　　　　　　　　　　　B. 5

　　C. 4　　　　　　　　　　　D. 3

20.（2023 年）袋中有 5 个大小完全相同的球，其中 2 个红球，3 个白球，从中不放回地依次随机摸出 2 个球，两次都摸到白球的概率为（　　）.

　　A. $\dfrac{1}{10}$　　　　B. $\dfrac{1}{6}$　　　　C. $\dfrac{3}{10}$　　　　D. $\dfrac{3}{5}$

21.（2024 年）投掷两颗质地均匀的骰子，点数相同的概率为（　　）.

A. $\dfrac{1}{3}$ B. $\dfrac{1}{6}$ C. $\dfrac{1}{18}$ D. $\dfrac{1}{36}$

22．（2024 年）有甲、乙两组数据，甲组数据为：1，3，3，3，5，乙组数据为：1，2，3，4，5，设甲、乙两组数据的平均数分别为 $\overline{x}_{甲}$，$\overline{x}_{乙}$，标准差分别为 $S_{甲}$，$S_{乙}$，则（   ）．

A. $S_{甲} < S_{乙}$ B. $\overline{x}_{甲} < \overline{x}_{乙}$ C. $S_{甲} > S_{乙}$ D. $\overline{x}_{甲} > \overline{x}_{乙}$

二、填空题

23．（2014 年）在 1，2，3，4，5，6，7 七个数中任取一个数，则这个数为偶数的概率是_____．

24．（2015 年）质检部门从某工厂生产的同一批产品中随机抽取 100 件进行质检，发现其中有 5 件不合格品，由此估计这批产品中合格品的概率是_____．

25．（2016 年）某高中学校三个年级共有学生 2000 名，若在全校学生中随机抽取一名学生，抽到高二年级女生的概率为 0.19，则高二年级的女生人数为_____．

26．（2017 年）从编号为 1，2，3，4 的 4 张卡片中随机抽取两张不同的卡片，它们的编号之和为 5 的概率是_____．

27．（2018 年）已知数据 $10, x, 11, y, 12, z$ 的平均数为 8，则 x, y, z 的平均数为_____．

28．（2019 年）已知数据 x_1, x_2, x_3, x_4, x_5 的平均数为 80，则数据 $x_1 + 1, x_2 + 2, x_3 + 3, x_4 + 4, x_5 + 5$ 的平均数为_____．

29．（2020 年）3 本语文书，4 本数学书，从中拿 2 本，恰好能拿到 1 本数学书的拿法有_____种．

30．（2021 年）已知数据 $x, 8, y$ 的平均值为 8，则数据 $9, 5, x, y, 15$ 的平均数是___．

31．（2022 年）已知 a_1，a_2 的平均数为 6.5，且 a_3，a_4，a_5 的平均数为 9，则 a_1，a_2，a_3，a_4，a_5 的平均数是_____．

32．（2023 年）甲、乙、丙三人排成一排，则不同的排法的种数有_____．

33．（2024 年）由 1，2，3 组成无重复数字的三位数的个数为_____．